最能直接打动心灵的还是美。美立刻在想象里渗透一种内在的欣喜和满足。

——爱迪生

毫无经验的初恋是迷人的,但经得起考验的爱情是无价的。

——马尔林斯基

这是一个极其神圣的环境，雅典的著名学者们被对称地、自然而富有节奏地分列于台阶两侧，上层台阶的人们排成一排，中心是两位伟大的学者——柏拉图与亚里士多德，他们似乎边进行着激烈的争论，边向我们走来。

美是到处都有的。对于我们的眼睛,不是缺少美,而是缺少发现。

——罗丹

要是童年的日子能重新回来,那我一定不再浪费光阴,我要把每分每秒都用来读书。

——泰戈尔

审美的感官需要文化修养,借助修养才能了解美,发现美。

——黑格尔

读书是最好的学习。追随伟大人物的思想,是最富有趣味的一门科学。

——普希金

谈美书简
谈修养

朱光潜◎著

中国画报出版社·北京

图书在版编目（CIP）数据

谈美书简·谈修养：插图本／朱光潜著. -- 北京：中国画报出版社，2015.1（2017.4重印）

ISBN 978-7-5146-1125-0

Ⅰ. ①谈… Ⅱ. ①朱… Ⅲ. ①美学—研究②个人—修养—研究 Ⅳ. ①B83②B825

中国版本图书馆CIP数据核字(2014)第289418号

谈美书简·谈修养　　　　　　　　　朱光潜　著

出　版　人：于九涛
责任编辑：郭翠青
责任印制：焦　洋
出版发行：中国画报出版社
　　　　　（中国北京市海淀区车公庄西路33号 邮编：100048）
开　　本：32开（880mm×1230mm）
印　　张：9.25
字　　数：230千字
版　　次：2015年1月第1版　2017年4月第4次印刷
印　　刷：北京鹏润伟业印刷有限公司
定　　价：30.00元

总编室兼传真：010-88417359　版权部：010-88417359
发　行　部：010-68469781　010-68414683（传真）

（本书中文简体版版权经由中华版权代理中心授予）

目录

谈美书简

一、代前言：怎样学美学？　　　　　　　002
二、从现实生活出发还是从抽象概念出发？　009
三、谈人　　　　　　　　　　　　　　　017
四、关于马克思主义与美学的一些误解　　　025
五、艺术是一种生产劳动　　　　　　　　033
六、冲破文艺创作和美学中的一些禁区　　　044
七、从生理学观点谈美与美感　　　　　　054
八、形象思维与文艺的思想性　　　　　　065
九、文学作为语言艺术的独特地位　　　　076
十、浪漫主义和现实主义　　　　　　　　085
十一、典型环境中的典型人物　　　　　　095
十二、审美范畴中的悲剧性和喜剧性　　　104
十三、结束语："还须弦外有余音"　　　　113

谈修养

自　序	122
一番语重心长的话	125
谈立志	132
朝抵抗力最大的路径走	138
谈青年的心理病态	147
个人本位与社会本位的伦理观	156
谈处群（上）	163
谈处群（中）	169
谈处群（下）	175
谈恻隐之心	184
谈羞恶之心	192
谈冷静	198
谈学问	207
谈读书	214
谈英雄崇拜	220
谈交友	226
谈性爱问题	232
谈青年与恋爱结婚	240
谈休息	246
谈消遣	252
谈体育	258
谈价值意识	264
谈美感教育	271

好书不厌百回读，
熟读深思子自知！

一、代前言：怎样学美学？

朋友们：

从一九六五年到一九七七年，我有十多年没有和你们互通消息了。"四人帮"反党集团被一举粉碎之后，我才得到第二次解放，怀着舒畅的心情和老骥伏枥的壮志，重理美学旧业，在报刊上发表了几篇文章。相识和不相识的朋友们才知道我这个本当"就木"的老汉居然还在人间，纷纷来信向我提出一些关于学习美学中所遇到的问题，使我颇有应接不暇之势。能抽暇回答的我就回答了，大多数却还来不及回答。我的健康状况，赖经常坚持锻炼，还不算太坏，但今年已八十二岁，毕竟衰老了，而且肩上负担还相当重，要校改一些译稿和文稿，带了两名西方文艺批评史方面的研究生，自己也还在继续学习和研究，此外因为住在首都，还有些要参加的社会活动，够得上说"忙"了。所以来信多不能尽回，对我是一个很大的精神负担。朋友们的不耻下问的盛情都很可感，我怎么能置之不理呢？都理吧，确实有困难，如何是好呢？

不久前，社会科学院外文所在广州召开了工作规划会议。在会议中碰见上海文艺出版社的同志，谈起我在解放前写的一本《谈美——给青年的第十三封信》，认为文字通俗易懂，颇合初学美学的青年们的需要，于是向我建议另写一部新的《谈美》，在这些年来不断学习马列主义、毛泽东思想的基础上，对美学上一些关键性的问题谈点新的认识。听到这个建议，我"灵机一动"，觉得这是一个好机会，让我给来信未复的朋友们作一次总的回答，比草草作复或许可以谈得详细一点。而且到了这样大年纪了，也该清理一下过去发表的美学言论，看看其中有哪些是放毒，有哪些还可继续商讨。放下这个包袱之后，才可轻装上路，去见马克思。这不免使我想起孟子说过的一个故事：从前有一位冯妇力能搏虎，搏过一次虎，下次又遇到一只虎，他又"攘臂下车"去搏，旁观的士大夫们都耻笑冯妇"不知止"。现在我就冒蒙士大夫耻笑的危险，也做一回冯妇吧！

朋友们提的问题很多。最普遍的是：怎样学美学？该具备哪些条件？用什么方法？此外当然还有就具体美学问题征求意见的。例如说："你过去在美学讨论中坚持所谓'主客观统一'，还宣扬什么'直觉说'、'距离说'、'移情说'之类'主观唯心主义货色'，经过那么久的批判，是否现在又要'翻案'或'回潮'呢？"

这类问题在以后信中当相机谈到，现在先谈较普遍的一个问题：怎样学美学？

西方有一句谚语："条条大路通罗马"，足见通罗马的路并非只有一条。各人资禀不同，环境不同，工作任务的性质不同，就难免要走不同的道路。学美学也是如此，没有哪一条是学好美学的唯一的路。我只能劝诸位少走弯路，千万不要走上邪路。"四人帮"在文艺界进行法西斯专政时，我们都亲眼看到一些人在买空卖空，弄虚作假，公式随便套，帽子满天飞，或者随风转舵，哪里可谋高官厚禄，就拼命往哪里钻，不知人间有羞耻事。这是一条很不正派的邪路，不能再走了。再走就不但要断送个人的前途，而且要耽误我们建设四个现代化的社会主义国家的大业。

我们干的是科学工作，是一项必须实事求是、玩弄不得一点虚假的艰苦工作，既要清醒的头脑和坚定的恒心，也要有排除一切阻碍和干扰的勇气。马克思在《政治经济学批判》序言末尾曾教导我们说："在科学的入口处，正像在地狱的入口处一样，必须提出这样的要求：'到这里人们就应该排除一切疑虑；这个领域里不容许有丝毫畏惧！'"[①] 归根到底，这要涉及人生态度，是敷敷衍衍、蝇营狗苟地混过一生呢？还是下定决心，做一点有益于人类文化的工作呢？立志要研究任何一门科学的人首先都要端正人生态度，认清方向，要"做老实人，说老实话，办老实事"。一切不老实的人做任何需要实事求是的科学工作都不会走上正路的。

正路并不一定就是一条平平坦坦的直路，难免有些曲折和崎岖险阻，要绕一些弯，甚至难免误入歧途。哪个重要的科学实验一次就能成功呢？"失败者成功之母"。失败的教训一般比成功

---

① 《马克思恩格斯选集》第二卷，第85页，人民出版社1972年版。这是但丁《神曲·地狱篇》题在地狱门楣上的两句诗，译文略有改动。

的经验更有益。现在是和诸位谈心，我不妨约略谈一下自己在美学这条路上是怎样走过来的。我在一九三六年由开明书店出版的《文艺心理学》里曾写过这样一段"自白"：

从前我决没有梦想到我有一天会走到美学的路上去。我前后在几个大学里做过十四年的大学生，学过许多不相干的功课，解剖过鲨鱼，制造过染色切片，读过艺术史，学过符号逻辑，用过薰烟鼓和电气反应仪器测验过心理反应，可是我从来没有上过一次美学课。我原来的兴趣中心第一是文学，其次是心理学，第三是哲学。因为欢喜文学，我被逼到研究批评的标准，艺术与人生，艺术与自然，内容与形式，语文与思想等问题；因为欢喜心理学，我被逼到研究想象与情感的关系，创造和欣赏的心理活动，以及文艺趣味上的个别差异；因为欢喜哲学，我被逼到研究康德、黑格尔和克罗齐诸人的美学著作。这样一来，美学便成为我所欢喜的几种学问的联络线索了。我现在相信：研究文学、艺术、心理学和哲学的人们如果忽略美学，那是一个很大的欠缺。

事隔四五十年，现在翻看这段自白，觉得大体上是符合事实的，只是最后一句话还只顾到一面而没有顾到另一面。我现在（四五十年后的今天）相信：研究美学的人如果不学一点文学、艺术、心理学、历史和哲学，那会是一个更大的欠缺。

为什么要作这点补充呢？因为近几十年我碰见过不少的不学文学、艺术、心理学、历史和哲学，也并没有认真搞过美学的文艺理论"专家"，这些"专家"的"理论"既没有文艺创作和欣赏的基础，又没有心理学、历史和哲学的基础，那就难免要套公式，玩弄抽象概念，你抄我的，我抄你的，以讹传讹。这不但要坑害自己，而且还会在爱好文学和美学的青年朋友们中造成难以估计的不良影响，现在看来还要费大力，而且主要还要靠有觉悟的青年朋友们自己来清除这种影响。但我是乐观的，深信美学和其他科学一样，终有一天要走上正轨，这是人心所向，历史大势所趋。

我自己在学习美学过程中也走过一些弯路和错路。解放前几十年中我一直在东奔西窜，学了一些对美学用处不大的学科。例如在罗素的影响之下我认真地学过英、意、德、法几个流派的符号逻辑，还写过一部介绍性的小册子，稿子交给商务印书馆，在抗日战争早期遭火烧掉了。在弗洛伊德的影响之下，我费过不少精力研究过变态心理学和精神病治疗，还写过一部《变态心理学》（商务印书馆出版）和一部《变态心理学派别》（开明书店出版）。在抗日战争时期，我心情沉闷，在老友熊十力先生影响之下，读过不少的佛典，认真钻研过"成唯识论"，还看了一些医书和谈碑帖的书，可谓够"杂"了。

此外，我还有一个坏习惯：学到点什么，马上就想拿来贩卖。我的一些主要著作如《文艺心理学》、《谈美》、《诗论》和英文论文《悲剧心理学》之类都是在学习时代写的。当时作为穷学生，我的动机确实有很大一部分是追求名利。不过这种边买卖卖的办法也不是完全没有益处。为着写，学习就得认真些，要就所学习的问题多费些心思来把原书吃透，整理自己的思想和斟酌表达的方式。我发现这也是一个很好的学习方式和思想训练。问题出在我学习得太少了，写得太多太杂了。假如我不那样东奔西窜，在专和精上多下些工夫，效果也许较好些。"事后聪明"，不免有些追悔。所以每逢青年朋友们问我怎样学美学时，我总是劝他们切记毛泽东同志集中精力打歼灭战和先攻主要矛盾的教导。一个战役接着一个战役打，不要东奔西窜，浪费精力。就今天多数青年人来说，目前主要矛盾在资料太少，见闻太狭窄，老是抱着几本"理论专家"的小册子转，一定转不出什么名堂来。学通一两种外语可以勉强看外文书籍了，就可以陆续试译几种美学名著。翻译也是学好外文的途径之一。读了几部美学名著，掌握了必要的资料，就可以开始就专题学习写出自己的心得。选题一定要针对我国当前的文艺动态及其所引起的大家都想解决的问题。例如毛泽东同志给陈毅同志的一封谈诗的信发表之后，全国展开了关于"形象思维"的讨论。这确实是美学中一个关键性的问题，你从事美学，能不闻不问吗？不闻不问，你怎能使美学为现实社会服务呢？你自己怎能得到集思广益和百家争鸣的好处呢？为着弄清"形象思维"问题，你就得多读些有关的资料和书籍，多听些群众的意见，逐渐改正自己的初步想法，从而逐渐深入到问题的核心，逐渐提高自己的认识能力和思考能力。这样学美学，我认为比较踏实些。我希望青年朋友们不要再蹈我的覆辙，轻易动手写什么美学史。美学史或文学史好比导游书，你替旁人导游而自己却不曾游过，就难免道听途说，养成武断和不老实的习惯，不但对美学无补，而且对文风和学风都要起败坏作用。

在我所走过的弯路和错路之中，后果最坏的还是由于很晚才接触到马列主义、毛泽东思想，长期陷在唯心主义和形而上学的泥淖中。解放后，特别是在五十年代全国范围的美学批判和讨论中，我才开始认真地学习辩证唯物主义和历史唯物主义，从而逐渐认识到自己过去的一些美学观点的错误。学习逐渐深入，我也逐渐认识到真正掌握和运用马列主义并不是一件易事。如果把它看成易事，就必然有公式化和概念化的危险。我还逐渐认识到历史上一些唯心主义的美学大师，从柏拉图、普洛丁到康德和黑格尔，都还应一分为二地看，在美学领域里他们毕竟做出了不可磨灭的贡献。这一点认识使我进一步懂得了文化批判继承的道理和钻研马列主义的重要性。所以我在指导我的研究生时，特别要求他们努力掌握马列主义。要掌握马列主义，首先就要一切从具体的现实生活出发，实事求是，彻底清除公式化和概念化的恶劣积习，下次信中再着重地谈一谈这个问题。

二、从现实生活出发还是从抽象概念出发？

朋友们：

在我接到心向美学的朋友们来信中，经常出现的问题是究竟怎样才算美，"美的本质"是什么？

提问"怎样才算美"的朋友们未免有些谦虚。实际上这些朋友们每天都在接触到一些美的和丑的事物，在情感上都有不同程度的感受甚至激动。例如一个年轻小伙子碰见一位他觉得中意的姑娘，他能没有一点美的感受吗？一个正派人在天安门事件中看见正反两派人物的激烈斗争，不也是多少能感觉到美的确实是美，丑的确实是丑吗？在这种场合放过火热的斗争而追问美的本质是什么，丑的本质是什么，不是有点文不对题吗？一个人如果不是白痴，对于具体的美和丑都有些认识，这种认识不一定马上就对，但在不断地体验现实生活和加强文艺修养中，它会逐渐由错误到正确，由浅到深，这正是审美教育的发展过程。而现在有些人放弃亲身接触过和感受过的事物不管，而去追问什么美的本质这个极端抽象的概念，我敢说他们会永远抓不着所谓"美的本质"。法国人往往把"美"叫作"我不知道它是什么"（Je ne sais quoi）。可不是吗？柏拉图说的是一套，亚理士多德说的又是一套；康德说的是一套，黑格尔说的又是一套。从马克思主义立场来看，他们都可一分为二，各有对和不对的两方面。事情本来很复杂，你能把它简单化成一个"美的定义"吗？就算你找到"美的定义"了，你就能据此来解决一切文艺方面的实际问题吗？这问题也涉及文艺创作和欣赏中的一系列问题，以后还要谈到，现在只谈研究美学是要从现实生活中的具体的事例出发，还是从抽象概念出发？

引起我先谈这个问题的是一位老朋友的来信。这位朋友在五十年代美学讨论中和我打过一些交道。他去年写过一篇题为《美的定义及其解说》的近万言长文，承他不弃，来信要我提意见。他的问题在现在一般中青年美学研究工作者中有普遍意义，所以趁这次机会来公开作复。

请先读他的"美的定义"：

美是符合人类社会生活向前发展的历史规律及相应的理想的那些事物的，以其相关的自然性为必要条件，而以其相关的社会性（在有阶级的社会时期主要被阶级性所规定）为决定因素。矛盾统一起来的内在好本质之外部形象特征，诉诸一定人们感受上的一种客观价值。

既是客观规律，又是主观理想；既是内在好本质，又是外部形象特征；既是自然性，又是社会性；既是一定人们感受，又是客观价值。定义把这一大堆抽象概念拼凑在一起，仿佛主观和客观的矛盾就统一起来了。这种玩弄积木式的拼凑倒也煞费苦心，可是解决了什么问题呢？难道根据这样拼凑起来的阁楼，就可以进行文艺创作、欣赏和批评了吗？

"定义"之后还附了十三条"解说"，仍旧是玩弄一些抽象概念，说来说去，并没有把"定义"解说清楚。作者始终一本正经，丝毫不用一点具体形象，丝毫不流露一点情感。他是从艺术学院毕业的，听说搞过雕塑和绘画，但始终不谈一点亲身经验，不举一点艺术实践方面的例证。十九世纪法国帕尔纳斯派诗人为着要突出他们的现实主义，曾标榜所谓"不动情"（impassivité）。"定义"的规定者确实做到了这一点，在文章里怕犯"人情味"的忌讳，阉割了自己，也阉割了读者，不管读者爱听不爱听，他硬塞给你的就只有这种光秃秃硬梆梆的枯燥货色，连文字也还似通不通。到什么时候才能看到这种文风改变过来呢！

读到这个"美的定义"，我倒有"如逢故人"的感觉。这位故人仍是五十年代美学讨论中的故人。当前，党的工作重点实行了转移，实现四个现代化成了全国人民的中心任务，各条战线正在热火朝天地大干快上，文艺界面貌也焕然一新。但这一切在这位搜寻"美的定义"的老朋友身上，仿佛都没有起一点作用，他还是那样坐井观天，纹风不动！

十三条"解说"之后又来了一个"附记"。作者在引了毛泽东同志的研究工作不应当从定义出发的教导后，马上就来了一个一百八十度大转弯的"然而"："然而同时并不排除经过实事求是的研究而从获得的结论中，归纳、概括、抽绎出定义。"是呀，你根据什么"实事",求出什么"是"呢?你这是遵循毛主席的"辩证唯物主义路线"吗?

接着作者还来了一个声明:

以上"美"的定义,无非自己在美学研究长途中的一个小小暂时"纪程"而已。以后于其视为绊脚石时,自己或旁人,都可以而且应当无所爱惜地踢开它!

这里有一个惊叹号,是文中唯一的动了一点情感的地方,表现出决心和勇气。不过作为一个老友,我应该直率地说,你的定义以及你得出定义所用的方法正是你的绊脚石,你如何处理这块绊脚石,且观后效吧!

读过这篇"美的定义"之后不久,我有机会上过一堂生动的美学课,看到新上演的意大利和法国合拍的电影片《巴黎圣母院》。听到那位既聋哑而又奇丑的敲钟人在见到那位能歌善舞的吉卜赛女郎时,结结巴巴地使劲连声叫"美!美、美……"我不禁联想起"美的定义"。我想这位敲钟人一定没有研究过"美的定义",但他的一生事迹,使我深信他是个真正懂得什么是美的人,他连声叫出的"美"确实是出自肺腑的。一听到就使我受到极大的震动,悲喜交集,也惊赞雨果毕竟是个名不虚传的伟大作家。这位敲钟人本是一个孤儿,受尽流离困苦才当上一个在圣母院里敲钟的奴隶。圣母院里的一个高级僧侣偷看到吉卜赛女郎歌舞,便动了淫念,迫使敲钟人去把她劫掠过来。在劫掠中敲钟人遭到了群众的毒打,渴得要命,奄奄一息之际,给他水喝因而救了他命的正是他被他恶棍主子差遣去劫夺的吉卜赛女郎。她不但不跟群众一起去打他,而且出于对同受压迫的穷苦人的同情，毅然站出来救了他的命。她不仅面貌美，灵魂也美。这一口水之恩使敲钟人认识到什么是善和恶，美和丑，什么是人类的爱和恨。以后到每个紧要关头，他都是吉卜赛女郎的救护人，甚至设法去成全她对卫队长的单相思。把她藏在钟楼里使她免于死的是他，识破那恶棍对她的阴谋的是他，最后把那个恶棍从高楼上扔下摔死，因而替女郎报了仇、雪了恨的也还是他。这个女郎以施行魔术的罪名被处死，尸首抛到地下墓道里，他在深夜里摸索到尸首所在，便和她并头躺下，自己也就断了气。就是这样一个五官不全而又奇丑的处在社会最下层的小人物，却显出超人的大力、大智和大勇乃至大慈大悲。这是我在文艺作品中很少见到的小人物的高大形象。我不瞒你说，我受到了很大的感动。

我说这次我上了一堂生动的美学课。这不仅使我坚定了一个老信念：现实生活经验和文艺修养是研究美学所必备的基本条件，而且使我进一步想到美学中的一些关键问题。首先是自然美与艺术美的关系和区别问题。现实中有没有像敲钟人那样小人物的高大形象呢？我不敢作出肯定或否定的回答，我只能说，至少是我没有见过。我认为雨果所写的敲钟人是艺术创造出来的奇迹，是经过夸张虚构、集中化和典型化才创造出来的。敲钟人的身体丑烘托出而且提高了他的灵魂美。这样，自然丑本身作为这部艺术作品中的一个重要因素，也就转化为艺术美。艺术必根据自然，但艺术美并不等于自然美，而自然丑也可以转化为艺术美，这就说明了艺术家有描写丑恶的权利。

这部影片也使我回忆起不久前读过的人民美术出版社九七八年印行的《罗丹艺术论》及其附载的一篇《读后记》。罗丹的《艺术论》是一位艺术大师总结长期艺术实践的经验之谈，既亲切而又深刻，在读过《罗丹艺术论》正文之后再读《读后记》，不免感到《读后记》和正文太不协调了。不协调在哪里呢？罗丹是从亲身实践出发的，句句话都出自肺腑，《读后记》是从公式概念出发的，不但蔑视客观事实，而且帽子棍子满天飞。

过去这些年写评论文章和文艺史著作的都要硬套一个千篇一律的公式。先是拼凑一个历史背景，给人一个运用历史唯物主义的假象；接着就"一分为二"，先褒后贬，或先贬后褒，大发一番空议论，歪曲历史事实来为自己的片面论点打掩护。往往是褒既不彻底，贬也不彻底，褒与贬互相抵销。凭什么褒，凭什么贬呢？法官式的评论员心中早有一套法典，其中条文不外是"进步"、"反动"、"革命"、"人民性"、"阶级性"、"现实主义"、"浪漫主义"、"世界观"、"创作方法"、"自然主义"、"理想主义"、"人性论"、"人道主义"、"颓废主义"……之类离开具体内容就很空洞的抽象概念，随处都可套上，随处都不很合适。任何一位评论员用不着对文艺作品有任何感性认识，就可以大笔一挥，洋洋万言。我很怀疑这种评论有几个人真正要看。这不仅浪费执笔者和读者的时间，而且败坏了文风和学风。现在是应该认真对待这个问题的时候了！

《读后记》的作者对罗丹确实有褒有贬，不过贬抵销了褒。我们先看他对罗丹所控诉的罪状，再考虑一下如果这些罪状能成立，罗丹还有什么可褒的？为什么把他介绍到中国来？

作者一方面肯定了罗丹的现实主义，另一方面又指责罗丹的现实主义"不过是'写真实'的别名"。我们还记得"写真实"过去在我们中间成了一条罪状，难道现实主义就不要"写真实"吗？作者还挑剔罗丹不该把现实主义说成"诚挚是唯一的法则"，理由是"根本不可能有什么超阶级的'诚挚'"，试问过去公认的一些阶级成分并不怎么好的现实主义大师，例如莎士比亚、费尔丁、巴尔扎克、易卜生、托尔斯泰等等，都不"诚挚"，都在以说谎骗人为业吗？作者还重点地讨论了艺术如何运用丑的问题。他先褒了一笔，肯定罗丹描绘丑陋有不肯粉饰生活的"积极内容"，没有否认自然丑可以化为艺术美，接着就指责罗丹"偏爱残缺美"，毕竟"含有不健康的消极因素"，因为他"受到了颓废思潮的很深的影响"，"罗丹思想上同颓废派的联系，使他不能正确辨认生活与艺术中的一切美丑现象"。试问罗丹既不能正确辨认生活与艺术中的一切美丑现象，他不就成了白痴吗？还凭什么创造出那些公认为杰出的作品呢？罪状还不仅如此，罗丹"偏爱残缺美"，"也破坏了艺术的形式美"，"罗丹作品形式上的缺点正是反映了内容空虚和消极反动"。总之，一戴上"颓废派"的帽子，一个艺术家就必须一棍子打死。请问广大读者，《罗丹艺术论》和罗丹的作品究竟在哪一点上表明他是个颓废派呢？就历史事实来说，罗丹在"思想上同颓废派"究竟有什么联系呢？和他联系较多的人是雨果和巴尔扎克，他替这两位伟大小说家都雕过像，此外还有大诗人波德莱尔，他和罗丹是互相倾慕的。波德莱尔的诗集命名为《罪恶之花》，一出版就成了一部最畅销的书，可见得到了广大群众的批谁。但是《罪恶之花》这个不雅驯的名称①便注定了他在某些人心目中成了"颓废派"的代表。罗丹和他确实有联系,那他也就成了颓废派。依这种逻辑,雨果和巴尔扎克当然也就应归入颓废派了。要深文罗织,找罪证也不难,雨果不是在《巴黎圣母院》里塑造了五官不全的奇丑的敲钟人吗?巴尔扎克不也写过许多丑恶的人和丑恶的事吗?

我们在这里并不是要为颓废派辩护。在十九世纪末,据说颓废主义是普遍流行的"世纪病"。这是客观事实,而且也有它的历史根源。处在帝国主义渐就没落时期,一般资产阶级文化人和文艺工作者大半既不满现状而又看不清出路,有些颓废倾向,而且还宣扬人性论、人道主义、天才论、不可知论和一些其他奇谈怪论。他们的作品难免有这样和那样的毒素,但毕竟有"不粉饰现实生活的积极内容",而且在艺术上还有些达到很高的成就,我们究竟应该如何对待他们呢?为着保健防疫,是不是就应干脆把他们一扫而空,在历史上留一段空白为妙呢?这其实就是"割断历史"的虚无主义,与马克思主义毫无共通之处。

朋友们,我和诸位在文艺界和美学界有"同行"之雅,在这封信里向诸位谈心,以一个年过八十的老汉还经常带一点火气,难免要冒犯一些人。我实在忍不下去啦!请原谅这种苦口婆心吧!让我们振奋精神,解放思想,肃清余毒,轻装上阵吧!

---

① 顺便指出:原文 Mal 应译为"病",即"世纪病"中的"病","罪恶"是误译。

三、谈人

朋友们：

谈美，我得从人谈起，因为美是一种价值，而价值属于经济范畴，无论是使用还是交换，总离不开人这个主体。何况文艺活动，无论是创造还是欣赏、批评，同样也离不开人。

你我都是人，还不知道人是怎么回事吗？世间事物最复杂因而最难懂的莫过人，懂得人就会懂得你自己。希腊人把"懂得你自己"看作人的最高智慧。可不是吗？人不像木石只有物质，而且还有意识，有情感，有意志，总而言之，有心灵。西方还有一句古谚："人有一半是魔鬼，一半是仙子。"魔鬼固诡诈多端，仙子也渺茫难测。

作为一种动物，人是人类学的研究对象。他经过无数亿万年才由单细胞生物发展到猿，又经过无数亿万年才由类人猿发展到人。正如人的面貌还有类人猿的遗迹，人的习性中也还保留一些兽性，即心理学家所说的"本能"。

我们这些文明人是由原始人或野蛮人演变来的，除兽性之外，也还保留着原始人的一些习性。要了解现代社会人，还须了解我们的原始祖先。所以马克思特别重视摩根的《古代社会》，把它细读过而且加过评注。恩格斯也根据古代社会的资料，写出《家庭、私有制和国家的起源》。在《自然辩证法》一书中，恩格斯还详细论述了劳动在从猿到人转变过程中的作用，谈到了人手的演变，这对研究美学是特别重要的。古代社会不仅是家庭、私有制和国家政权的摇篮，而且也是宗教、神话和艺术的发祥地。数典不能忘祖，这笔账不能不算。

从人类学和古代社会的研究来看，艺术和美是怎样起源的呢？并不是起于抽象概念，而是起于吃饭穿衣、男婚女嫁、猎获野兽、打群仗来劫掠食物和女俘以及劳动生产之类日常生活实践中极平凡卑微的事物。中国的儒家有一句老话："食、色，性也。""食"就是保持个体生命的经济基础，"色"就是绵延种族生命的男女配合。艺术和美也最先见于食色。汉文"美"字就起于羊羹的味道，中外文都把"趣味"来指"审美力"。原始民族很早就很讲究美，从事艺术活动。他们用发亮耀眼的颜料把身体涂得漆黑或绯红，唱歌作乐和跳舞来吸引情侣，或庆祝狩猎、战争的胜利。关于这些，谷鲁斯（K.Groos）在《艺术起源》里讲得很详细，较易得到的普列汉诺夫的《没有地址的信》也可以参看。

在近代，人是心理学的主要研究对象。一个活人时时刻刻要和外界事物（自然和社会）打交道，这就是生活。生活是人从实践到认识，又从认识到实践的不断反复流转的发展过程。为着生活的需要，人在不断地改造自然和社会，同时也在不断地改造自己。心理学把这种复杂过程简化为刺激到反应往而复返的循环弧。

外界事物刺激人的各种感觉神经,把映象传到脑神经中枢,在脑里引起对对象的初步感性认识,激发了伏根很深的本能和情感(如快感和痛感以及较复杂的情绪和情操),发动了采取行动来应付当前局面的思考和意志,于是脑中枢把感觉神经拨转到运动神经,把这意志转达到相应的运动器官,如手足肩背之类,使它实现为行动。哲学和心理学一向把这整个运动分为知(认识)、情(情感)和意(意志)这三种活动,大体上是正确的。

心理学在近代已成为一种自然科学,在过去是附属于哲学的。过去哲学家主要是意识形态制造者,他们大半只看重认识而轻视实践,偏重感觉神经到脑中枢那一环而忽视脑中枢到运动神经那一环,也就是忽视情感、思考和意志到行动那一环。他们大半止于认识,不能把认识转化为行动。不过这种认识也可以起指导旁人行动的作用。马克思《关于费尔巴哈的提纲》第十一条说:"哲学家们只是用不同的方式解释世界,而问题在于改变世界"[①],就是针对这些人说的。

就连在认识方面,较早的哲学家们也大半过分重视"理性"认识而忽视感性认识,而他们所理解的"理性"是先验的甚至是超验的,并没有感性认识的基础。这种局面到十七、十八世纪启蒙运动中英国的培根和霍布斯等经验派哲学家才把它转变过来,把理性认识移置到感性认识的基础上,把理性认识看作是感性认识的进一步发展。英国经验主义在欧洲大陆上发生了深远影响,

---

① 《马克思恩格斯选集》第一卷,第19页,人民出版社1972年版。

它是机械唯物主义的先驱，费尔巴哈就是一个著例。他"不满意抽象的思维而诉诸感性的直观，但是他把感性不是看作实践的、人类感性的活动"①，对现实事物"只是从客体的或者直观的形式去理解，而不是把它们当作人的感性活动，当作实践去理解"，结果是人作为主体的感性活动、实践活动、能动的方面，却让唯心主义抽象地发展了。而且"他没有把人的活动本身理解为客体的活动"②。这份《提纲》是马克思主义哲学的核心，但在用词和行文方面有些艰晦，初学者不免茫然，把它的极端重要性忽视过去。这里所要解释的主要是认识和实践的关系，也就是主体（人）和客体（对象）的关系。费尔巴哈由于片面地强调感性的直观（对客体所观照到的形状），忽视了这感性活动来自人的能动活动方面（即实践）。毛病出在他不了解人（主体）和他的认识和实践的对象（客体）既是相对立而又相依为命的，客观世界（客体）靠人来改造和认识，而人在改造客观世界中既体现了自己，也改造了自己。因此物（客体）之中有人（主体），人之中也有物。马克思批评费尔巴哈"没有把人的活动本身理解为客体的活动"。参加过五十年代国内美学讨论的人们都会记得多数人坚持"美是客观的"，我自己是从"美是主观的"转变到"主客观统一"的。当时我是从对客观事实的粗浅理解达到这种转变的，还没有懂得马克思在《提纲》中关于主体和客体统一的充满唯物辩证法的阐

---

① 马克思：《关于费尔巴哈的提纲》，《马克思恩格斯选集》第一卷，第17页，人民出版社1972年版。"感性的"（Sinnlich），有"具体的"和"物质的"意思。
② 马克思：《关于费尔巴哈的提纲》，《马克思恩格斯选集》第一卷，第16页。"客体的"，原译为"客观的"，不妥。

述的深刻意义。这场争论到现在似还没有彻底解决,来访或来信的朋友们还经常问到这一点,所以不嫌词费,趁此作一番说明,同时也想证明哲学(特别是马克思主义哲学)和心理学的知识对于研究美学的极端重要性。

谈到观点的转变,我还应谈一谈近代美学的真正开山祖康德这位主观唯心论者对我的影响,并且进行一点力所能及的批判。大家都知道,我过去是意大利美学家克罗齐的忠实信徒,可能还不知道对康德的信仰坚定了我对克罗齐的信仰。康德自己承认英国经验派怀疑论者休谟把他从哲学酣梦中震醒过来,但他始终没有摆脱他的"超验"理性或"纯理性"。在《判断力的批判》上部,康德对美进行了他的有名的分析。我在《西方美学史》第十二章里对他的分析结果作了如下的概括叙述:

审美判断不涉及欲念和利害计较,所以有别于一般快感以及功利的和道德的活动,即不是一种实践活动;审美判断不涉及概念,所以有别于逻辑判断,即不是一种概念性认识活动;它不涉及明确的目的,所以与审美的判断有别,美并不等于(目的论中的)完善。

审美判断是对象的形式所引起的快感。这种形式之所以能引起快感,是因为它适应人的认识功能(即想象力和知解力),使这些功能可以自由活动并且和谐地合作。这种心理状态虽不是可以明确地认识到的,却是可以从情感的效果上感觉到的。审美的快感就是对于这种心理状态的肯定,它可以说是对于对象形式(客体)与主体的认识功能的内外契合……所感到的快慰。这是审美判断中的基本内容。

康德的这种美的分析有一个明显的致命伤。他把审美活动和整个人的其他许多功能都割裂出来，思考力、情感和追求目的的意志在审美活动中都从人这个整体中阉割掉了，留下来的只是想象力和知解力这两种认识功能的自由运用与和谐合作所产生的那一点快感。这两种认识功能如何自由运用与和谐合作，也还是一个不可知的秘密，因为他明确地说过"审美趣味方面没有客观规则"，艺术是"由自然通过天才来规定法则的"。他把美分为"纯粹美"和"依存美"两种，"美的分析"只针对"纯粹美"，到讨论"依存美"时，康德又把他原先所否定的因素偷梁换柱式地偷运回来，前后矛盾百出。就对象（客体）方面来看也是如此，他先肯定审美活动只涉及对象的形式，也就是说，与对象的内容无关；可是后来讨论"理想美"时却又说"理想是把个别事物作为适合于表现某一观念的形象显现"，这种"观念"就是"一种不确定的理性概念"，"它只能在人的形体上见出，在人的形体上，理想是道德精神的表现"。

指出如此等类的矛盾，并不是要把康德一棍子打死。康德对美学问题是经过深思熟虑的，发现其中有不少难解决的矛盾。他自己虽没有解决这些矛盾，却没有掩盖它们，而是认为可以激发后人的思考，推动美学的进一步发展。不幸的是后来他的门徒大半只发展了他的美只涉及对象的形式和主体的不带功利性的快感，即只涉及"美的分析"那一方面，而忽视了他对于"美的理想"、"依存美"和对"崇高"的分析那另一方面。因此就产生了"为艺术而艺术"，"形式主义"，克罗齐的"艺术即直觉"，"美学只管美感经验",美感经验是"孤立绝缘的"(闵斯特堡)、和实际事物保持"距离"的(缪勒·弗兰因斐尔斯)以及"超现实主义",象征派的"纯诗"运动,帕尔纳斯派的"不动情感"、"取消人格"之类五花八门的流派和学说,其中有大量的歪风邪气,康德在这些方面都是始作俑者。

近一百年中对康德持异议的也大有人在。例如康德把情感和意志排斥到美的领域之外,继起的叔本华就片面强调意志,尼采就宣扬狂歌狂舞、动荡不停的"酒神精神"和"超人",都替后来德国法西斯暴行建立了理论基础。这种事例反映了帝国主义垂危时期的社会动荡和个人自我扩张欲念的猖獗。这个时期变态心理学开始盛行,主要的代表也各有一套美学或文艺理论,都明显地受到尼采和叔本华的影响。首屈一指的是弗洛伊德。他认为原始人类婴儿对自己父母的性爱和妒忌所形成的"情意综"(男孩对母亲的性爱和对父亲的妒忌叫作"俄狄浦斯情意综",女孩对父亲的性爱和对母亲的妒忌叫作"厄勒克特拉情意综")到了现在还暗中作祟,采取化妆,企图在文艺中得到发泄。于是文艺就成了"原始性欲本能的升华"。弗洛伊德的门徒之一阿德勒却以个人的自我扩张欲(叫作"自我本能")代替了性欲。自我本能表现于"在人上的意志",特别是生理方面有缺陷的人受这种潜力驱遣,努力向上,来弥补这种缺陷。例如贝多芬、莫扎特和舒曼都有耳病,却都成了音乐大师。

像上面所举的这类学说现在在西方美学界还很流行,其通病和康德一样,都在把人这个整体宰割开来成为若干片段,单挑其中一块来，就说人原来如此，或是说，这一点就是打开人这个秘密的锁钥，也是打开美学秘密的锁钥。这就如同传说中的盲人摸象，这个说象是这样，那个说象是那样，实际上都不知道真象究竟是个啥样。

谈到这里，不妨趁便提一下，十九世纪以来西方美学界在研究方法上有机械观与有机观的分野。机械观来源于牛顿的物理学。物理学的对象本来是可以拆散开来分零件研究，把零件合拢起来又可以还原的。有机观来源于生物学和有机化学。有机体除单纯的物质之外还有生命，这就必须从整体来看，分割开来，生命就消灭了。解剖死尸，就无法把活人还原出来。机械观是一种形而上学，有机观就接近于唯物辩证法。上文所举的康德以来的一些美学家主要是持机械观的。当时美学界有没有持有机观的呢？为数不多，德国大诗人歌德便是一个著例，他在《搜藏家和他的伙伴们》的第五封信中有一段话是我经常爱引的：

人是一个整体，一个多方面的内在联系着的各种能力的统一体。艺术作品必须向人这个整体说话，必须适应人这种丰富的统一体，这种单一的杂多。

这就是有机观。这是伟大诗人从长期文艺创作和文艺欣赏中所得到的经验教训，不是从抽象概念中出来的。着重人的整体这种有机观，后来在马克思的《经济学－哲学手稿》里得到进一步发展，为辩证唯物主义和历史唯物主义奠定了基础。关于这一点，我们在以后的信里还要详谈。

四、关于马克思主义与美学的一些误解

朋友们：

前信提到马克思关于人的全面发展的整体看法。在说明这个看法之前，先要瞭望一眼马克思主义与美学这个总的局势以及对这个问题的一些流行的误解。

头一个基本问题是：我们如果不弄通马克思主义，是否也可以研究美学？我想，口头上大概是没有人会说研究美学用不着马克思主义的。但是口头上承认，不等于实际上就认真去做。我们提倡"解放思想"，但不能从马克思主义思想中"解放"出来。搞文艺理论的人满街走，是不是所有的人都在认真钻研马克思主义呢？这是值得注意的一个问题。不肯钻研的人有很多借口，其中之一就是马克思主义创始人并没有写过一部美学或文艺理论的专著，说不上有一个完整的美学体系。关于这一点，待以后信中再谈。此外林彪、"四人帮"横行时期，打着马克思主义大旗来反对马克思主义，严重破坏了我们的学风，至今余毒犹存，也影

响了一些同志的学习热情。还有些真心实意要想运用马克思主义来搞美学的同志，有时也会误入与马克思主义背道而驰的道路上去。比如，片面强调美的客观性，坚持美与主观思想感情无关，硬说形象思维是子虚乌有，闭口不敢谈人性论、人道主义和人情味，等等。在学会就具体问题进行具体分析的马克思主义的科学方法之前，简单化总是走抵抗力最弱的道路。

我自己经常就这个问题进行反省，还是不敢打保票，保证自己已免疫了。柏拉图、康德、黑格尔和克罗齐这些唯心主义的美学大师统治了我前大半生的思想，先入为主，我怎么能打这种保票呢？不过有一点我现在是确信不移的，这就是：研究美学如果不弄通马克思主义，那就会走入死胡同。有人会问：你的那些祖师爷，柏拉图、康德、黑格尔等都没有接触到马克思主义，不是在美学上都有很高的造诣吗？我回答说：他们行，我们现在可不行！理由很简单。历史在进展，我们和他们处在不同时代和不同类型的社会。他们的现实生活不是我们的现实生活，我们所要解决的问题和所凭借的物质基础、思想资料和他们的已大不相同。马克思主义在今天已掌握了广大群众，工人阶级已成了主宰世界的力量。我们已进入了大工业时代，我们的文艺的服务对象是广大的劳动人民而不是少数有闲阶级和精神贵族；我们的文艺媒介已经发展到电影和电视而不仅仅是书本、小剧场或小型展览。现在全世界各民族之间的文化交流已比过去远为广泛而迅速，没有哪一个民族可以"闭关自守"。凡此种种都说明历史在前进。马克思主义的诞生和传播，社会主义国家的兴起和发展都标志着人类历史上的一个空前重大的转折点,难道今天进行任何部门的科学研究,能抛开马克思主义吗?就我个人来说,尽管我很晚才接触到马克思主义,近二十多年来一直还在摸索,但已感觉到这方面的学习给我带来了新生,使我认识到对我的那些唯心主义祖师爷也要运用辩证唯物主义和历史唯物主义进行分析批判,去伪存真,批判继承,为我所用,而决不能亦步亦趋地走他们的老路,走老路就是古人所说的"刻舟求剑",总不免劳而无功。在踏上四个现代化的新的征途上,全国人民意气风发,形势一片大好,眼看经济高涨会带来科学文化的高涨。我对马克思主义美学在我国的宏大远景抱有坚定不移的信心,下定决定要趁余年尽一点绵薄的力量。我不一定亲身就能看得到这种宏大远景的到来,但是深信广大的新生力量一定会同心协力地沿着马克思主义的光明大道,把美学这把火炬传递下去,胜利终究是属于我们的!

第二个问题是上文已提到的,马克思主义创始人没有写过一部美学或文艺理论专著,是否就没有一个完整的美学体系呢?写过或没有写过美学专著,和有没有完整的美学体系并不是一回事。马克思主义创始人没有写过美学专著,这是事实;说因此就没有一个完整的美学体系,这却不是事实。某些人有这种误解,和《马克思恩格斯论文艺》的选本有关。选本对于普及马列文艺思想和帮助初学者入门,应该说还是有点用处的。但目前流行的几种选本有个共同的毛病:就是划了一些专题的鸽子笼,把马克思主义创始人的论著整章整段地割裂开来,打散了,把上下文的次第也颠倒过来了,于是东捡一鳞,西拾一爪,放进那些专题鸽子笼里去,这样支离破碎，使读者见不到一部或一篇论著的整体和前后的内在联系。这样怎么还能见出马列主义的完整体系呢？这类选本之中也有比较好的，例如较早的东德李夫希兹（Lifschitz）的《马克思恩格斯论艺术》（有中译本）和苏联国家出版社编的较简赅的《马克思恩格斯论文学》。编得最坏的是俄文本《马克思恩格斯论艺术》（也有中译本），其中一开始便是"艺术创作的一般问题"，用大量篇幅选些关于"革命悲剧"、"现实历史中的悲剧和喜剧"、"黑格尔的美学"等方面论著，仿佛这些就是艺术理论中的首要问题。至于真正的首要问题——辩证唯物主义和历史唯物主义，反降到次要地位，选目也很零碎。例如马克思的《关于费尔巴哈的提纲》这样对马克思主义的实践观点特别重要的文献竟没有入选。我们自己根据这类选本编的《马克思恩格斯论文艺》也有同样的毛病而分量更单薄，而各大专院校所经常讨论的项目就更单薄，注意力往往集中到评论具体作者和具体作品的几封信上去。从这些零星片面的资料来看，当然很难看得出马克思主义创始人已经有一套完整的美学体系了。

　　问题还在于什么才是美学体系？已往的美学大师没有哪一位没有完整的体系，唯心的或是唯物的，形而上学的或是辩证的。单拿马克思来说，美学在他的整个思想大体系中只是一个小体系。小体系是不能脱离大体系来理解的。马克思主义大体系就是辩证唯物主义和历史唯物主义，以及从此生发出来的认识来自实践的基本观点。实践是具有社会性的人凭着他的"本质力量"或功能对改造自然和社会所采取的行动，主要见于劳动生产和社会革命斗争。应用到美学里来说，文艺也是一种劳动生产，既是一种精神劳动，也并不脱离体力劳动；既能动地反映自然和社会，也对自然和社会起改造和推进作用。作为一种意识形态，文艺归根到底要受经济基础的决定作用，反过来又对经济基础和政法的上层建筑发生反作用。人与自然（包括社会）决不是两个互不相干的对立面，而是不断地互相斗争又互相推进的。因此，人之中有自然的影响，自然也体现着人的本质力量，这就是"人化的自然"和"人的对象化"，也就是主客观统一的基本观点。从这个基础的实践观点出发，马克思既揭示了文艺的起源和性质，又追溯了文艺经过不同社会类型的长久演变，还趁便分析一些具体文艺作家和作品，从而解决了一系列文艺创作方面的重要问题，例如现实主义与浪漫主义，莎士比亚化与席勒方式，人物性格与典型环境的关系，文艺与物质媒介的关系，文艺与批判继承的关系，以及作为对需要的供应，文艺与读者、观众的关系，如此等等。试问这一切还不能构成马克思主义美学的完整体系吗？对我们造成困难的是这个完整体系是经过长期发展而且散见于一系列著作中的，例如从《经济学－哲学手稿》、《德意志意识形态》、《关于费尔巴哈的提纲》、《政治经济学批判》直到《剩余价值论》、《资本论》和一系列通信。要说体系，马克思主义美学体系比起过去任何美学大师（从柏拉图、亚里士多德到康德、黑格尔和克罗齐）所构成的任何体系都更宏大，更完整，而且有更结实的物质基础和历史发展的线索。我们的困难就在于要掌握这个完整体系，就非亲自钻研上述一系列的完整的经典著作不可。这是一条曲折而又崎岖的道路，许多马克思主义美学信徒都没有勇气战胜困难而妄想找"捷径"，于是语录式的《马克思恩格斯论文艺》之类支离破碎的选本就应运而起。人们就认为这些选本已把马克思主义美学的山珍海味烹调成了一盘"全家福"，足供我们享受而有余了。专靠"吃现成饭"过活的人生活就不会过得好。要弄通马克思主义美学的完整体系，就不但要亲口咀嚼，不要靠人喂，而且还要亲自费力去采集原料，亲手去烹调，这样吃下去才易消化，才真正地受用。

宇宙是一个整体，人类社会和自然界也是一个整体，自然科学和社会科学也日渐构成一个整体。"荷叶藕，满塘转"，互相因依，牵一发即动全身。所以我们决不能把美学看成一门独立自足的科学，把门关起来靠"自力更生"。有些立志要搞美学的人既不学哲学，又不学历史，又没有文艺实验经验，连与美学密切相关的心理学、社会学、文学史、艺术史、语言学乃至宗教神话之类也不想问津，甚至对当前文艺动态也漠不关心，而关起门来"深思默索"，玩弄概念游戏，像蜘蛛一样，只图把肚子里的丝吐出来，就结成一面包罗万象的大网。这是妄想！只学马克思主义而不学其他，也决学不通马克思主义。美学也是如此。试想一想马克思在指导工人运动之外，还积蓄了多么渊博的学识！而且还写出那么多的不朽著作！学马克思主义也好，学马克思主义美学也好，首先要学习马克思的这种认真刻苦、勇猛前进的精神。

目前我们都还有一个外语难关要破。试想一想，马克思、恩格斯和列宁之中哪一位不精通几种外语，不但能用外语阅读，而且能用外语写作。为什么学习美学也要攻克外语难关？因为学会外语，才能掌握不可缺少的资料。马克思、恩格斯在《共产党宣言》里就已指出，在世界市场既已形成的资本主义时代：

……过去那种地方和民族的自给自足和闭关自守状态，被各民族的各方面的互相往来和各方面的互相依赖所代替了。物质的生产是如此，精神的生产也是如此。各民族的精神产品成了公共的财产。民族的片面性和局限性日益成为不可能，于是由许多民族的和地方的文学形成了一种世界文学。①

这里"文学"一词原文是Literatur，原指"文献"，包括各门学问的资料，当然也包括文学艺术方面的资料。搞一门科学，先要占领它的主要资料（书本的和实地调查的）。无论是马克思主义经典论著，还是美学论著，我们已占领的资料实在贫乏得可怜。我经常接到许多青年美学爱好者来信托我买书寄资料，我体会到他们的难处，但是我也无法可设，常叫他们失望，我感到这是很大的精神负担。不但他们，我自己近二三十年来在资料方面也长久与世隔绝，真是束手无策，坐井观天。近来我又在重新摸索二十多年前就已摸索过的马克思在一八四四年写的而在一九三二年才在柏林出版的《经济学－哲学手稿》，因为这部手稿对学习马克思主义美学是必不可少的。我仍经常遇到困难。我找了两部中译本来读，想得些帮助。可是原来没有懂的还是不易搞懂，而且发现译文比原文还更难懂，一则对原文误解不少，二则中文也

---

① 《马克思恩格斯选集》第一卷，第255页，人民出版社1972年版。

嫌拖沓生硬。因此我更感到外语这一关必须攻破，中文也还有研究的必要。作为练习，我就从这部手稿中关键的两章自己摸索着译，译出来自己还是不满意，不过对原文比过去似懂得多一点，工夫还不是白费的。我也趁此摸了摸这方面的资料的底，才知道近三十年来全世界马克思主义研究者都在对这部手稿进行着热烈的争论，西方已出的书刊就有无数种，而我却毫无所知。科学资料工作我们实在太落后了，科学研究工作怎么能搞得上去呢？听说社会科学院有关部门也在研究这部手稿和翻译介绍有关的资料，我祝愿这项工作早日成功，把译出的资料公开发行。

五、艺术是一种生产劳动

朋友们：

前两信收尾时曾谈到马克思的辩证唯物主义彻底解决了人与自然、主体与客体、心与物这些对立面的统一，现在就单从艺术方面来看这种辩证统一是如何通过劳动来实现的。艺术是一种生产劳动，是精神方面的生产劳动，其实精神生产与物质生产是一致的，而且是互相依存的。我们的根据主要是马克思的《经济学－哲学手稿》、《资本论》第一卷里关于"劳动"和恩格斯的《自然辩证法》中关于"从猿到人"的论述。

在《经济学－哲学手稿》里，马克思要论证人类何以必然要废除资本主义社会的私有制，才能达到共产主义。他是从劳动者及其劳动来看这个问题的。在私有制之下，一切财富都是由劳动者生产出来的，而劳动者却不但被剥夺去他的生产资料、生活资料和劳动产品，而且还被剥夺去他作为社会人的"本质力量"或固有才能，沦为机器零件，沦为商品，过着非人的生活。马克思把这种情况叫作"异化"。要彻底废除私有制,才能彻底消除这种"异化",才能进入共产主义。马克思给真正的共产主义下了一个意义深远的定义:

> 共产主义就是作为人的自我异化的私有制的彻底废除,因而就是通过人而且为着人,来真正占有人的本质。所以共产主义就是人在前此发展出来的全部财富范围之内,全面地自觉地回到人自己,即回到一种社会性的(即人性的)人的地位。这种共产主义作为完善化的① 自然主义,就等于人道主义;作为完善化的人道主义也就等于自然主义。共产主义就是人与自然之间和人与人之间的对立冲突的真正解决,也就是存在与本质,对象化与自我肯定,自由与必然,个体与物种之间纠纷的真正解决。共产主义就是历史谜语的解决,而且认识到自己就是这种解决。②

这是辩证唯物主义的一个较早的提法,是贯串在全部手稿中的一条红线。马克思在下文又就人与社会的关系作了补充:

> 自然中所含的人性的本质只有对于社会的人才存在;因为在社会里,自然对于人才作为人和人的联系纽带而存在——他为旁人而存在,旁人也为他而存在,——这是人类世界的生活要素③。只有这样,自然才作为人自己的人性的存在的基础而存在。只有这样,

---

① "完善化的",即"充分发展的","彻底的"。

② 本篇所引《经济学-哲学手稿》、《资本论》和《自然辩证法》三部经典著作的译文都根据德文版重新作了校正,书中不再一一注明中译本页码。

③ "要素",即"基本原则"。

对人原是自然的存在才变成他的人性的存在,自然对于他就成了人。因此,社会就是人和自然的完善化的统一体,——自然的真正复活——人的彻底的自然主义和自然的彻底的人道主义。

从此可见,人道主义与自然主义的辩证统一含有两点互相因依的要义:人之中有自然,自然之中也有人。人得到充分发展要靠自然得到充分发展,自然得到充分发展也要靠人得到充分发展。自然是人的肉体食粮和精神食粮的来源,是人的生产劳动的基础和手段。人在劳动中才开始形成社会。生产劳动就是社会性的人凭他的本质力量对自然的加工改造。在这过程中,自然日益受到人的改造,就日益丰富化,就成了"人化的自然";人发挥了他的本质力量,就是肯定了他自己,他的本质力量就在改造的自然中"对象化"了,因而也日益加强和提高了。这就是人在改造自然之中也改造了自己。人类历史就这样日益进展下去,直到共产主义,人和自然双方都会得到充分发展,这就是"人的彻底的自然主义和自然的彻底的人道主义"的辩证统一。

中国先秦诸子有一句老话:"人尽其能,地尽其利。""人尽其能"就是彻底的人道主义,"地尽其利"就是彻底的自然主义。不过这句中国老话没有揭示人与自然的统一和互相因依,只表达了对太平盛世的一种朴素的愿望。马克思却不仅揭示了人与自然的统一,而且替共产主义奠定了一个稳实的哲学基础,实际上也替美学和艺术奠定了一个马克思主义的哲学基础。就是在讨论人与自然的统一时,马克思提出了"美的规律",我们不妨细心研究一下马克思的原话:

通过实践来创造一个对象世界，即对有机自然界进行加工改造，就证实了人是一种存在。……动物固然也生产，它替自己营巢造窝，例如蜜蜂、海狸和蚂蚁之类。但是动物只制造它自己及其后代直接需要的东西，它们只片面地生产，而人却全面地生产；动物只有在肉体直接需要的支配之下才生产，而人却在不受肉体需要的支配时也生产，而且只有在不受肉体需要的支配时，人才真正地生产；动物只生产动物，而人却在生产整个自然界；动物的产品直接联系到它的肉体，而人却自由地对待他的产品。动物只按照它所属的那个物种的标准和需要去制造，而人却知道怎样按照每一个物种的标准来生产，而且知道怎样到处把本身固有的标准运用到对象上来制造，因此，人还按照美的规律来制造。

从这段重要文献可以看出以下几点：

一、精神生产和物质生产的一致性。人通过劳动实践对自然加工改造，创造出一个对象世界。这条原则既适用于工农业的物质生产，也适用于包括文艺在内的精神生产。这两种生产都既要根据自然，又要对自然加工改造，这就肯定了文艺的现实主义，排除了文艺流派中的自然主义。

二、人不同于动物在于人有自意识（即自觉性）。他意识到自己就是人类一个成员，而且根据这种认识来生产。动物只在受肉体直接需要的支配之下片面地生产，人却是根据人类的深远需要全面地自由地生产。这就肯定了文艺的广阔题材和社会功用。具体的实例是蜜蜂营巢和建筑师仿制蜂房的分别。

三、"人还按照美的规律来制造"。人的生产无论是精神的还是物质的,都与美有联系,而美有美的规律。这句话前面有"因此"连接词,足见是总结全段上文。"此"显然指上文所列的两条:一条是"人知道怎样按照每个物种的标准来生产"。标准就是由每个物种的需要来决定的规律。动物只按自己所属的那个物种的直接需要来制造,例如蜂营巢,人却全面地自由地生产,能运用每个物种的标准,例如建筑师既能仿制蜂巢,又能建造高楼大厦和其他工程。这就是前一条的要求。另一条比前一条更进了一步,"人知道怎样到处把本身固有的标准运用到对象上去来制造"。这本身固有标准是属于对象的,也就是根据对象本身固有的规律。恩格斯论述"从猿到人"时说:"我们对自然界的整个统治,是在于我们比一切其他动物强,能够认识和正确运用自然规律。"马克思所说的"对象本身固有的规律"也就是恩格斯所说的"自然规律"。就文艺来说,这就涉及认识整个客观世界和人们所曾探讨的文艺本身的各种规律。可见"美的规律"是非常广泛的,也可以说就是美学本身的研究对象。

马克思在《经济学-哲学手稿》里还说过:"人是用全面的方式,因而是作为整体的人,来掌握他的全面本质。"这个"人的整体"观点也是文艺方面的一条基本规律。"本质"有时也叫作"本质力量",究竟是些什么呢?马克思举例如下:

视,听,嗅,味,触,思维,观照,情感,意志,活动,生活,总之，人的个体所有的全部器官，以及在形式上属于社会器官①一类的那些器官，都是针对着对象，要占领或掌管该对象，要占领或掌管人类的现实界，它们针对对象的活动就是人类的现实生活的活动。

过去心理学只把视、听、嗅、味、触叫作"五官"，每一种器官管一种感觉。马克思把器官扩大到人的肉体和精神两方面的全部本质力量和功能。五官之外他还提到思维，意志，情感②。器官的功用不仅在认识或知觉，更重要的是"占领或掌管人类的现实界"的"人类现实生活的活动"。这就必然要包括生产劳动的实践活动，其中包括艺术和审美活动。各种感官都是在长期历史发展中由实践经验逐渐形成的。"各种感官的形成是从古到今全部世界史的工作成果。"

举听觉为例，马克思说过：

正如只有音乐才能唤醒人的音乐感觉，对于不懂音乐的耳朵，最美的音乐也没有意义，就不是它的对象，因为我的对象只能是我的本质的表现。

这两句极简单的话解决了美和美感以及美的主观性或客观性问题。上句说音乐美感须以客观存在的音乐为先决条件，下句说音乐美也要靠有"懂音乐的耳朵"这个主观条件。请诸位想一想：一、美单是主观的，或单是客观的吗？二、美能否离开美感而独立存

---

① "社会器官"，即交流思想情感的器官，主要指语言器官。
② 在另一段还提到"爱情"。

在呢？想通了这两个问题，许多美学上的问题就可迎刃而解了。

马克思的《资本论》是他的思想成熟时期的主要著作，它是否就已抛弃了《经济学—哲学手稿》的一些基本论点呢？我们现在就来研究一下《资本论》第一卷第三篇第五章中马克思对"劳动过程"所作的著名的总结，其中关键性段落如下：

> 劳动首先是人和自然都参加的一种过程，在这种过程中，人凭自己的活动作为媒介，来调节和控制他跟自然之间的物质交换。人自己也作为一种自然物质来对待自然物质。他为着要用一种对自己生活有利的方式去占领自然物质，于是发动肉体的各种自然力，例如肩膀、腿以及头和手。人在通过这种运动对自然加工改造之中，也就在改造他本身的自然（本性），促使他的原来睡眠着的各种潜力得到发展，并且服从他的控制。我们在这里讨论的不是原始动物的本能的劳动，现在的劳动是由劳动者拿到市场上出卖的一种商品，和原始动物的本能劳动的情况已隔着无数亿万年了。我们现在谈的是人类所特有的那种劳动。蜘蛛结网，颇类似织工纺织；蜜蜂用蜡来造蜂房，使许多人类建筑师都感到惭愧。但是就连最拙劣的建筑师也比最灵巧的蜜蜂要高明，因为建筑师在着手用蜡来造蜂房之前，就已经在头脑里把那蜂房构成了。劳动过程结束时所取得的成果在劳动过程开始时就已存在于劳动者的观念中了，已经以观念的形式存在着了。他不仅造成自然物的一种形态改变，同时还在自然中实现了他所意识到的目的。这个目的就给他的动作的方式和方法规定了法则（或规律）。他还必须使自己的意志服从这个目的。这种服从并不仅在一些零散动作上，而是在整个劳动过程中各种劳动器官

都要紧张起来,此外还要行使符合目的的意志,具体表现为集中注意(聚精会神)。劳动的内容和进行方式对劳动者[须有吸引力]①,吸引力愈少,劳动者就愈不能从劳动中感到运用肉体和精神两方面的各种力量的乐趣,同时也就愈需要加强集中注意。

这段引文有以下几个要点值得特别注意:

一、开宗明义就指出"劳动首先是人和自然都参加的一种过程",说明主体和客体都不可偏废。人在劳动过程中改造了自然也改造了自己。这还是贯串在《经济学－哲学手稿》中的人道主义与自然主义统一那条红线。

二、这里沿用了蜜蜂造蜂房的例证来重申人的自觉性。人与动物的分别在人在劳动生产之前心里已先有蓝图,有了观念(idea,即"意象")和目的(生产品的功用),而这个目的就规定了动作的方式和方法的法则(规律),即《经济学－哲学手稿》中"物种标准"和对象"本身固有的规律"。成品出产以前先以观念或意象(蓝图)的形式存在脑里,这就肯定了形象思维。

三、这里重申了各种劳动器官的全面合作,都要紧张起来,这就表现为"注意"或"聚精会神"。能引起"注意"和"紧张"就说明劳动的内容和方式都有吸引力,使劳动者在劳动中感到发挥全身本质力量的"乐趣"。这"乐趣"就是美感。美感首先是由生产劳动本身引起的。所以说,艺术起源于劳动。

《经济学－哲学手稿》和《资本论》里的论"劳动"对未来

---

① 括号中内容是为了读起来通顺而加上的。——引者

美学的发展具有我们多数人还没有想象到的重大意义。它们会造成美学领域的彻底革命，我们只消回顾一下已往统治西方美学的从康德到克罗齐那一系列的唯心主义大师的论点，把它们和马克思主义的论点细心比较一下，便会明白这个道理。

《资本论》里关于"劳动"的论述足以证明马克思在成熟时期并没有放弃《经济学－哲学手稿》中的一些基本论点。能证明这一点的还有恩格斯的《自然辩证法》中的关于"从猿到人"的论述。这篇一八七六年才写成的论文是《经济学－哲学手稿》的最透辟的阐明和进一步的发挥。文字较通俗易读，读者如果细心对照一下，便会看出它和《经济学－哲学手稿》是一脉相承的。

恩格斯也是从生产劳动来看人和社会发展的。他一开始就说："劳动和自然界一起才是一切财富的源泉，……它是整个人类生活的第一基本条件，……劳动创造了人本身。"在人本身各种器官之中恩格斯特别强调了人手、人脑和语言器官的特殊作用。人手在劳动中得到高度发展，到能制造劳动工具时，手才"变得自由"，"所以人手不仅是劳动的工具，它还是劳动的产物"。人手在长期历史发展中通过劳动愈来愈完善，愈灵巧：

在这个基础上人手才能仿佛凭着魔力似地产生了拉斐尔的绘画，托尔瓦德森的雕刻以及帕格尼尼的音乐。

这个实例就足能生动地说明艺术起源于劳动了。

恩格斯还根据达尔文的生长关联律，证明手不是孤立的，手的改变也引起脚和其他器官的改变。人脚能直立，行动更方便，人的眼界也扩大了，在自然事物中不断发现新的属性了。劳动的发展必然促进人与人的互助协作,"到了彼此间有些什么非说不可了",这就产生了语言的器官。语言是从劳动中并和劳动一起产生出来的。不但人,就连某些动物(如鸟),也能学会一种语言,从此就获得"依恋、感谢等等表现情感的能力"了。"首先是劳动,然后是语言和劳动一起,成了两个最主要的推动力,使人的脑髓及其所统辖的各种器官一齐发展起来,日渐趋于完善化,从而人的意识也愈来愈清楚,抽象能力和推理能力也日渐发展起来了。等到人完全形成,就产生了社会这个新因素,作为一种有力的推动力,同时也使人的行动有更确定的方向。"

这里说的"社会"不是本能式的社会性,而是有组织的形成制度的团体。有了社会,"人有能力进行愈来愈复杂的活动,提出和达到愈来愈高的目的",劳动本身也日益多样化和完善化。游牧打猎之外又有了农业、商业、手工业和航行术。接着恩格斯对社会发展史作了简括的叙述:

同商业和手工业一起,最后出现了艺术和科学,从部落发展成了民族和国家。法律和政治发展起来了,而且和它们一起,人的存在在人脑中的幻想的反映——宗教,也发展起来了。

由于这些意识形态都"首先表现为头脑的产物",头脑似乎是统治着人类社会的东西,手所制造的东西就退到次要地位,手的活动便仿佛只是执行脑所计划好的劳动,人们便习惯于把全部文明归功于脑的活动即思维的活动,这样就产生了唯心主义世界观,认识不到劳动在社会发展中所起的作用了。

恩格斯尽管指出唯心主义世界观使存在与思维的关系本末倒

置，却也丝毫不贬低人在统治自然之中思维所起的巨大作用，他拿人和动物比较说：

但是人离开动物愈远，他们对自然界的作用就愈带有经过思考的，有计划的，向着一定的和事先知道的目标前进的特征。

此外，人统治自然的能力也远比动物大：

动物仅仅利用外部自然界……而人则通过他所作出的改变来使自然界为他的目的服务，来支配自然界。这便是人同其他动物的最后的本质的区别所在；而造成这一区别的还是劳动。

……我们对自然界的整个统治，是在于我们比其他一切动物强，能够认识和正确运用自然规律。

人愈正确地理解自然规律，也就愈会认识到：

人自身和自然界的一致，而那种把精神和物质，人类和自然，灵魂和肉体对立起来的荒谬的反自然的观点，也就愈不可能存在了。

这是一个极其重要的结论，这正是马克思在《经济学－哲学手稿》里所作出的人道主义与自然主义的统一那个结论。从此可以见出认为《经济学－哲学手稿》的基本观点已过时以及"美纯粹是客观的"之类说法是多么"荒谬和反自然"了。

六、冲破文艺创作和美学中的一些禁区

朋友们：

我国从解放以来，在党的百花齐放、推陈出新的方针指引下，文艺才获得了新生，在短短的三十年之中，出现了前所未有的繁荣景象。不过，发展的道路向来是崎岖曲折的，在这三十年之中，我们不断受到"左"的和"右"的干扰，特别是林彪和"四人帮"对文艺界施行法西斯专政长达十年之久，对文艺创作和理论凭空设置了一些禁区，强迫文艺界就范，因而造成了万马齐喑的局面。今天，一场马克思主义的思想解放运动正在深入展开，形势是很好的；但有些同志面对着过去形成的一些禁区仍畏首畏尾，裹足不前。这种徘徊观望状态是和四个现代化的步伐不合拍的。让我们运用马克思主义的思想武器，一起来冲破禁区吧。

要冲破的究竟有哪些禁区呢？

一、首先就是"人性论"。什么叫作"人性"？它就是人类自然本性。古希腊有一句流行的文艺信条，说"艺术摹仿自然"，

这个"自然"主要就指"人性"。西方从古希腊一直到现代还有一句流行的信条，说文艺作品的价值高低取决于它摹仿（表现、反映）自然是否真实。我想不出一个伟大作家或理论家曾经否定过这两个基本信条，或否定过这两个信条的出发点，尽管"人性论"在性善性恶的问题上常有分歧。我们中国过去在人性论问题上也基本上和西方一致，可是近来"人性论"在我们中间却成了一条罪状或一个禁区。特别在流行的文学史课本中说某个作家的出发点是人性论，就是对他判了刑，至少是嫌他美中不足。为什么出现了这种论调呢？据说是相信人性论，就要否定阶级观点，仿佛是自从人有了阶级性，就失去了人性，或者说，人性就不再起作用。显而易见，这对马克思主义者所强调的阶级观点是一种歪曲。人性和阶级性的关系是共性与特殊性或全体与部分的关系。部分并不能代表或取消全体，肯定阶级性并不是否定人性。在前信里，我们已经看出马克思所强调的"人的肉体和精神两方面的本质力量"便是人性，马克思早年正是由此出发来论证无产阶级革命的必要性和必然性，论证要使人的本质力量得到充分的自由发展，就必须消除私有制的。毛主席关于"人性"的阐述也很明确：

有没有人性这种东西？当然有的。但是只有具体的人性，没有抽象的人性。在阶级社会里就是只有带着阶级性的人性，而没有什么超阶级的人性。①

很明显，阶级性也是在人性的基础上形成的。到了共产主义

---

① 《毛泽东选集》第三卷，第827页，人民出版社1967年版。

时代，阶级消失了，人性不但不消失，而且会日渐丰富化和高尚化。那时文艺虽不再具有阶级性，却仍必然要反映人性，当然反映的是具体的人性。所谓"具体"，就是体现于阶级性以外的其他特性，体现于共产主义时代的具体人物和具体情节。

总之，凭阶级观点围起来的这种"人性论"禁区是建筑在空虚中的，没有结实基础的。望人性论而生畏的作家们就必然要放弃对人性的深刻理解和忠实描绘，这样怎么能产生名副其实的文艺作品呢？有不少的作家正坐此弊，因而只能产生一些田园诗式或牧歌式的歌颂和一些抽象的空洞概念的图解。要打破这种固定不变的公式，首先就要打破"人性论"这个禁区。打破这个禁区，新文艺才能踏上康庄大道。这也是"不破不立"大原则中的一个事例。

二、与"人性论"这个禁区密切相联系的还有壁垒同样森严的"人道主义"禁区。人道主义是西方文艺复兴时代作为反封建、反教会而提出来的一个口号。尽管它有时还披着宗教的伪装，但是以人道代替神道的基本思想最后终于冲破了基督教会在西方长达一千余年的黑暗统治。在法国资产阶级革命中《人权宣言》所标榜的"自由"和"平等"以及后来添上的"博爱"，就是人道主义的具体政治内容。所以人道主义在近代西方起过推动历史前进的作用，后来基督教会把"博爱"这个它早已用过的口号片面地加以夸大，遂使人道主义狭窄化为"慈善主义"或"慈悲主义"，成了帝国主义对内宣扬阶级妥协、对外宣扬殖民统治的武器。总之，人道主义在西方是历史的产物，它有一个总的核心思想，就是尊重人的尊严,把人放在高于一切的地位,因为人虽是一种动物,却具有一般动物所没有的自觉心和精神生活。人道主义可以说是人的本位主义,这就是古希腊人所说的"人是衡量一切事物的标准",我们中国人所常说的"人为万物之灵"。人的这种"本位主义",虽然显得抽象、空泛,是在孤立地谈论人的本质,而且资产阶级在实际上追求的,还是个人的绝对自由和个性解放,但在剥削阶级占统治地位的社会中,显然有它的积极的社会效用,人自觉到自己的尊严地位,就要在言行上争取配得上这种尊严地位。马克思早期也曾谈到过人道主义,他把人道主义与自然主义的统一看作真正共产主义的体现。在美学方面,且不说贯串康德和黑格尔美学著作的都是人道主义,就连激进派车尔尼雪夫斯基也说得很明确:

在整个感性世界里,人是最高级的存在物;所以人的性格是我们所能感觉到的世界上最高的美。至于世界上其他各级存在物只有按照它们暗示到人或令人想到人的程度,才或多或少地获得美的价值。①

为什么我们中间有些理论家特别是文学史课本的编写者,一遇到人道主义就嗤之以鼻呢?难道因为它是资产阶级货色,便连作为研究对象的资格也没有吗?这无异于要倒掉洗婴儿的脏水,就连婴儿也要一起倒掉。真正的马克思主义者,既要看到人道主义的时代局限和阶级局限,又要看到它在历史上的进步作用,不能因为人道主义的发明权是资产阶级的,便连革命人道主义也不讲了。

---

① 《美学论文选》,第41-42页,人民文学出版社1959年版。译文有改动。

三、由于否定了人性论,"人情味"也就成了一个禁区,因为人情也还是人性中的一个重要因素。在文艺作品中人情味就是人民所喜闻乐见的东西。有谁爱好文艺而不要求其中有一点人情味呢?可是极左思潮泛滥时,人情味居然成了文艺作品的一条罪状。对巴金和老舍等同志的一些小说杰作,艾青同志的一些诗歌以及对影片《早春二月》的批判和打击至今记忆犹新,而余毒也似未尽消除。人情味的反面是呆板乏味。文艺作品而没有人情味会成什么玩艺儿呢?那只能是公式教条的图解或七巧板式的拼凑。今天敲敲打打吹上了天,明日便成了泄了气的气球,难道这种"文艺作品"的命运我们看到的还少吗?无论在中国还是在外国,最富于人情味的母题莫过于爱情。自从否定了人情味,细腻深刻的爱情描绘就很难见到了。为什么有相当长的一个时期中人们都不爱看我们自己的诗歌、戏剧、小说和电影,等到"四人帮"一打倒,大家都如饥似渴地寻找外国文艺作品和影片呢?还不是因为我们自己的作品人情味太少、"道学气"太重了吗?道学气都有一点伪善或弄虚作假。难道这和现实主义文艺或浪漫主义文艺有任何共同之处吗?提到政治思想的高度来说,难道社会主义社会中的男男女女都要变成和尚尼姑,不许尝到、也不许表现出人世间的悲欢离合吗?人们也许责骂我的这种想法是要求文艺"自由化",也就是说,要社会主义文艺向资本主义国家的文艺投降。但是文艺究竟能不能"交流"和"借鉴"而不至于"投降"呢?如果把冲破"四人帮"极左思想的桎梏理解为"自由化",我就不瞒你说,我要求的正是"自由化"!

四、人性论和人情味既然都成了禁区,"共同美感"当然也就不能幸免。有人认为肯定了共同美感,就势必否定阶级观点。毫无疑问,不同的阶级确实有不同的美感。焦大并不欣赏贾宝玉所笃爱的林妹妹,文人学士也往往嫌民间大红大绿的装饰"俗气"。可是这只是事情的一个方面,事情还有许多其他方面,因为美感这个概念是很模糊的,美感的来源也是很复杂的。过去有些美学家认为美仅在形色的匀称、声音的调和之类形式美,另外一些美学家却把重点放在内容意义上,辩证唯物主义则强调内容和形式的统一。就美感作为一种情感来说,它也是非常复杂的,过去美学家们大半认为美感是一种愉快的感觉,可是它又不等于一般的快感,不像渴时饮水或困倦后酣睡那种快感。有时美感也不全是快感,悲剧和一般崇高事物如狂风巨浪、悬崖陡壁等等所产生的美感之中却夹杂着痛感。喜剧和滑稽事物所产生的美感也是如此。同一美感中也有发展转变的过程,往往是生理和心理交互影响的。过去心理学在这方面已做过不少的实验和分析工作,已得到了一些公认的结论,但是需要进一步研究的问题也还很多。现在我们中间不少人对这方面的科学研究还毫无所知,或只是道听途说,就轻易对美感下结论,轻易把"共同美感"打入禁区,这也是一个学风问题。

究竟有没有共同美感呢?

根据何其芳同志在一九七七年《人民文学》第九期里回忆毛泽东同志谈话的文章,毛泽东同志是肯定了共同美感的。他说:"各个阶级有各个阶级的美,各个阶级也有共同的美,'口之于味,有同嗜焉'。"我们在前面介绍《经济学—哲学手稿》和《资本论》的那封信里也已经看到马克思肯定了人类物质生产和精神生产要符合"美的规律",而且肯定了这两种生产都因为人在劳动中发挥了肉体和精神两方面的本质力量而感到乐趣。这种乐趣不就是美感吗?马克思因此进一步肯定了艺术起源于劳动。劳动是人类的共同职能,它所产生的美感能不是人类共同美感吗?

马克思和毛泽东同志都是全世界无产阶级革命导师,同时也都是"共同美感"的见证人。马克思在一系列的著作中高度评价了过去奴隶社会、封建社会和资本主义社会的一系列的文艺杰作,从古希腊的神话、史诗、悲剧、喜剧,文艺复兴时代的但丁的《神曲》、莎士比亚的悲剧、塞万提斯的《堂·吉诃德》,直至近代巴尔扎克的《人间喜剧》,而且早年还亲自写过爱情诗。毛泽东同志也是如此,对中国古典文学有着渊博、深湛的认识和终生不倦的钻研和爱好,而且在自己的光辉的诗词中吸取了中国古典文学精华,甚至不放弃古典诗词的格律,真正做到了推陈出新。难道这两位革命导师对各种类型社会的古典文艺的爱好不足以证明不同的时代、不同的民族和不同的阶级有共同的美感吗?

还不仅此,否定共同美感,就势必要破坏马克思主义关于文化(包括文艺在内)的两大基本政策:一是对传统的批判继承,一是对世界各民族的文化的交流借鉴、截长补短。在文艺方面这两大政策的实施不但促进了文艺繁荣,也促进了各民族之间的互相了解、和平共处。否定共同美感,就势必割断历史,不可能有批判继承;也势必闭关自守、坐井观天,不可能有交流借鉴。你们想想,生今之世,难道能否定文化继承和文化交流吗?

五、特别要冲破的是江青和她的走卒们所鼓吹的"三突出"谬论对于人物性格所设置的一些禁区。文艺作品总离不开人,特别是叙述故事情节的戏剧和小说,亚里士多德把戏剧中的角色叫作"在行动中的人",马克思主义者把他们叫作"典型环境中的典型人物"。角色之中有主次之分,首要的角色叫作主角,在西文为 hero。这个西文词的一般意义是"英雄",主角可以是英雄人物,也可以是所谓"中间人物"或"小人物"。在封建社会,戏剧和小说的主角大半是些英雄人物,因为当时只有封建社会上层人物才能作为主角,反映在文艺作品里,为着维护或颂扬他们身份的高贵尊严,他们大半被描写成为英雄人物。不过只是在悲剧性或严肃性的作品里是如此,至于喜剧性的作品里如莫里哀的《伪君子》和《贵人迷》之类喜剧主角却都不是什么英雄人物,而是些卑鄙可笑的人物。到了近代资产阶级登上了政治舞台,因而也登上了文艺舞台,文学流派中现实主义便占了上风,情形就有了彻底的变化。现实主义派抛弃过去歌颂英雄人物和伟大事迹的习尚,有意识地描写社会下层人物。从此最流行的是小说,特别是在资产阶级当权较早的英国。十八世纪一些著名小说家如笛福、理查逊和菲尔丁等人,他们所写的人物,大半不是什么"英雄"而是名副其实的"中间人物"(当时英国资产阶级称作"中间阶级"),所写的事迹也不是宫廷显赫人物的政治大事,而是一般家庭纠纷或流浪汉冒险寻金之类投机勾当。在十九世纪俄国现实主义之中,写"小人物"和"多余的人"便作为一个正式口号提了出来。莱蒙托夫的著名小说《当代英雄》（本应译为《现时代的主角》）中的主角毕乔林就不是什么英雄人物而是典型的小人物或多余的人物。过去时代的主角是统治阶级的领导人物，而"现时代的主角"却是毕乔林之类没落阶级的悲观厌世、行为卑鄙的人物了。

我约略叙述这种历史转变，因为从此可以揭示"四人帮"在文艺方面所吹嘘的"三突击"谬论的反动性。这批害人虫妄图把封建时代突出统治阶层首脑人物的老办法拖回到现代文艺作品里来，骨子里还是为着突出他们自己，为他们篡党夺权作思想准备。他们理想中的英雄人物有两大特点：第一是十全十美，没有一点瑕疵；其次是始终一致，出台时是啥样性格，收场时还是啥样性格。这两点都歪曲了人性，又背离了发展观点，结果使文艺作品中的主角不是有血有肉的人，而是概念、公式的图解或漫画式的夸张。近代英国小说家福斯特（E. M. Forster）在《论小说的各方面》一书中论述了见不出冲突发展的"平板人物"和见出冲突发展的"圆整人物"之别，认为小说不应写出前一种人物而应写出后一种人物。"四人帮"所吹捧的恰是前一种，所禁忌的恰是后一种，在他们眼里看来，宋江不应有"坐楼杀惜"，李逵也应该莽撞到底，伽利略那样有重大发明的科学家，就宁可放弃完成他的科学巨著而不应贪生怕死，看到烤鹅肉也不能那样馋。他们狂妄无知竟到了这种程度！

其次，由于他们片面地突出"英雄人物的高大形象"，就把所谓"中间人物"和"小人物"列入禁区。描绘小人物和中间人物的能手赵树理同志的作品就被打入冷宫，而且作家本人也被迫害致死。想起无数类似的事例，谁能不痛心疾首！遭殃的并不限于一些优秀作家和优秀作品，还应想一想由江青盗窃来而加以窜改歪曲的八部"样板戏"成了几多大大小小的作家们的"样板"？几多人有意识地或无意识地陷入那批人妖所设置的陷阱？结果形成了什么样的文风？在青年一代思想中造成了多么大的危害？

　　冲破他们所设置的禁区，解放思想，按照文艺规律来繁荣文艺创作，现在正是时候了！

七、从生理学观点谈美与美感

朋友们：

你们来信常追问我：美是什么？美感是什么？美与美感有什么关系？美是否纯粹是客观的或主观的？我在第二封信里已强调过这样从抽象概念出发来对本质下定义的方法是形而上学的。要解决问题，就要从具体情况出发，而审美活动的具体情况是极其复杂的。前信已谈到从马克思在《资本论》里关于"劳动"的分析看，就可以看出物质生产和精神生产都有审美问题，既涉及复杂的心理活动，又涉及复杂的生理活动。这两种活动本来是分不开的，为着说明的方便，姑且把它们分开来说。在第三封信《谈人》里我们已约略谈了一点心理学常识，现在再就节奏感、移情作用和内摹仿这三项来谈一点生理学常识。

一、节奏感。节奏是音乐、舞蹈和歌唱这些最原始也最普遍的三位一体的艺术所同具的一个要素。节奏不仅见于艺术作品，也见于人的生理活动。人体中呼吸、循环、运动等器官本身的自然的有规律的起伏流转就是节奏。人用他的感觉器官和运动器官去应付审美对象时,如果对象所表现的节奏符合生理的自然节奏,人就感到和谐和愉快,否则就感到"拗"或"失调",就不愉快。例如听京戏或鼓书,如果演奏艺术高超,像过去的杨小楼和刘宝全那样,我们便觉得每个字音和每一拍的长短高低快慢都恰到好处,有"流转如弹丸"之妙。如果某句落掉一拍,或某板偏高或偏低,我们全身筋肉就仿佛突然受到一种不愉快的震撼,这就叫作节奏感。为着跟上节奏,我们常用手脚去"打板",其实全身筋肉都在"打板"。这里还有心理上的"预期"作用。节奏总有一种习惯的模式。听到上一板,我们就"预期"下一板的长短高低快慢如何,如果下一板果然符合预期,美感便加强,否则美感就遭到破坏。在这种美或不美的节奏感里你能说它是纯粹主观的或纯粹客观的吗?或则说它纯粹是心理的或纯粹是生理的吗?

节奏是主观与客观的统一,也是心理和生理的统一。它是内心生活(思想和情趣)的传达媒介。艺术家把应表现的思想和情趣表现在音调和节奏里,听众就从这音调节奏中体验或感染到那种思想和情趣,从而引起同情共鸣。

举具体事例来说,试比较分析一下这两段诗:

噫吁嚱!危乎高哉!蜀道之难,难于上青天!……其险也若此,嗟尔远道之人胡为乎来哉!

——李白《蜀道难》

呢呢儿女语,恩怨相尔汝。划然变轩昂,猛士赴敌场。浮云柳絮无根蒂，天地阔远随飞扬。……跻攀分寸不可上，失势一落千丈强！

——韩愈《听颖师弹琴》

李诗突兀沉雄，使人得到崇高风格中的惊惧感觉，节奏比较慢，起伏不平。韩诗变化多姿，妙肖琴音由缠绵细腻，突然转到高昂开阔，反复荡漾，接着的两句就上升的艰险和下降的突兀作了强烈的对比。音调节奏恰恰传出琴音本身的变化。正确的朗诵须使音调节奏暗示出意象和情趣的变化发展。这就必然要引起呼吸、循环、发音等器官乃至全身筋肉的活动。你能离开这些复杂的生理活动而谈欣赏单调节奏的美感吗？你能离开这种具体的美感而抽象地谈美的本质吗？

节奏主要见于声音，但也不限于声音，形体长短大小粗细相错综，颜色深浅浓淡和不同调质相错综，也都可以见出规律和节奏。建筑也有它所特有的节奏，所以过去美学家们把建筑比作"冻结的或凝固的音乐"。一部文艺作品在布局上要有"起承转合"的节奏。我读姚雪垠同志的《李自成》，特别欣赏他在戎马仓皇的紧张局面之中穿插些明末宫廷生活之类安逸闲散的配搭，既见出反衬，也见出起伏的节奏，否则便会平板单调。我们有些音乐和文学方面的作品往往一味高昂紧张，就有缺乏节奏感的毛病。"一张一弛，文武之道也！"

二、移情作用：观念联想。十九世纪以来，西方美学界最大的流派是以费肖尔父子为首的新黑格尔派，他们最大的成就在对于移情作用的研究和讨论。所谓"移情作用"(Einfuhlung)指人在聚精会神中观照一个对象(自然或艺术作品)时,由物我两忘达到物我同一,把人的生命和情趣"外射"或移注到对象里去,使本无生命和情趣的外物仿佛具有人的生命活动,使本来只有物理的东西也显得有人情。最明显的事例是观照自然景物以及由此产生的文艺作品。我国诗词里咏物警句大半都显出移情作用。例如下列名句:

相看两不厌,只有敬亭山。
——李白

感时花溅泪,恨别鸟惊心。
——杜甫

颠狂柳絮随风舞,轻薄桃花逐水流。
——杜甫

数峰清苦,商略黄昏雨。
——姜夔

可堪孤馆闭春寒,杜鹃声里斜阳暮。
——秦观

都是把物写成人,静的写成动的,无情写成有情,于是山可以看人而不厌,柳絮可以颠狂,桃花可以轻薄,山峰可以清苦,领略黄昏雨的滋味。从此可见,诗中的"比"和"兴"大半起于移情作用,上例有些是显喻,有些是隐喻,隐显各有程度之差,较隐的是姜、秦两例,写的是景物,骨子里是诗人抒发自己的黄昏思想和孤独心情。上举各例说明移情作用和形象思维也有密切关系。

移情说的一个重要代表立普斯反对从生理学观点来解释移情现象,主张要专用心理学观点,运用英国经验主义派的"观念联想"(特别是其中的"类似联想")来解释。他举希腊建筑中的多利克式石柱为例。这种石柱支持上面的沉重的平顶,本应使人感到它受重压而下垂,而我们实际看到的是它仿佛在耸立上腾,出力抵抗。立普斯把这种印象叫作"空间意象",认为它起于类似联想,石柱的姿态引起人在类似情况中耸立上腾、出力抵抗的观念或意象,在聚精会神中就把这种意象移到石柱上,于是石柱就仿佛耸立上腾、奋力抵抗了。立普斯的这种看法偏重移情作用的由我及物的一方面,唯心色彩较浓。

三、移情作用:内摹仿。同属移情派而与立普斯对立的是谷鲁斯。他侧重移情作用的由物及我的一方面,用的是生理学观点,认为移情作用是一种"内摹仿"。在他的名著《动物的游戏》里举过看跑马的例子:

一个人在看跑马,真正的摹仿当然不能实现,他不但不肯放弃座位,而且有许多理由使他不能去跟着马跑,所以只心领神会地摹仿马的跑动,去享受这种内摹仿所产生的快感。这就是一种最简单、最基本、最纯粹的审美的观赏了。

他认为审美活动应该只有内在的摹仿而不应有货真价实的摹仿。如果运动的冲动过分强烈，例如西欧一度有不少的少年因读了歌德的《少年维特之烦恼》就摹仿维特自杀，那就要破坏美感了。正如中国过去传说有人看演曹操老奸巨猾的戏，就义愤填膺，提刀上台把那位演曹操的角色杀掉，也不能起美感一样。

谷鲁斯还认为内摹仿带有游戏的性质。这是受到席勒和斯宾塞尔的"游戏说"的影响，把游戏看作艺术的起源。从文艺的创作和欣赏的角度看，内摹仿确实有很多例证。上文已谈到的节奏感就是一例。中国文论中的"气势"和"神韵"，中国画论中的"气韵生动"都是凭内摹仿作用体会出来的。中国书法向来自成一种艺术，康有为在《广艺舟双楫》里说字有十美，其中如"魄力雄强"、"气象浑穆"、"意态奇逸"、"精神飞动"之类显然都显出移情作用的内摹仿。书法往往表现出人格，颜真卿的书法就像他为人一样刚正，风骨凛然；赵孟頫的书法就像他为人一样清秀妩媚，随方就圆。我们欣赏颜字那样刚劲，便不由自主地正襟危坐，摹仿他的端庄刚劲；我们欣赏赵字那样秀媚，便不由自主地松散筋肉，摹仿他的潇洒婀娜的姿态。

西方作家描绘移情中内摹仿事例更多，现在举十九世纪两位法国的著名的小说家为例。一位是女作家乔治·桑，她在《印象和回忆》里说：

我有时逃开自我，俨然变成一棵植物，我觉得自己是草，是飞马，是树顶，是云，是流水，是天地相接的那一条地平线，觉得自己是这种颜色或那种形体，瞬息万变，去来无碍，时而走，时而飞，时而潜,时而饮露,向着太阳开花,或栖在叶背安眠。天鹅飞升时我也飞升,蜥蜴跳跃时我也跳跃,萤火和星光闪耀时我也闪耀。总之,我所栖息的天地仿佛全是由我自己伸张出来的。

另一位是写实派大师福楼拜,他在通信里描绘他写《包法利夫人》那部杰作时说:

写作中把自己完全忘去,创造什么人物就过着什么人物的生活,真是一件快事。今天我就同时是丈夫和妻子,情人和姘头①,我骑马在树林里漫游,时当秋暮,满林黄叶②,我觉得自己就是马,就是风,就是两人的情语,就是使他们的填满情波的眼睛眯着的那道阳光。

这两例都说明作者在创作中体物入微,达到物我同一的境界,就引起移情作用中的内摹仿。凡是摹仿都或多或少地涉及筋肉活动,这种筋肉活动当然要在脑里留下印象,作为审美活动中一个重要因素,过去心理学家认为人有视、听、嗅、味、触五官,其中只有视、听两种感官涉及美感。近代美学日渐重视筋肉运动,于五官之外还添上运动感官或筋肉感官(kinetic sense),并且倾向于把筋肉感看作美感的一个重要因素。其实中国书家和画家早就明白这个道理了。

四、审美者和审美对象各有两种类型。审美的主体(人)和审美的对象(自然和文艺作品)都有两种不同的类型,而这两种

---

① 小说中的人物。——引者
② 小说中的情景。——引者

类型又各有程度上的差别和交叉，这就导致美与美感问题的复杂化。先就人来说，心理学早就把人分成"知觉型"和"运动型"。例如看一个圆形，知觉型的人一看到圆形就直接凭知觉认识到它是圆的，运动型的人还要用眼睛沿着圆周线作一种圆形的运动，从这种眼球筋肉运动中才体会到它是圆的。近来美学家又把人分成"旁观型"和"分享型"，大略相当于知觉型和运动型。纯粹旁观型的人不易起移情作用，更不易起内摹仿活动，分明意识到我是我，物是物，却仍能欣赏物的形象美。纯粹分享型的人在聚精会神中就达到物我两忘和物我同一，必然引起移情作用和内摹仿。这种分别就是尼采在《悲剧的诞生》里所指出的日神精神（旁观）与酒神精神（分享）的分别。狄德罗在他的《谈演员》的名著里也强调过这个分别。他认为演员也有两种类型，一种演员演什么角色，就化成那个角色，把自己全忘了，让那个角色的思想情感支配自己的动作姿势和语调。另一种演员尽管把角色演得惟妙惟肖，却时时刻刻冷静地旁观自己的表演是否符合他早已想好的那个"理想的范本"。狄德罗本人则推尊旁观型演员而贬低分享型演员，不过也有人持相反的看法。上面所介绍过的立普斯显然属于知觉型和旁观型，感觉不到筋肉活动和内摹仿，谷鲁斯却属于运动型或分享型。因此，两人对于美感的看法就不能相同。

我还记得五十年代的美学讨论中攻击的靶子之一就是我的"唯心主义的"移情作用，现在趁这次重新谈美的机会，就这个问题进行一番自我分析和检讨。我仍得坦白招认，我还是相信移情作用和内摹仿的。这是事实俱在，不容一笔抹杀。我还想到在一八五九年左右移情派祖师费肖尔的五卷本《美学》刚出版不久，马克思就在百忙中把它读完而且作了笔记，足见马克思并没有把它一笔抹煞，最好进一步就这方面进行一些研究再下结论。我凭个人经验的分析，认识到这问题毕竟很复杂。在审美活动中尽管我一向赞赏冷静旁观，有时还是一个分享者，例如我读《史记·刺客列传》叙述荆轲刺秦王那一段，到"图穷匕首见"时我真正为荆轲提心吊胆，接着到荆轲"左手把秦王之袖而右手持匕首揕之"时，我确实从自己的筋肉活动上体验到"持"和"揕"的紧张局面。以下一系列动作我也都不是冷静地用眼睛看到的，而是紧张地用筋肉感觉到的。我特别爱欣赏这段散文，大概这种强烈的筋肉感也起了作用，因此，我相信美感中有筋肉感这个重要因素。我还相信古代人、老年人、不大劳动的知识分子多属于冷静的旁观者，现代人、青年人、工人和战士多属于热烈的分享者。

　　审美的对象也有静态的和动态的两大类型。首先指出这个分别的是德国启蒙运动领袖莱辛。他在《拉奥孔》里指出诗和画的差异。画是描绘形态的，是运用线条和颜色的艺术，线条和颜色的各部分是在空间上分布平铺的，也就是处于静态的。诗是运用语言的艺术，是叙述动作情节的，情节的各部分是在时间上先后承续的，也就是处于动态的。就所涉及的感官来说，画要通过眼睛来接受，诗却要通过耳朵来接受。不过莱辛并不排除画也可化静为动，诗也可化美为媚。"媚"就是一种动态美。拿中国诗画为例来说，画一般是描绘静态的，可是中国画家一向把"气韵生动"，"从神似求形似"，"画中有诗"作为首要原则，都是要求画化静为动。

诗化美为媚，就是把静止的形体美化为流动的动作美。《诗经·卫风》中有一章描绘美人的诗便是一个顶好的例：

……手如柔荑（嫩草），肤如凝脂（凝固的脂肪），领如蝤蛴（颈像蚕蛹），螓（一种虫）首蛾眉，齿如瓠犀（瓜子）；巧笑倩兮，美目盼兮！

前五句罗列头上各部分，用许多不伦不类的比喻，也没有烘托出一个美人来。最后两句突然化静为动，着墨虽少，却把一个美人的姿态神情完全描绘出来了。读前五句，我丝毫不起移情作用和内摹仿，也不起美感；读后两句，我感到活跃的移情作用、内摹仿和生动的美感。这就说明客观对象的性质在美感里确实会起重要的作用。同是一个故事情节写在诗里和写在散文里效果也不同。例如白居易的《长恨歌》和陈鸿的《长恨歌传》不同；同是一个故事情节写在一部小说或剧本里，和表演在舞台上或放映在电视里效果也各不相同，不同的观众也有见仁见智，见浅见深之别。

我唠叨了这半天，目的是要回答开头时所提的那几个问题。首先，美确实要有一个客观对象，要有"巧笑倩兮，美目盼兮"这样美人的客观存在。不过这种姿态可以由无数不同的美人表现出，这就使美的本质问题复杂化。其次，审美也确要有一个主体，美是价值，就离不开评价者和欣赏者。如果这种美人处在空无一人的大沙漠里，或一片漆黑的黑夜里，她的"巧笑倩兮，美目盼兮"能产生什么美感呢？凭什么能说她美呢？就是在闹市大白天里，千千万万人都看到她，都感到她同样美么？老话不是说："情人眼底出西施"吗？不同的人不会见到不同的西施，具有不同的美感吗？

  我们在前信已说明过在审美活动中主体和对象两方面的具体情况都极为复杂。我们当前的任务是先仔细调查和分析这些具体情况，还是急急忙忙先对美和美感的本质及其相互关系作出抽象的结论来下些定义呢？我不敢越俎代庖，就请诸位自己作出抉择吧！

八、形象思维与文艺的思想性

朋友们：

形象思维的客观存在及其在文艺中的作用，在心理学和美学这些科学领域里应该说是早已有定论了。可是我国近年来却有人提出异议，否认文艺要用形象思维，甚至根本否认形象思维的存在。一九七七年一月，毛泽东同志《给陈毅同志谈诗的一封信》发表了。信中说："诗要用形象思维，不能如散文那样直说，所以比、兴两法是不能不用的。……宋人多数不懂诗是要用形象思维的，一反唐人规律，所以味同嚼蜡。"联系到新诗前途，信中还进一步指出："要作今诗，则要用形象思维方法，反映阶级斗争与生产斗争，古典绝不能要。"这个重要文件的发表，对于解决国内早已引起争论的形象思维这一重大问题，是具有积极作用的，近三年来就已在文艺界和美学界产生了广泛的影响。目前辩论还正在继续进行。这是一个振奋人心的大好形势。

我在两篇文稿里曾较详细地谈过这场争论，现在再试用通俗语言来和诸位谈一谈我对这个问题的看法。

在第三封信《谈人》里我已约略谈到认识和实践的关系以及感性认识和理性认识的关系，现在不妨回顾一下，因为形象思维与此是密切相关的。什么叫作思维？思维就是开动脑筋来掌握和解决面临的客观现实生活中的问题。所以思维本身既是一种实践活动，又是一种认识活动。思维分为两个步骤：第一步是掌握具体事物的形象，如色、声、嗅、味、触之类感官所接触到的形式和运动都在头脑里产生一种映象。这是原始的感性认识，有种种名称，例如感觉、映象、观念或表象。把从感性认识所得来的各种映象加以整理和安排，来达到一定的目的，这就叫作形象思维。把许多感性形象加以分析和综合，求出每类事物的概念、原理或规律，这是从感性认识飞跃到理性认识，这种思维就是抽象思维或逻辑思维。

举个具体的例子来说，到北海公园散步，每前走一步都接触到一些具体事物，亭楼阁呀，花草虫鱼呀，水光塔影呀，男男女女、老老少少呀，只要是我们注意到的，他们都在我们脑里留下一些映象，其中有一部分能引起我们兴趣的就储存在我们记忆里。在散步中我们也不断遇到一些实际生活的问题，走累了就想找个地方休息，口渴了就想喝点什么，看到游艇，就动了划船的念头，如此等等。解决这类具体问题，就要我们开动一下脑筋，进行一点思维，这种实际生活所引起的思维绝大部分都是形象思维。要休息吧，就想到某堆山石后某棵大树下的座椅较安静，儿童游戏场附近较热闹，你的抉择要看你爱清静还是爱热闹；要喝茶吧，就想到茶在北海里不易得，啤酒也稀罕，就去喝点汽水算啦，如此等等。就连我这个整天做科研工作的老汉在这些场合也不去进行抽象思维，因为那里没有这个必要。我举逛北海的例子要说明的是形象思维确实存在，不单是文艺创作中，就连在日常生活中也是经常运用的；单是形象思维也不一定就产生文艺作品。

当然也有人逛北海会起作诗作画或写游记的兴致。北海里那么多的好风景和人物活动当然不能整个都放到诗或画里，总要凭自己思想感情的支配，从许多繁复杂乱的映象之中把某些自己中意而且也可使旁人中意的映象挑选出来加以重新组合和安排，创造出一个叫作"作品"的新的整体，即达·芬奇所说的"第二自然"。这就是文艺创作中的形象思维了。

在文艺创作过程中，一般都有个酝酿阶段，思想情感白热化阶段，还有一段斟酌修改阶段。白热化阶段是文艺创作活动的高峰，这是一种聚精会神的状态，这时心无二用，一般只专注在形象思维上，无暇分心到抽象思维上去。但是我们已多次强调过，人是一个有机整体，除了形象思维的能力之外，他还有抽象思维或逻辑推理的能力，也不能不在适当时机发挥作用，特别是在酝酿或准备阶段和作品形成后斟酌修改阶段，形象思维和抽象思维往往是交叉使用的。例如参观访问、搜集资料、整理资料都不完全是形象思维的事。你作诗或写剧本，决不会只为你自己享受，还要考虑到听众能不能接受，对他们的影响是好是坏，乃至朗诵员和演员的安排和训练，出版和纸张印刷供应之类问题。考虑到这些与文艺创作有关的广泛的实际问题，你就决不能不适应实际需要，参用一些抽象思维。再拿逛北海为例来说，假如你是个建筑师或园林设计师，要为改造北海定规划，制蓝图，你当然要考虑到北海作为一种艺术名胜如何才能美观，要进行一些形象思维，此外也要考虑到近代建筑作为一种工程科学的许多理论问题，以及作为经济设施的投资、材料供应、劳动力配备和吸引旅游者之类经济问题，决不能只在"为艺术而艺术"。

从此可见，形象思维和抽象思维在实际生活中和文艺创作中都既有联系又有分别。我们既不应认为只有形象思维才在文艺创作中起作用，也不应认为文艺创作根本用不着形象思维，或根本否认形象思维的存在。近三年的争论是由"批判形象思维论"引起的，批判"批判形象思维论"的文章中有许多独到见解，也偶尔有片面的错误的言论。分析一些错误看法的根源，大半在科学基本常识的缺乏。我想趁这个机会再强调一下科学基本常识对于研究美学的重要性。

最浅而易见的是语言学的常识。有人仿佛认为"形象思维"是胡编妄造，根本没有这回事；也有人认为这个词仿佛从别林斯基才开始用起，意思是"在形象中思维"（think in image）。实际上这个词在西文中就是imagination，中译是"想象"。在西方，古代的菲罗斯屈拉特（公元170—245年），近代的英国经验派先驱培根都强调过想象在文艺创作中的重要作用。在中国，"想象"这个词，屈原在《远游》里，杜甫在《咏怀古迹》里都用过。情感和想象是西方浪漫运动中的两大法宝。在近代美学著作中从给"美学"命名的鲍姆嘉通，经过康德、黑格尔到克罗齐，所讨论的都主要是想象。俄国的别林斯基和德国的费肖尔两人才开始用"形象思维"来解释"想象"一词的意义。参加辩论者有人把俄文和德文中相当于英文 think in image 的短语译为"在形象中思维",而且根据这种误解来大做其文章。这正如把 Ispeak in English 理解为"我在英文中说话"。这岂不是闹笑话么?

其次是历史和心理学的常识。正如感性认识是理性认识的基础,在历史发展中人类也从先有形象思维的能力,经过长期实践训练之后,才逐渐发展出抽象思维的能力。这有维柯的《新科学》和摩根的《古代社会》之类著作为证。原始社会处在人类的童年,人在童年尚在复演人类童年的历史,婴儿也是开始只会形象思维,要经过几年的训练和教育才学会抽象思维。这有瑞士心理学家皮亚杰的几部儿童心理学著作为证,诸位自己的幼年儿女也更可以为证。近在眼前,诸位如果对儿童进行一些观察和测验,对于美学研究会比读几部课本更有益,更切实。

最重要的还是缺乏马克思主义的常识。就拿形象思维这个问题来说吧,马克思在《政治经济学批判·导言》里早就说过:

任何神话都是用想象和借助想象以征服自然力,支配自然力,把自然力加以形象化;……希腊艺术的前提是希腊神话,也就是已经通过人民的幻想用一种不自觉的艺术方式加工过的自然和社会形式本身。这是希腊艺术的素材。①

---

① 《马克思恩格斯选集》第二卷,第113页,人民出版社1972年版。西文 Phantasy(幻想)往往用作形象思维(imagination)的同义词。

这段话不但肯定了形象思维，而且说明了它在希腊神话和希腊艺术中的应用。

毛泽东同志在《矛盾论》里谈到神话时就引过这一段话，指出神话"乃是无数复杂的现实矛盾的互相变化对于人们所引起的一种幼稚的、想象的、主观幻想的变化"，"所以它们并不是现实之科学的反映"[①]。神话是"想象"而不是"科学的反映"，不就是神话这种原始艺术是形象思维而不是逻辑思维的产品吗？上引马克思和毛泽东同志的话，我们大家这些年来都学过无数遍，可是对付具体问题时就忘了，竟不起多大作用，而且还有人指责"形象思维论正是一个反马克思主义的认识论体系"，"不过是一种违反常识，背离实际胡编乱造而已"，这岂不应发人深省吗？

反对形象思维论者有一个公式：

表象（事物映象）→概念（即思想）→新的表象（新创造的形象，即典型化了的艺术作品）

这种论点显然认为由表象到表象见不出文艺的思想性，于是新旧表象之间插进去一个等于概念的思想。这样把艺术作品倒退到"表象"，既是贬低艺术，也是缺乏心理学和美学的常识。把"概念"看作文艺的思想性，就是公式化、概念化的文艺的理论根据。

谁也不能否认文艺要有思想性，但是问题在于如何理解文艺的思想性。文艺的思想性主要表现于马克思主义创始人经常提到的倾向性（tendanz）。倾向性是一种总的趋向，不必作为明确的

[①] 均见《毛泽东选集》第一卷，第305页，人民出版社1967年版。

概念性思想表达出来，而应该具体地形象地隐寓于故事情节发展之中。这是马克思主义创始人关于思想性教导的总结。恩格斯在给玛·哈克奈斯的信里，批评了《城市姑娘》不是"充分的现实主义的"，但并没有批评她不去"鼓吹作者的社会观点和政治观点"①，相反倒是说："作者的见解② 愈隐蔽，对艺术作品来说就愈好，我所指的现实主义甚至可以违背作者的见解而表露出来。"③巴尔扎克就是恩格斯所举的例证。我们也可以举托尔斯泰为例。这位伟大的小说家确实没有隐蔽他的见解，他一生都在宣扬人对基督的爱和人与人的爱，个人道德修养和反对暴力抵抗。这些都不是什么进步思想。为什么列宁说他是"俄国革命的镜子"呢？他鼓吹过俄国革命吗？没有。列宁作出这样的评价，并不是因为他宣扬了一些不正确的思想，而是因为他忠实地描绘了当时俄国农民革命中农民的矛盾状态和情绪。列宁是把他称为农民革命的"一面镜子"，而没有把他称为革命的"号角"或"传声筒"，而且批判了他的思想矛盾。托尔斯泰在文艺上的胜利可以说也就是巴尔扎克的胜利，即"现实主义的伟大胜利"。一个作家只要把一个时代的真实面貌忠实地生动地描绘出来，使人们感到有"山雨欲来风满楼"之势④，认识到或预感到革命非到来不可，他就作

---

① 这就是明白说出作者的概念性的思想。——引者
② 即社会观点和政治观点。——引者
③ 《马克思恩格斯选集》第四卷，第462页，人民出版社1972年版。
④ 这就是"倾向性"的意义。

出了伟大的贡献,不管他表现出或没有表现出什么概念性的思想。这就是"现实主义的伟大胜利",巴尔扎克如此,托尔斯泰也是如此。

恩格斯在给敏·考茨基的信里还说过:"我认为倾向应当从场面和情节中自然而然地流露出来,而不应当特别把它指点出来。"① 这就是说,倾向不应作为作者的主观见解,而应作为所写出的客观现实的趋势,自然而然地表现出来。这样理解"倾向"或思想性,和上文所引的巴尔扎克和托尔斯泰的例子也是符合的。

用一个粗浅的比喻来说,如人饮水,但尝到盐味,见不到盐粒,盐完全溶解在水里。咸是客观事实,不是你要它咸它就咸。

不但表现在文艺作品中如此,世界观的总倾向表现在一个文艺作家身上也是如此。它不是几句抽象的口号教条所能表现出的,要看他的具体的一言一行。一个作家总有一种倾向,这种倾向是他毕生生活经验、文化教养和时代风尚所形成的。它总是思想和情感交融的统一体,形成他的人格的核心。也就是在这个意义上,文艺的"风格就是人格"。例如就人格来说,"忠君爱国"这个抽象概念可以应用到屈原、杜甫、岳飞、文天祥和无数其他英雄人物身上,但是显不出这些大诗人各自的具体情况和彼此之间的差异,也就不能作为评价他们的文艺作品的可靠依据。在西方,"人道主义"这一抽象概念也是如此。文艺复兴时代,法国革命时代,帝国主义时代,乃至无产阶级革命导师马克思都宣扬或者肯定过人道主义,但是具体的内容意义各不相同。这就是为什么我们在

---

① 《马克思恩格斯选集》第四卷,第454页,人民出版社1972年版。

文艺领域里反对教条和公式化、概念化，反对用概念性思想来指导、约束甚至吞并具体的形象思维。文艺作品要有理，理不是概念而是事物的本质或客观形势本身发展的倾向。还应指出，文艺不但要有理，而且要有情，情理交融的统一体才形成人格，才形成真正伟大的文艺作品。这种情理交融的统一体就是黑格尔所说的"情致"（pathos）。别林斯基在他的文艺论文里也发挥了黑格尔关于"情致"的学说。近年来苏联美学界和文艺批评界有片面强调理性而蔑视情感的倾向，我们也跟着他们走，有时甚至超过他们，这是应该纠正的偏差。提"倾向性"似比提"思想性"较妥，因为在决定倾向之中，情感有时还比思想起更大的作用。最显著的例子是音乐。"四人帮"肆虐时曾掀起过对"无标题音乐"的批判，因为据说"无标题"就是否定思想性。对此，德国伟大音乐家休曼的话是很好的驳斥：

批评家们老是想知道音乐家们无法用语言文字表达出来的东西。他们对所谈的问题往往十分没有懂得一分。上帝啊！将来会有那么一天，人们不再追问我们神圣的乐曲背后隐寓着什么意义么？你且先把五度音程辨认清楚吧，别再来干扰我们的安宁！

隐寓的"意义"便是"思想"。思想是要用语言文字来表达，而音乐本身不用语言文字，它只是音调节奏起伏变化的艺术。音调节奏起伏变化是和情感的起伏变化相对应的，所以音乐所表现的是情感而不是只有语言文字才能表达出的思想。托尔斯泰在《艺术论》里强调文艺的作用在传染情感，这是值得我们深思的。

不但在音乐里，就连在作为语言艺术的文学里最感动人的也不是概念性思想而是生动具体的情感。如拿莎士比亚为例,你能从他的哪一部作品里探索出一些概念性的思想么?确实有些批评家进行过这种探索,所得到的结论不过是他代表了文艺复兴时代的人道主义精神,更具体一点也不过像英国美学家克·考德威尔[①]所说的,莎士比亚在政治倾向上要求英国有一个能巩固新兴资产阶级政权的强有力的君主。就是这些概念(你自己也许还在将信将疑)使你受到感动和教育吗?就我个人来说,我至今还抓不住莎士比亚的思想体系,假如他有的话。在读他的作品时,首先是他所写出的生动具体的典型环境下典型人物性格,其次是每部剧本里,特别在悲剧里,都表现出强烈的情感,强烈的爱和恨,强烈的悲和喜,强烈的憧憬和怅惘,强烈的讽刺和谑浪笑傲,就是这些因素使我感到振奋,也使我感到苦闷。振奋也好,苦闷也好,心总在跳动,生命总在活跃地显出它的力量,这对于我就可心满意足了。阿门!

附记 形象思维是一切艺术的主要的思维方式,不限于诗,也不限于比、兴。赋(直陈其事)也要用形象思维。姑举古代民歌《箜篌引》为例:

"公毋渡河,公竟渡河,渡河而死,将奈公何!"

[①] 克·考德威尔,英国进步作家,企图用马克思主义观点来研究文艺和美学。《幻觉与现实》是他的名著,其中分析过莎士比亚的剧作。

这就是直陈其事，是一首三部曲的挽歌，完全使用形象思维，声泪俱下，感染力很强。我特别写这几句附记，因为近代文艺作品主要是散文作品，如果专就中国的诗中的比、兴着眼，就难免忽视形象思维在近代小说和戏剧中的重要作用。

九、文学作为语言艺术的独特地位

朋友们:

前此我们已屡次谈到,研究美学不能不懂点艺术,否则就会变成"空头美学家",摸不着美学的门。艺术究竟是怎么回事呢?它有哪些门类?各门艺术之间有什么关系和差别?这些都是常识问题,但是懂透也颇不易。

"艺术"(art)这个词在西文里本义是"人为"或"人工造作"。艺术与"自然"(现实世界)是对立的,艺术的对象就是自然。就认识观点说,艺术是自然在人的头脑里的"反映",是一种意识形态;就实践观点说,艺术是人对自然的加工改造,是一种劳动生产,所以艺术有"第二自然"之称。自然也有"人性"的意思,并不全是外在于人的,也包括人自己和他的内心生活。人对自然为什么要加工改造呢?这问题也就是人为什么要劳动生产的问题。答案也很简单,劳动生产是为着适应人的物质生活和精神生活的需要,并且不断地日益改善和提高人的物质生活和精神生活。

一切艺术都要有一个创造主体和一个创造对象，因此，它就既要有人的条件，又要有物的条件。人的条件包括艺术家的自然资禀、人生经验和文化教养；物的条件包括社会类型、时代精神、民族特色、社会实况和问题，这些都是需要不断加工改造的对象；此外还要加上用来加工改造的工具和媒介（例如木、石、纸、帛、金属、塑料之类材料，造形艺术中的线条和颜色，音乐中的声音和乐器，文学中的语言之类媒介）。所以艺术既离不开人，也离不开物，它和美感一样，也是主客观的统一体。艺术和社会都在不断变化和改革中，经历着长期历史发展的过程。关于艺术的这些基本道理我们此前在学习马克思的《经济学—哲学手稿》和《资本论》、恩格斯的《自然辩证法》等经典著作的有关论述中已略见一斑了。

最常见的艺术门类是诗歌、音乐、舞蹈（三种在起源时是统一体），建筑、雕刻和绘画（合称"造形艺术"），戏剧、小说以及近代歌剧、哑剧和电影剧之类综合性艺术。这些艺术之间的分别和关系，自从莱辛的《拉奥孔》问世以来，一直是西方美学界研究和讨论的问题。德国美学家们一般把艺术分为"空间性的"和"时间性的"两大类。属于空间艺术的有建筑、雕刻和绘画，其功用主要是"状物"，或写静态，描绘在空间中直立和平铺并列的事物形状；所涉及的感官主要是视觉，所用的媒介主要是线条和颜色。属于时间艺术的主要有舞蹈、音乐、诗歌和一般文学，其功用主要是叙事抒情，写动态，描绘在时间上先后承续的事物发展过程，所涉及的感官较多，音乐较单纯，只涉及听觉和节奏感中筋肉运动感觉，舞蹈、诗歌和一般文学则视觉、听觉和筋肉运动感觉都要起作用。时间艺术在所用的媒介方面有一个值得重视的差异，这就是其他各种艺术的媒介如声音、线条、色彩之类都是感性的，即可凭感官直接觉察到的；至于文学则用语言为媒介，而语言中的文字却只是代表观念的一种符号，本身并无意义，例如"人"这一观念，各民族用来代表它的文字符号各不相同，英文用 man，法文用 homme，德文用 Mensch，单凭这种文字符号并不能直接显出"人"的感性形象，只能显出"人"的观念或意义，所以语言这种媒介不是感性的而是观念性的，也就是说，语言要通过符号（字音和字形）间接引起对事物的观念。这个分别黑格尔在他的《美学》里也经常提到。这个分别就是使文学作为语言艺术具有独特地位的首要原因。

　　其次一个原因是各种艺术都要具有诗意。"诗"（poetry）这个词在西文里和"艺术"（art）一样，本义是"制造"或"创作"，所以黑格尔认为诗是最高的艺术，是一切门类的艺术的共同要素。维柯派美学家克罗齐还认为语言本身就是艺术，美学实际上就是语言学。各门艺术虽彼此有别，毕竟有基本共同点。例如莱辛虽严格区分过诗和画的界限，我国却很早就有诗画同源说。大诗人往往同时是大画家，王维就是一个著例，苏轼说过："观摩诘之画，画中有诗；味摩诘之诗，诗中有画。"苏轼本人就同时擅长诗和画。在起源时诗歌、音乐和舞蹈本是三位一体的综合艺术，后来虽分道扬镳，仍是藕断丝连，例如在近代歌剧和电影剧乃至民间曲艺里，语言艺术都还是一个重要的组成部分。这些都足以见出文学作为语言艺术所占的独特地位。

　　文学的独特地位，还有一个浅而易见的原因。语言是人和人的交际工具，日常生活中谈话要靠它，交流思想情感要靠它，著书立说要靠它，新闻报道要靠它，宣传教育都要靠它。语言和劳动是人类生活的两大杠杆。任何人都不能不同语言打交道。不是每个人都会音乐、舞蹈、雕刻、绘画和演剧，但是除聋子和哑巴以外，任何人都会说话，都会运用语言。有些人话说得好些，有些人话说得差些，话说得好就会如实地达意，使听者感到舒适，发生美感，这样的说话就成了艺术。说话的艺术就是最初的文学艺术。说话的艺术在古代西方叫作"修辞术"，研究说话艺术的科学叫作"修辞学"，和诗学占有同样重要的地位。古代西方美学绝大部分是诗学和修辞学，亚里士多德、朗吉弩斯、贺拉斯、但丁和文艺复兴时代无数诗论家都可以为证，专论其他艺术的美学著作是寥寥可数的。我国的情况也颇类似，历来盛行的是文论、诗论、诗话和词话，中国美学资料大部分也要从这类著作里找。我们历来对文学的范围是看得很广的，例如《论语》、《道德经》、《庄子》、《列子》之类哲学著作，《左传》、《国语》、《战国策》、《史记》、《汉书》之类史学著作，《水经注》、《月令》、《考工记》、《本草纲目》、《齐民要术》之类科学著作乃至某些游记、日记、杂记、书简之类日常小品都成了文学典范。过去对此曾有过争论，有人认为西方人把文学限为诗歌、戏剧、小说几种大类型比较科学，其实那些人根本不了解西方文学界情况，如果他们翻看一下英国的《万人丛书》或牛津《古典丛书》的目录，或是一部较好的文学史，就会知道西方人也和我们一样把文学的范围看得很广的。

文学在各门艺术中既占有这样独特地位，它的媒介既是人人都在运用的语言，而它的范围又这样广阔，这些事实对我们有什么启发呢？我们每个人都在天天运用语言，接解到丰富多彩的社会生活，思想情感时时刻刻在动荡，所以既有了文学工具，又有了文学材料，那就不必妄自菲薄，只要努一把力，就有可能成为语言艺术家或文学家。当文学家并不是任何人的专利。在文学这门艺术方面有些实践经验，认识到艺术究竟是怎么一回事，有了这个结实基础，再回头研究美学，才能认清道路，不至暗中摸索，浪费时间。

每个人都可当文学家，不要把文学看作高不可攀。不过我在上文"只要努一把力"那个先决条件上加了着重符号，"怎样努力"这个问题就来了。文学各部分包括诗歌、戏剧和小说等的创作我都没有实践经验，关于这方面可以请教中外文学名著以及有关的理论著作，我不敢进什么忠告。我想请诸位特别注意的是语文的基本功。"工欲善其事，必先利其器"，语文就是文学的"器"。从我读到的青年文学家作品看，特别是从诸位向我表示决心要研究美学的许多来信看，多数人的语文基本功离理想还有些距离，用字不妥，行文不顺，生硬拖沓，空话连篇，几乎是常见的毛病。这也难怪诸位，从"四人帮"横行肆虐以来，我们都丧失了十几年的大好时光，没有按部就班地进行学习，而且学风和文风都遭到了败坏，我们耳濡目染的坏文章和坏作品也颇不少，相习成风，不以为怪。一些老作家除掉茅盾、叶圣陶、吕叔湘几位同志以外，也很少有人向我们号召要练语文基本功。我还记得三十年代左右，夏丏尊、叶圣陶和朱自清几位同志在《一般》和《中学生》两种青年刊物中曾特辟出"文章病院"，把有语病的文章请进这个"病院"里加以诊断剖析。当时我初放弃文言文，学写语体文，从这个"文章病院"中几位名医的言教和身教中确实获得不少的教益，才认识到语体文也要字斟句酌，于是开始努力养成字斟句酌的习惯，现在回想到那些名医，还深心铭感。我希望热心语文教学的老师们多办些"文章病院"，多做些临床实习，使患病的恢复健康，未患病的知道预防。

我国有句老话："熟读唐诗三百首，不会作诗也会吟。"过去我国学习诗文的人大半都从精选精读一些模范作品入手，用的是"集中全力打歼灭战"的办法，把数量不多的好诗文熟读成诵，反复吟咏，仔细揣摩，不但要懂透每字每句的确切意义，还要推敲出全篇的气势脉络和声音节奏，使它沉浸到自己的心胸和筋肉里。等到自己动笔行文时，于无意中支配着自己的思路和气势。这就要高声朗诵，只浏览默读不行。这是学文言文的长久传统，过去是行之有效的。现在学语体文是否还可以照办呢？从话剧和曲艺演员惯用的训练方法来看，道理还是一样的。我在外国大学学习语文时，看到外国同学乃至作家们也有下这种苦练功夫的。我还记得英国诗人哈罗德·蒙罗在世时在大英博物馆附近开了一个专卖诗歌书籍的小书店，每周定期开朗诵会，请诗人们朗诵自己的作品，我在那里曾听过叶芝、艾略特、厄丁通等诗人的朗诵，深受教益，觉得朗诵会是个好办法。三十年代《文学杂志》社中一些朋友也在我的寓所里定期办过朗诵会,到抗战才结束。朗读的不只是诗,也有散文,吸引了当时北京的一些青年作家,对他们也起了一些"以文会友"的观摩作用。现在广播电台里也有时举行这种朗诵会,颇受听众的欢迎。这种办法还值得推广,小型的文学团体也可以分途举办,它不但可提高文学的兴趣,也有助于语言的基本功。

语言基本功有多种多样的渠道,多注意一般人民大众的活的语言是一种,这是主要的;熟读一些文言的诗文也是一种,这两方面可说的甚多,现在不能详谈。"到处留心皆学问",这就要靠各人自己去探索了。"勤学苦练"总是要联在一起的,勤学重要,苦练则更重要。苦练就要勤写。为了谈一点写作练习,我特意把延安整风文件重温了一遍,特别是《反对党八股》那一篇。毛泽东同志对党八股的八大罪状申诉得极中肯,可谓"慨乎言之"。近三十多年来全国人民对这篇经典著作都在学习而又学习,获益当然不浅,可是就当前文风的实际情况来看,"党八股"似未彻底清除,可见端正文风真不是一件易事。目前每个练习写作的青少年在冲破禁区、解放思想方面还要痛下决心,"做老实人,说老实话",努力开辟自己的道路,千万不要再做风派人物,"人云亦云"。希望就只有寄托在新起的一代人身上了,所以诸位对文艺方面的移风易俗负有重大责任。我祝愿有勇气担起这副重大责任的人越来越多,替我们的文艺迎来一个光明的前途!

毛泽东同志在《反对党八股》里还引了鲁迅复"北斗杂志社"一封信里所举的八条写文章的规则之中的三条,对青年作家是对

症下药的,值得每个青年作家悬为座右铭:

第一条:留心各样的事情,多看看,不看到一点就写。

第二条:写不出的时候不硬写。

第四条:写完后至少看两遍,竭力将可有可无的字、句、段删去,毫不可惜。宁可将可作小说的材料缩成速写,决不将速写材料拉成小说。

这三条都是作家的金科玉律,对于青年作家来说,第四条特别切合实际,要多作短小精悍的速写,不要一来就写长篇大作。我因此联想起德国青年爱克曼不畏长途跋涉,走向歌德求教,初到不久,歌德就谆谆教导他"不要写大部头作品",说许多作家包括他自己在内都在"贪图写大部头作品上吃过苦头",接着他就说出理由:

现实生活应该有表现的权利。诗人由日常现实生活触动起来的思想情感都要求表现,而且也应该得到表现。可是如果你脑子里老在想着写一部大部头的作品,此外一切都得靠边站,一切思虑都得推开,这样就要丧失掉生活本身的乐趣。……结果所获得的也不过是困倦和精力的瘫痪。反之,如果作者每天都抓住现实生活,经常以新鲜的心情来处理眼前事物,他就总可以写出一点好作品,即使偶尔不成功,也不会有多大损失。①

歌德的这番话劝青年作家多就日常现实生活作短篇速写,和鲁迅的教导是不谋而合的。这是一种走向现实主义文艺道路的训

---

① 爱克曼:《歌德谈话录》,第4-5页,人民文学出版社1978年版。

练。特别是在现代繁忙生活中，每个人的时间都很宝贵，不容易抽出工夫去读"将速写拉成小说"的作品。速写不拉成小说，就要写得简练。我个人生平爱读的一部书是《世说新语》，语言既简练而意味又隽永，是典型的速写作品。刚才引的爱克曼的《歌德谈话录》也正是速写，可见速写也可以写出传世杰作，千万不要小看它。速写最大的方便在于无须费大力去搜寻题材，只要你听从鲁迅的第一条"留心各样的事情，多看看"的教导，速写的材料在日常生活中就俯拾即是，记一次郊游，替熟悉的朋友画个像，记看一次电影的感想，记一次学习会，对当天报纸新闻发一点小议论，给不在面前的爱人写封情书，或是替身边的小朋友编个小童话，讲个小故事，不都行吗？如果你相信我，说到就做到，马上就开始练习速写吧！练习到三五年，你不愁不能写出文学作品，也不愁一些美学问题得不到解决。

十、浪漫主义和现实主义

朋友们：

浪漫主义和现实主义是一个极难谈而又不能不谈的问题。难谈，因为这两个词都是在近代西方才流行，而西方文艺史家对谁是浪漫主义派谁是现实主义派并没有一致的意见。例如斯汤达和巴尔扎克都是公认的现实主义大师，而朗生在他的著名的《法国文学史》里，却把他们归到"浪漫主义小说"章，丹麦文学史家布兰代斯在他的名著《十九世纪欧洲文学主流》里也把这两位现实主义大师归到"法国浪漫派"。再如福楼拜还公开反对过人们把他尊为现实主义的主教：

大家都同意称为"现实主义"的一切东西都和我毫不相干，尽管他们要把我看作一个现实主义的主教。……自然主义者所追求的一切都是我所鄙弃的。……我所到处寻求的只是美。

值得注意的是福楼拜和一般法国人当时都把现实主义和自然主义看作一回事。以左拉为首的法国自然主义派也自认为是现实主义派。朗生在《法国文学史》里也把福楼拜归到"自然主义"卷里。我还想不起十九世纪有哪一位大作家把"浪漫主义"或"现实主义"的标签贴在自己身上。

这问题难谈，还有涉及更实质性的一面，就是没有哪一位真正伟大的作家是百分之百的浪漫主义者或百分之百的现实主义者，实在很难在他们身上贴个名副其实的标签。关于这一点，高尔基在《谈谈我怎样学习写作》里说得最好：

> 在谈到像巴尔扎克、屠格涅夫、托尔斯泰、果戈理……这些古典作家时，我们就很难完全正确地说出——他们到底是浪漫主义者，还是现实主义者。在伟大的艺术家们身上，现实主义和浪漫主义好像永远是结合在一起的。①

姑举莎士比亚和歌德这两位人所熟知的大诗人为例。莎士比亚是近代浪漫运动的一个很大的推动力，过去文学史家们常把他的戏剧看作和"古典型戏剧"相对立的"浪漫型戏剧"，而近来文学史家们却把莎士比亚尊为"伟大的现实主义者"。究竟谁是谁非呢？两说合起来看都对，分开来孤立地看，就都不对。可是我们的文学史家和批评家们在苏联的影响之下，往往把现实主义和浪漫主义割裂开来，随意在一些伟大的作家身上贴上片面的标签。而且由于客观主义在我们中间有较广泛的市场，现实主义又错误地和客观主义混淆起来，因而就比主观色彩较浓的浪漫主义享有较高的荣誉。只要是个大作家，哪怕浪漫主义色彩很浓的诗人，

---

① 高尔基：《论文学》，第163页，人民文学出版社1978年版。

例如拜伦、雪莱和普希金，都成了只是现实主义者，他们的浪漫主义的一面就硬被抹杀掉了。这是对历史事实的歪曲，在读者中容易滋生误解。所以这个难问题还不能不谈。

浪漫主义和现实主义的区分，作为文艺流派和作为创作方法，是应该分别清楚的。作为创作方法，它适用于各个时代和各个民族；作为文艺流派，它只限于十八世纪末到十九世纪末的一个短暂的时间。过去西方常谈的是古典主义和浪漫主义，很少谈浪漫主义和现实主义，歌德就是一个著例。他在一八三〇年三月二十一日这样说过：

> 古典诗和浪漫诗的概念现已传遍全世界，引起许多争执和分歧。这个概念起源于席勒和我两人。我主张诗应采取从客观世界出发的原则，认为只有这种创作方法才可取。但是席勒却用完全主观的方法去写作，认为只有他那种创作方法才是正确的。为了针对我来为他自己辩护，席勒写了一篇论文，题为《论素朴的诗和感伤的诗》。他想向我证明：我违反了自己的意志，实在是浪漫的，说我的《伊菲革涅亚》由于情感占优势，并不是古典的或符合古代精神的，如某些人所相信的那样。施莱格尔弟兄[①]抓住这个看法把它加以发挥，因此它就在世界传遍了，目前人人都在谈古典主义和浪漫主义，这是五十年前没有人想得到的区别。[②]

这是涉及本题的最早的也是最重要的文献。歌德本人是标榜

[①] 当时德国著名的文学史家和文艺批评家。
[②] 《歌德谈话录》，第221页，人民文学出版社1978年版。

古典主义者,而依他的说明,古曲主义"从客观世界出发",所以就是现实主义。席勒"完全用主观的方法"创作,所以是走浪漫主义道路的。

歌德所谈到的席勒的长篇论文对本题也特别重要。席勒从人与自然的关系来区别古典诗(即素朴的诗)与浪漫诗(即感伤的诗)。他认为在希腊古典时代,人与自然一体,共处相安,人只消把自然加以人化或神化,就产生素朴的诗;近代人已与自然分裂,眷念人类童年(即古代)的素朴状态,就想"回到自然",已去者不可复返,于是心情怅惘,就产生感伤的诗。素朴诗人所反映的是直接现实,感伤诗人却表现由现实提升上去的理想。依席勒看,古典主义和浪漫主义的对立就是现实主义与理想主义的对立。古典主义就是现实主义,这是他和歌德一致的;浪漫主义就是理想主义,这却是他的独特的看法。值得特别注意的是席勒在这篇论文里第一次在文艺上用了"现实主义"这个词(过去只用于哲学)。

无论是歌德还是席勒,都把浪漫主义和古典主义(实即现实主义)当作文艺创作方法来看,还没有把它们当作文艺流派来看,因为当时流派还没有正式形成。从历史发展看,浪漫运动起来较早,是西方资产阶级上升时期个人自由和自我扩张的思想的反映,是政治上对封建领主和基督教会联合统治的反抗,文艺上对法国新古典主义的反抗。这次反抗运动是由法国启蒙运动掀起的,继起的法国大革命又对它增加了巨大推动力,德国唯心主义哲学对它也起了很大的影响。德国古典哲学(包括美学)本身就是思想领域的浪漫运动。单就美学来说,康德、黑格尔和席勒等人对崇高、悲剧性、天才、自由和个性特征的研究，特别是把文艺放在历史发展的大轮廓里去看的初步尝试，都起了解放思想的作用，提高了人的尊严，深化了人们对于文艺的理解和敏感。由于德国古典哲学是唯心的，把精神和物质的关系首尾倒置，而且把主观能动性摆在不恰当的高度，放纵情感，驰骋幻想，到了漫无约束的程度，产生了施莱格尔所吹嘘的"浪漫式的滑稽态度"，把世间一切看作诗人凭幻想任意摆弄的玩具。

浪漫主义又可分积极的和消极的两派。这个分别是首先由高尔基在《谈谈我怎样学习写作》里指出的：

> 在浪漫主义里面，我们也必须分别清楚两个极端不同的倾向：一个是消极的浪漫主义——它或则是粉饰现实，想使人和现实妥协；或则是使人逃避现实，堕入自己内心世界的无益的深渊中去，堕入"人生命运之谜"，爱与死等思想里去。……另一个是积极的浪漫主义，则企图加强人的生活意志，唤起人心中对现实及其一切压迫的反抗心。

从此可见，这两种倾向的差别主要是人生观和政治立场的差别，有它的阶级内容。这当然是正确的，资产阶级文学史家们一般蔑视这种分别，是为着要掩盖社会矛盾，为现存制度服务。不过这个分别也不宜加以绝对化，积极的浪漫主义派往往也有消极的一面，消极的浪漫派往往也有积极的一面，应就具体情况作具体分析。例如在英国多数人眼中，在华兹华斯、雪莱和拜伦这三位浪漫派诗人之中，华兹华斯的地位最高，其次才是雪莱和拜伦，可是由于我们的文学史家们把雪莱和拜伦摆在积极的浪漫主义派，甚至摆在现实主义派,把华兹华斯摆在消极的浪漫主义派,甚至一棍子打死,根本不提,这不见得是公允的,或符合马克思主义的。

现实主义作为流派,单就起源来说,在西方比浪漫运动较迟,它反映资本主义社会弊病日益显露,资产阶级的幻想开始破灭。科学随工商业的发达所带来的唯物主义和实证主义对它也起了作用。它本身是对于浪漫运动的一种反抗。它不像浪漫运动开始时那样大吹大擂,而是静悄悄地登上历史舞台的。就连现实主义(realism)的称号比起现实主义流派的实际存在还更晚。上文提到的席勒初次使用的"现实主义"指希腊古典主义,与近代现实主义流派不是一回事。作为流派而得到"现实主义"这个称号是在一八五〇年,一位并不出名的法国小说家向佛洛里(Chamflaury),和法国画家库尔贝(Courbet)和杜米埃(Daumier)等人办了一个以《Réalism》(现实主义)为名的刊物。他们倒提出了一个口号"不美化现实",显然受到荷兰画家伦勃朗等人(惯画平凡的甚至丑陋的老汉、村妇或顽童)的画风的影响。当时不但浪漫运动已过去,就连现实主义的一些西欧大师也已完成了他们的杰作,不可能受到这个只办了六期的"现实主义"刊物的影响。

对现实主义文艺提供理论基础的有两种著作值得一提。一种是司汤达的论文《拉辛和莎士比亚》①,这部著作被某些文学史家称为"现实主义作家宣言",其实它的主旨是攻击新古典主义代表拉辛而推尊"浪漫型戏剧"开山祖莎士比亚的。他的名著《红

---

① 可参看王道乾的译文,上海译文出版社1979年出版。

与黑》的浪漫主义色彩也还很浓。另一种是实证主义派泰纳的《艺术哲学》①。泰纳是应用心理学和社会学来研究美学的一位先驱，代表作是《论智力》，已为《艺术哲学》打下基础。他的基本观点是文艺的决定因素不外种族、环境（即他所谓"社会圈子"）和时机三种。他还认为文艺要表现人类长久不变的本质特征，而人性中对社会最有益的特征是孔德所宣扬的爱。不过泰纳的主要著作都在十九世纪后半期才出版，也不能看作现实主义者预定的纲领。

法国人向来把现实主义叫作"自然主义"。不过法国以外的文学史家们一般却把现实主义和自然主义严格分开，而且"自然主义"多少已成为一个贬词，成为现实主义的尾巴或庸俗化。它在法国的开山祖的主要代表是左拉，他把实证科学过分机械地搬到小说创作里去。他很崇拜贝尔纳的《实验医学研究》，于是就企图运用这位医师的方法来建立所谓"实验小说"。他说：

在每一点上我都要把贝尔纳做靠山。我一般只消把"小说家"这个名称来代替"医生"这个名称，以便把我的思想表达清楚，使它具有科学真理的精确性。②

这里所说的"科学真理的精确性"，实际上是指自然现象细节的真实性，而不要求抓住客观事物的本质。左拉在他的《卢贡家族的家运》里对一个家族及其所住的小市镇作了一百几十页的

---

① 可参看傅雷的译文，人民文学出版社1963年出版。
② 《实验小说》法文版，第2页。

烦琐描述，可以为证。自然现象细节的真实性并不等于客观事物的本质和典型化。真正的现实主义所要求的是从具体客观事物出发，去伪存真，去粗取精，对客观事物加以典型化或理想化，显出客观事物的本质和规律，而自然主义虽然也从具体客观事物出发，却满足于依样画葫芦，特别侧重浮面现象的细节。这是现实主义和自然主义的基本分歧。

谈到现实主义，还要说明一下文学史家们所惯用的一个名词："批判现实主义"。首创这个名词的是高尔基。他在一次和青年作家的谈话中，把近代现实主义作家称为资产阶级的"浪子"，指出他们用的是批判现实主义，其特点是：

……除了揭发社会恶习，描写家族传统，宗教教条和法规压制下的个人的生活和冒险外，它不能给人指出一条出路，它很容易地安于现状。

这是不是说批判现实主义是现实主义流派中一个支派呢？恐怕不能这样看。十八、十九世纪的现实主义大师们一般都是"资产阶级浪子"，都起了"揭发社会恶习"的作用，却也都没有"指出一条出路"！高尔基正是在肯定他们的功绩时，指出了他们的缺陷。

从上文所谈的可以看出：现实主义和浪漫主义作为流派与作为创作方法虽有联系，却仍应区别开来。作为流派，它在西方限于十八世纪末期到十九世纪末期，不过一百年左右的历史。这是特定社会民族在特定时期的历史产物，我们不应把这种作为某一民族、某一时期流派的差别加以普遍化，把它生硬地套到其他时代的其他民族的文艺上去。可是在我们的文学史家们之中，这种硬套办法还很流行，说某某作家是浪漫主义派，某某作家是现实主义派。作为创作方法，任何民族在任何时期都可以有侧重现实主义与侧重浪漫主义之分。像歌德和席勒等人早就说过的，现实主义从客观现实世界出发，抓住其中本质特征，加以典型化；浪漫主义侧重从主观内心世界出发，情感和幻想较占优势。这两种创作方法的基本区别倒是普遍存在的。亚里士多德在《诗学》第二十五章就已指出三种不同的创作方法：

像画家和其他形象创造者一样，诗人既然是一种摹仿者，他就必然在三种方式中选择一种去摹仿事物：按照事物本来的样子去摹仿，按照事物为人所说所想的样子去摹仿，或是照事物的应当有的样子去摹仿。

这三种之中第二种专指神话传说的创作方法，暂且不谈，第一种"按照事物本来的样子去摹仿"便是现实主义，第三种"照事物应当有的样子去摹仿"，从前一般叫作"理想主义"，也可以说就是浪漫主义，因为"理想"仍是人们主观方面的因素。

不过过去人们虽早已看出这种分别，却没有在这上面大做文章。等到十八、十九世纪作为流派的浪漫主义和现实主义各树一帜，互相争执，于是原先只是自在的分别便变成自觉的分别了。文艺史家和批评家抓住这个分别来检查过去文艺作品，也就把它们分派到两个对立的阵营中去了。例如有人说在荷马的两部史诗之中，《伊利亚特》是现实主义的，而《奥德赛》却是"浪漫主义"的，并且有人因此断定《奥德赛》的作者不是荷马而是一位女诗人，大概是因为女子较富于浪漫气息吧？

我个人仍认为两种创作方法虽然是客观存在，却不宜过分渲染，使旗帜那样鲜明对立。我还是从主客观统一的观点来看待这个问题。诗是反映客观事物的，而反映客观事物却要通过进行创作的诗人，这里有人有物，有主体，有客体，缺一不行。这问题的正确答案还是所引过的高尔基的那段话，不妨重复一下其中关键性的一句：

在伟大的艺术家们身上，现实主义和浪漫主义时常好像是结合在一起的。

高尔基曾指责批判现实主义"不能给人指出一条出路"，出路何在？当然在革命。所以在我们的社会主义时代，我还是坚信毛泽东同志的"革命的现实主义与革命的浪漫主义相结合"的主张。是否随苏联提"社会主义现实主义"较好呢？我还没有想通，一，为什么单提现实主义而不提浪漫主义呢？二，如果涉及过去文艺史，是否也应在"现实主义"之上安一个"奴隶社会"、"封建社会"或"资本主义"的帽子呢？对这个问题我才开始研究，还不敢下结论。这也是一个重要问题，请诸位也分途研究一下。

十一、典型环境中的典型人物

朋友们：

前信略谈了各门艺术的差别和关系以及文学作为语言艺术的独特地位，在这个基础上就可接着谈文学创作中"典型环境中的典型人物"这个重要问题了。

艺术创作的功用不外是抒情、状物、叙事和说理四大项。各门艺术在这四方面各有特点，例如音乐和抒情诗歌特长于抒情，雕刻和绘画特长于状物，史诗、戏剧和小说特长于叙事，一般散文作品和文艺科学论著特长于说理。说理文做得好也可以成为文学典范，例如柏拉图的《对话集》、庄周的《庄子》、莱布尼兹的《原子论》和达尔文的《物种起源》。总的来说，文学对上述四大方面都能胜任愉快，而特长在叙事，"典型环境中的典型人物"也主要涉及叙事。事就是行动，即有发展过程的情节。行动的主角就是亚里士多德所说的"在行动中的人"，即人物。人物性格（character）这个词在西文中所指的实即中国戏剧术语的"角色"。

character的派生词characterestic是"特征"。在近代文艺理论中"特征"也带有"典型"的意思。典型（希腊文tupo，英文type）的原义是铸物的模子，同一模型可以铸造出无数的铸件。这个词在希腊文与1dee为同义词，1dee的原义为印象或观念，引申为ideal即理想，因此在西文中过去常以"理想"来代替"典型"，在近代，"理想"和"典型"也有时互换使用。"环境"指行动发生的具体场合，即客观现实世界，包括社会类型、民族特色、阶级力量对比、文化传统和时代精神，总之，就是历史发展的现状和趋势。这些词有时引起误解，所以略加说明。

亚里士多德在《诗学》第九章里曾对艺术典型作了很好的说明，到近代，西方文艺理论家们才逐渐理解它的很深刻的意义。其文如下：

诗人的职责不在描述已发生的事，而在描述可能发生的事，即按照可然律和必然律是可能的事。……因此，诗比历史是更哲学的，更严肃的，因为诗所说的大半带有普遍性，而历史所说的则是个别的事。所谓普遍性是指某一类型的人，按照可然律或必然律，在某种场合会做些什么事，说些什么话，诗的目的就在此，尽管它在所写的人物上安上姓名。

由此可见，亚里士多德强调艺术典型须显出事物的本质和规律，不是于事已然，而是于理当然；于事已然都是个别的，于理当然就是具有普遍性，所以说诗比历史更是哲学的，更严肃的，也就是具有更高度的真实性。不过诗所写的还是个别人物，即"安上姓名的"人物。在个别人物事迹中见出必然性与普遍性，这就是一般与特殊的统一,正是艺术典型的最精确的意义。

毛泽东同志《在延安文艺座谈会上的讲话》里对艺术典型也说得极透辟:

> 人类的社会生活虽是文学艺术的唯一源泉,虽是较之后者有不可比拟的生动丰富的内容,但是人民还是不满足于前者而要求后者。这是为什么呢?因为虽然两者都是美,但是文艺作品中反映出来的生活却可以而且应该比普通的实际生活更高,更强烈,更有集中性,更典型,更理想,因此就更带普遍性。革命的文艺,应当根据实际生活创造出各种各样的人物来,帮助群众推动历史的前进。①

这在强调文艺比实际生活更高等方面,与亚里士多德的话不谋而合,但在新的形势下毛泽东同志特别点出革命的文艺"帮助群众推动历史前进"的教育作用。

在西方,亚里士多德的《诗学》长期没有发生影响,而长期发生影响的是罗马文艺理论家贺拉斯(公元前65—公元8年)的《诗艺》。这位拉丁古典主义代表把典型狭窄化为"类型"和"定型"。亚里士多德所强调的普遍性不是根据统计平均数而是符合事物的本质和规律,贺拉斯的"类型"则论量不论质,普遍性不是合理性而是代表性,具有类型的人物就是他那一类人物的代表。贺拉斯在《诗艺》里劝告诗人说:"如果你想听众屏息静听到终场,鼓掌叫好,你就必须根据每个年龄的特征,把随着年龄变化的性格写得妥贴得体,……不要把老年人写成青年人,把小孩写成成

---

① 《毛泽东选集》第三卷,第818页,人民出版社1967年出版。

年人。"可见类型便是同类人物的常态，免不了公式化、概念化，既不顾具体环境，也不顾人物的个性。

类型之外，贺拉斯还提出"定型"。他号召诗人最好借用古人在神话传说或文艺作品中已经用过的题材和人物性格，古人把一个人物性格写成什么样，后人借用这个人物性格，也还应写成那样，例如荷马把阿喀琉斯写成"暴躁、残忍和凶猛的人物"，你借用这个古代英雄，也就得把他写成像荷马所写的那样。这种"定型"正是中国旧戏所常用的，例如写曹操或诸葛亮，你就得根据《三国演义》，写宋江或鲁智深，你就得根据《水浒》，写林黛玉或尤三姐，你就得根据《红楼梦》。

贺拉斯之后，对西方文艺理论产生影响最大的是十七世纪法国新古典主义代表布瓦罗，他也写过一本《诗艺》，也跟着贺拉斯宣扬类型和定型。这种使典型庸俗化和固定化的类型为一般而牺牲特殊，为传统而牺牲现实，当然不合我们近代人的口味，但是在过去却长期受到欣赏。理由大概有两种，一种是过去统治阶级（特别是封建领主）为了长保政权，要求一切都规范化和稳定化，类型便是文艺上的规范化，定型便是文艺上的稳定化。也是为了这种政治原因，过去在文艺上登上舞台的主角一般就是在政治上登上舞台的领导人物，他们总是被美化成威风凛凛不可一世的英雄，至于平民一般只能当喜剧中的丑角乃至"跑龙套的"，在正剧中至多也只当个配角。类型和定型盛行的另一个理由是被统治阶级的文化就是统治阶级的文化，一般倾向保守。所以一般听众对自己所熟知的人物和故事比对自己还很生疏的题材和音调还更喜闻乐见。就连我们自己也至今还爱听《三国演义》、《封神榜》和《水浒》之类旧小说中的故事和取材于它们的戏剧和曲艺。

话虽如此说,自从近代资产阶级登上历史舞台以来,艺术典型观也确实起了两个重大的转变。(一)在一般与特殊(共性与个性)的对立关系上,重点由共性转向个性,终于达到共性与个性的统一。解放个性原是新兴资产阶级的一个理想。(二)在人物行动的动因方面,艺术典型由蔑视或轻视环境转向重视环境,甚至比人物性格还看得更重要。从前只讲人物性格,现在却讲"典型环境中的典型人物"。这主要由于近代社会政局的激变与自然科学和社会科学的发展而造成的。在美学中这两大转变由德国古典哲学特别是黑格尔哲学开其端,由马克思主义创始人在批判黑格尔的基础上集其大成。现在分述如下:

艺术典型作为共性与个性的统一体所涉及的首要问题是在创作过程中究竟先从哪一方面出发,是从共性还是从个性?这也就是从公式、概念出发还是从具体现实人物事迹出发?首先提出这个问题的是德国诗人歌德。他在一八二四年的《关于艺术的格言和感想》中有一段著名的语录:

> 诗人究竟为一般而找特殊,还是在特殊中显出一般,这中间有很大的分别。由前一种程序产生出寓意诗,其中特殊只作为一个例证才有价值。后一种程序才适合诗的本质,它表现出一种特殊,并不想到或明指出一般,谁如果生动地掌握住这特殊,他就会同时获得一般而当时却意识不到,或是事后才意识到。

这个提法很好地解决了形象思维与文艺思想性的关系问题,

是一个现实主义的提法，在当时美学界产生了广泛的影响。

黑格尔受歌德的影响就很深，在他的《美学》里多次提到歌德的这类思想。但是他的"理念的感性显现"那个著名的美的定义（亦即艺术典型的定义）显然还是从概念出发，带有客观唯心主义的烙印。不过他比歌德毕竟前进了一步，他认识到歌德还没有认识到或没有充分强调过的典型人物性格与典型环境的统一，而典型环境起着决定典型人物性格的作用。"环境"在黑格尔的词汇中叫作"情境"（situation），是由当时"世界情况"（welt zustand）决定的。世界情况包括他有时称之为"神"的"普遍力量"，即某特定时代的伦理、宗教、法律等方面的人生理想，例如恋爱、名誉、光荣、英雄气质、友谊、亲子爱之类所凝成的"情致"。这些情致各有片面性，在特定情境中会导致冲突斗争（例如忠孝不能两全的情境）。在这种情境中当事人须在行动上决定何去何从，这时才可以显出他的性格，才"揭露出他究竟是什么样的人"，"人格的伟大和刚强的程度只有借矛盾对立的伟大和刚强的程度才能衡量出来"。他这样运用辩证发展的观点来说明人物性格的形成，是颇富于启发性的。他的著名的悲剧学说就是根据这种辩证观点提出来的。

黑格尔虽从"理念"出发，却仍把重点放在"感性显现"上，体现理想的人仍必须是一个活生生的有血有肉的人，他说得很明确：

每个人都是一个整体，本身就是一个世界，每个人都是一个完满的有生气的人，而不是某种孤立的性格特征的寓言式的抽象品。[①]

在这一点上他毕竟仍和歌德一致，他在《美学》中对一些人性格的分析也显出了这一点。

马克思主义创始人就是在批判继承黑格尔的美学体系中形成他们的艺术典型观的。恩格斯在致敏·考茨基的信里谈她的《旧人与新人》时说：

……每个人都是典型，但同时又是一定的个人。正如黑格尔老人所说的，是"一个这个"（Ein dieser），而且应当是如此。[②]

不少的读者（包括过去的我自己）感到"一个这个"很费解。其实这个出自《精神现象学》的词组原指"一个这样的具体感性事物"，在这里就指"一个这样的具体人物"，亦即上文"一定的个人"，仍须和上文"每个人都是典型"一句联系在一起来看，仍是强调典型与个性的统一。恩格斯在下文批评《旧人与新人》的缺点说，"爱莎过于理想化"，"在阿尔诺德身上，个性就更多地消融到原则里去了"，就是说概念淹没了个性，还不够典型。从此可以体会出上引一段话与其说是称赞《旧人与新人》，倒不如说是陈述他自己的艺术典型观，特别是因为他引了黑格尔的话之后加上了"而且应当是如此"。

已成成语的"典型环境中的典型人物"是由恩格斯在《致玛·哈克奈斯的情》中首次提出的：

[①] 黑格尔：《美学》第一卷，第303页，商务印书馆1979年版。
[②] 《马克思恩格斯选集》第四卷，第453页，人民出版社1972年版。译文略有改动。

据我看来，现实主义的意思是，除细节的真实外，还要真实地再现典型环境中的典型人物。①

恩格斯认为《城市姑娘》还不完全是现实主义的，因为作者对其中人物在消极被动方面的描绘，虽说是够典型的，"但是环绕着这些人物并促使他们行动的环境也许就不是那样典型了"。故事情节发生在一八八七年左右，当时工人运动已在蓬勃发展，而《城市姑娘》却把当时工人阶级描写成消极被动的一群，等待"来自上面"的恩施，这就不符合历史发展的真实情况，也就是说，环境不够典型。环境既是"环绕着书中人物而促使他们行动的"，环境既不是典型的，人物也就不可能是典型的了。恩格斯与人为善，话往往说得很委婉，在肯定她的人物够典型之前加上一句"在他们的限度之内"（So far as they go，信原是用英文写的），也就是说"像你所设想的他们那样消极被动"。这封信值得特别注意的是恩格斯把"真实地再现典型环境中的典型人物"看作现实主义的主要因素。典型既然这样与现实主义联系起来，双方都因此获得一个新的更明确的涵义，就是符合历史发展的真实情况。马克思和恩格斯都推尊巴尔扎克的《人间喜剧》，也正因为它真实地反映了一八一六年至一八四八年的历史发展中一些典型环境中的典型人物。

最能说明典型须符合历史发展真实情况的是马克思和恩格斯分别答复拉萨尔的两封信。他们不约而同地都指责拉萨尔所谓"革

---

① 《马克思恩格斯选集》第四卷，第462页，人民出版社1972年版。

命悲剧"《佛朗茨·封·济金根》里把一个已没落而仍力图维护特权的封建骑士,写成一个要求宗教自由和民族统一的新兴资产阶级代言人,向罗马教廷和封建领主进行斗争。拉萨尔没有看到当时革命势力是闵泽尔所领导的农民和城市平民。他这个机会主义者竟歪曲了当时历史发展的情况和趋势。更荒谬的是他把十七世纪的德国封建骑士的内讧的失败说成"革命悲剧",而且认为后来的法国革命和一八四八年的欧洲各国革命的失败也都是复演那次骑士内讧的悲剧,并预言将来的革命也会复演那次悲剧,理由是革命者"目的无限而手段有限",不得不耍"外交手腕"进行欺骗。这就不但根本否定了革命,也否定了历史发展和典型环境中的典型人物。他甚至扬言农民起义比起骑士内讧还更反动。马克思看出他不可救药,便不再回他的信,于是轰动一时的"济金根论战"便告结束。

从上引几封信看,马克思主义创始人都把典型环境看作决定人物性格的因素,而典型环境的内容首先是当时阶级力量的对比。他们的态度始终是朝前看的,他们的同情始终是寄托在前进的革命的一方。他们赋予典型环境中的典型人物性格以一种崭新的意义:典型环境是革命形势中的环境,典型人物也是站在革命方面的人物。我们研究剧本和小说,如果经常根据马克思主义的典型观,对环境和人物性格都进行认真的分析,对文学作品和美学理论的理解就会比较深透些,今后不妨多在这方面下工夫。

十二、审美范畴中的悲剧性和喜剧性

朋友们：

诸位来信有问到审美范畴的。范畴就是种类。审美范畴往往是成双对立而又可以混合或互转的。例如与美对立的有丑，丑虽不是美，却仍是一个审美范畴。讨论美时往往要联系到丑或不美，例如马克思在《经济学—哲学手稿》里就提到劳动者创造美而自己却变成丑陋畸形。特别在近代美学中丑转化为美已日益成为一个重要问题。丑与美不但可以互转，而且可以由反衬而使美者愈美，丑者愈丑。我们在第二封信里就已举例约略谈到丑转化为美以及肉体丑可以增加灵魂美的问题。这还涉及自然美和艺术美的差别和关系的问题。对这类问题深入探讨，可以加深对辩证唯物主义的理解。

美与丑之外，对立而可混合或互转的还有崇高和秀美以及悲剧性与喜剧性两对审美范畴。既然叫作审美范畴，也就要隶属于美与丑这两个总的范畴之下。崇高（亦可叫作"雄伟"）与秀美的对立类似中国文论中的"阳刚"与"阴柔"。我在旧著《文艺心理学》第十五章里曾就此详细讨论过。例如狂风暴雨、峭岩悬瀑、老鹰古松之类自然景物以及莎士比亚的《李尔王》、米开朗琪罗的雕刻和绘画、贝多芬的《第九交响曲》、屈原的《离骚》、庄子的《逍遥游》和司马迁的《项羽本纪》、阮籍的《咏怀》、李白的《古风》一类文艺作品，都令人起崇高或雄伟之感。春风微雨、娇莺嫩柳、小溪曲涧荷塘之类自然景物和赵孟頫的字画、《花间集》、《红楼梦》里的林黛玉、《春江花月夜》乐曲之类文艺作品都令人起秀美之感。崇高的对象以巨大的体积或雄伟的精神气魄突然向我们压来，我们首先感到的是势不可挡，因而惊惧，紧接着这种自卑感就激起自尊感，要把自己提到雄伟对象的高度而鼓舞振奋，感到愉快。所以崇高感有一个由不愉快而转化到高度愉快的过程。一个人多受崇高事物的鼓舞可以消除鄙俗气，在人格上有所提高。至于秀美感则是对娇弱对象的同情和宠爱，自始至终是愉快的。刚柔相济，是人生应有的节奏。崇高固可贵，秀美也不可少。这两个审美范畴说明美感的复杂性，可以随人而异，也可以随对象而异。

至于悲剧和喜剧这一对范畴在西方美学思想发展中一向就占据特别重要的地位，这方面的论著比任何其他审美范畴的都多。我在旧著《文艺心理学》第十六章"悲剧的喜感"里和第十七章"笑与喜剧"里已扼要介绍过，在新著《西方美学史》里也随时有所陈述，现在不必详谈。悲剧和喜剧都属于戏剧，在分谈悲剧与喜剧之前，应先谈一下戏剧总类的性质。戏剧是对人物动作情节的直接摹仿，不是只当作故事来叙述，而是用活人为媒介，当着观众直接扮演出来，所以它是一种最生动鲜明的艺术，也是一种和观众打成一片的艺术。人人都爱看戏，不少的人都爱演戏。戏剧愈来愈蓬勃发展。黑格尔曾把戏剧放在艺术发展的顶峰。西方几个文艺鼎盛时代，例如古代的希腊，文艺复兴时代的英国、西班牙和法国，浪漫运动时代的德国都由戏剧来领导整个时代的文艺风尚。我们不禁要问：戏剧这个崇高地位是怎样得来的？要回答这个问题，还要"数典不能忘祖"。不但人，就连猴子鸟雀之类动物也爱摹仿同类动物乃至人的声音笑貌和动作来做戏。不但成年人，就连婴儿也爱摹仿所见到的事物来做戏，表现出离奇而丰富的幻想，例如和猫狗乃至桌椅谈话，男孩用竹竿当作马骑，女孩装着母亲喂玩具的奶。这些游戏其实就是戏剧的雏形，也是对将来实际劳动生活的学习和训练。多研究一下"儿戏"，就可以了解关于戏剧的许多道理。首先是儿童从这种游戏中得到很大的快乐。这种快乐之中就带有美感。人既然有生命力，就要使他的生命力有用武之地，就要动，动就能发挥生命力，就感到舒畅；不动就感到"闷"，闷就是生命力被堵住，不得畅通，就感到愁苦。汉语"苦"与"闷"连用，"畅"与"快"连用，是大有道理的。马克思论劳动，也说过美感就是人使各种本质力量能发挥作用的乐趣。人为什么爱追求刺激和消遣呢？都是要让生命力畅通无阻，要从不断活动中得到乐趣。因此，不能否定文艺（包括戏剧）的消遣作用，消遣的不是时光而是过剩的精力。要惩罚囚犯，把他放在监狱里还戴上手铐脚镣，就是逼他不能自由动弹而受苦，所以囚犯总是眼巴巴地望着"放风"的时刻。我们现在要罪犯从劳动中得到改造，这是合乎人道主义的。我们正常人往往进行有专责的单调劳动，只有片面的生命力得到发挥，其他大部分生命力也遭到囚禁，难得全面发展，所以也有定时"放风"的必要。戏剧是一个最好的"放风"渠道，因为其他艺术都有所偏，偏于视或偏于听，偏于时间或偏于空间，偏于静态或偏于动态，而戏剧却是综合性最强的艺术，以活人演活事，使全身力量都有发挥作用的余地，而且置身广大群众中，可以有同忧同乐的社会感。所以戏剧所产生的美感在内容上是最复杂、最丰富的。

无论是悲剧还是喜剧，作为戏剧，都可以产生这种内容最复杂也最丰富的美感。不过望文生义，悲喜毕竟有所不同，类于悲剧的喜感，西方历来都以亚里士多德在《诗学》里的悲剧净化论为根据来进行争辩或补充。依亚里士多德的看法，悲剧应有由福转祸的结构，结局应该是悲惨的。理想的悲剧主角应该是"和我们自己类似的"好人，为着小过失而遭到大祸，不是罪有应得，也不是完全无过错，这样才既能引起恐惧和哀怜，又不至使我们的正义感受到很大的打击。恐惧和哀怜这两种悲剧情感本来就是不健康的，悲剧激起它们，就导致它们的"净化"或"发散"（katharsis），因为像脓包一样，把它戳穿，让它发散掉，就减轻它的毒力，所以对人在心理上起健康作用。这一说就是近代心理分析派弗洛伊德（S.Freud）的"欲望升华"或"发散治疗"说的滥觞。依这位变态心理学家的看法，人心深处有些原始欲望，最突出的是子对母和女对父的性欲，和文明社会的道德法律不相容，被压抑到下意识里形成"情意综"，作为许多精神病例的病根。但是这种原始欲望也可采取化装的形式，例如神话、梦、幻想和文艺作品往往就是原始欲望的化装表现。弗洛伊德从这种观点出发，对西方神话、史诗、悲剧乃至近代一些伟大艺术家的作品进行心理分析来证明文艺是"原始欲望的升华"。这一说貌似离奇，但其中是否包含有合理因素，是个尚待研究的问题。他的观点在现代西方还有很大的影响。

此外，解释悲剧喜感的学说在西方还很多，例如柏拉图的幸灾乐祸说，黑格尔的悲剧冲突与永恒正义胜利说，叔本华的悲剧写人世空幻、教人退让说，尼采的悲剧为酒神精神和日神精神的结合说。这些诸位暂且不必管，留待将来参考。

关于喜剧，亚里士多德在《诗学》里只留下几句简短而颇深刻的话：

> 喜剧所摹仿的是比一般人较差的人物。"较差"并不是通常所说的"坏"（或"恶"），而是丑的一种形式。可笑的对象对旁人无害，是一种不至引起痛感的丑陋或乖讹。例如喜剧的面具既怪且丑，但不至引起痛感。

这里把"丑"或"可笑性"作为一种审美范畴提出，其要义就是"谑而不虐"。不过这只是现象，没有说明"丑陋或乖讹"何以令人发笑，感到可喜。近代英国经验派哲学家霍布斯提出"突然荣耀感"说作为一种解释。霍布斯是主张性恶论的，他认为"笑的情感只是在见到旁人的弱点或自己过去的弱点时突然想起自己的优点所引起的'突然荣耀感'"，觉得自己比别人强，现在比过去强。他强调"突然"，因为"可笑的东西必定是新奇的，不期然而然的"。

此外关于笑与喜剧的学说还很多，在现代较著名的有法国哲学家伯格森的《笑》（Le Rire）。他认为笑与喜剧都起于"生命的机械化"。世界在不停地变化，有生命的东西应经常保持紧张而有弹性，经常能随机应变。可笑的人物虽有生命而僵化和刻板公式化，"以不变应万变"，就难免要出洋相。伯格森举了很多例子。例如一个人走路倦了，坐在地上休息，没有什么可笑，但是闭着眼睛往前冲，遇到障碍物不知回避，一碰上就跌倒在地上，这就不免可笑。有一个退伍的老兵改充堂倌，旁人戏向他喊："立正！"他就慌忙垂下两手，把捧的杯盘全部落地打碎，这就引起旁人大笑。依伯格森看，笑是一种惩罚，也是一种警告，使可笑的人觉到自己笨拙，加以改正。笑既有这样的实用目的，所以它引起的美感不是纯粹的。"但笑也有几分美感，因为社会和个人在超脱生活急需时把自己当作艺术品看待，才有喜剧。"

现代值得注意的还有已提到的弗洛伊德的"巧智与隐意识"，不过不是三言两语可以介绍清楚的。他的英国门徒谷列格（Greig）在一九二三年编过一部笑与喜剧这个专题的书目就有三百几十种之多。诸位将来如果对这个专题想深入研究，可以参考。

我提出悲剧和喜剧这两个范畴作为最后一封信来谈，因为戏剧是文艺发展的高峰，是人民大众所喜闻乐见的综合性艺术。从电影剧、电视剧乃至一般曲艺的现状来看，可以预料到愈到工业化的高度发展的时代，戏剧就愈有广阔而光明的未来。社会主义时代是否还应该有悲剧和喜剧呢？在苏联，这个问题早已提出，可参看卢那察尔斯基的《论文学》①中"社会主义现实主义"章。近来我国文艺界也在热烈讨论这个问题。这是可喜的现象。我读过有关这些讨论的文章或报告,感到有时还有在概念上兜圈子的毛病,例如恩格斯在复拉萨尔的信里是否替悲剧下过定义,我们所需要的是否还是过去的那种悲剧和喜剧之类。有人还专从阶级斗争观点来考虑这类问题,有时也不免把问题弄得太简单化了。我们还应该多考虑一些具体的戏剧名著和戏剧在历史上的演变。

从西方戏剧发展史来看,我感到把悲剧和喜剧截然分开在今天已不妥当。希腊罗马时代固然把悲剧和喜剧的界限划得很严,其中原因之一确实是阶级的划分。上层领导人物才做悲剧主角,而中下层人物大半只能侧身于喜剧。到了文艺复兴时代资产阶级(所谓"中层阶级")已日渐登上政治舞台,也就要求登上文艺舞台了,民众的力量日益增强了,于是悲剧和喜剧的严格划分就站不住了。英国的莎士比亚和意大利的瓜里尼(G. Guarini)不约而同地创造出悲喜混杂剧来。瓜里尼还写过一篇《悲喜混杂剧体诗的纲领》,把悲喜混杂剧比作"寡头政体和民主政体相结合的共和政体"。这就反映出当时意大利城邦一般人民要和封建贵族分享政权的要求。莎士比亚的悲喜混杂剧大半在主情节(main plot)之中穿插一个副情节(sub-plot),上层人物占主情节,中下层人物则侧居副情节。如果主角是君主,他身旁一般还有一两个喜剧性的小丑,正如塞万提斯的传奇中堂·吉诃德之旁还有个桑丘·潘沙。这部传奇最足以

---

① 可参看蒋路的译文,人民文学出版社1978年版。

说明悲剧与喜剧不可分。堂·吉诃德本人既是一个喜剧人物，又是一个十分可悲的人物。到了启蒙运动时在狄德罗和莱辛的影响之下，市民剧起来了，从此就很少有人写古典型的悲剧了。狄德罗主张用"严肃剧"来代替悲剧，只要题材重要就行，常用的主角不是达官贵人而是一般市民，有时所谓重要题材也不过是家庭纠纷。愈到近代，科学和理智日渐占上风，戏剧已不再纠缠在人的命运或诗的正义这些方面的矛盾，而要解决现实世界所面临的一些问题，于是易卜生和萧伯纳式的"问题剧"就应运而起。近代文艺思想日益侧重现实主义，现实世界的矛盾本来很复杂，纵横交错，很难严格区分为悲喜两个类型。就主观方面来说，有人偏重情感，有人偏重理智，对戏剧的反应也有大差别。我想起法国人有一句名言："世界对爱动情感的人是个悲剧，对爱思考的人是个喜剧。"上文我已提到堂·吉诃德，可以被人看成喜剧的，也可以被人看作悲剧的。电影巨匠卓别林也许是另一个实例。他是世所公认的大喜剧家，他的影片却每每使我起悲剧感，他引起的笑是"带泪的笑"。看《城市之光》时，我暗中佩服他是现代一位最大的悲剧家。他的作品使我想起对丑恶事物的笑或许是一种本能性的安全瓣，我对丑恶事物的笑，说明我可以不被邪恶势力压倒，我比它更强有力，可以和它开玩笑。卓别林的笑仿佛有这么一点意味。

因此，我觉得现在大可不必从概念上来计较悲剧的定义和区别。我们当然不可能"复兴"西方古典型的单纯的悲剧和喜剧。正在写这封信时，我看到最近上演的一部比较成功的话剧《未来在召唤》，在感到满意之余，我就自问：这部剧本究竟是悲剧还是喜剧？它的圆满结局不能使它列入悲剧范畴，它处理现实矛盾的严肃态度又不能使它列入喜剧。我从此想到狄德罗所说的"严肃剧"或许是我们的戏剧今后所走的道路。我也回顾了一下我们自己的戏剧发展史，凭非常浅薄的认识，我感到我们中国民族的喜剧感向来很强，而悲剧感却比较薄弱。其原因之一是我们的"诗的正义感"很强，爱好大团圆的结局，很怕看到亚里士多德所说的"像我们自己一样的好人因小过错而遭受大的灾祸"。不过这类不符合"诗的正义"（即"善有善报，恶有恶报"）的遭遇在现实世界中却是经常发生的。"诗的正义感"本来是个善良的愿望，我们儒家的中庸之道和《太上感应篇》的影响也起了不少的作用。悲剧感薄弱毕竟是个弱点，看将来历史的演变能否克服这个弱点吧。

现在回到大家在热烈讨论的"社会主义时代还要不要悲剧和喜剧"这个问题，这只能有一个实际意义：社会主义社会里是否还有悲剧性和喜剧性的人和事。过去十几年林彪和"四人帮"的血腥的法西斯统治已对这个问题作出了明确的答复：当然还有！在理论上辩证唯物主义和历史唯物主义也早就对这个问题作了根本性的答复。历史是在矛盾对立斗争中发展的，只要世界还在前进，只要它还没有死，它就必然要动，动就有矛盾对立斗争的人和事，即有需要由戏剧来反映的现实材料和动作情节。这些动作情节还会是悲喜交错的，因为悲喜交错正是世界矛盾对立斗争在文艺领域的反映，不但在戏剧里是如此，在一切其他艺术里也是如此；不但在社会主义时代如此，在未来的共产主义时代也还是如此。祝这条历史长河永流不息！

十三、结束语:"还须弦外有余音"

朋友们:

限于篇幅、时间和个人的精力,这些谈美的信只得暂告结束了。回顾写过的十二封信,我感到有些欠缺应向读者道歉。

首先,有些看过信稿的朋友告诉我,"看过你在解放前写的那部《谈美》,拿这部新作和它比起来,我们感觉到你现在缺乏过去的那种亲切感和深入浅出的文笔了;偶尔不免有'高头讲章'的气味,不大好懂,有时甚至老气横秋,发点脾气。"我承认确实有这些毛病,并且要向肯向我说直话的朋友们表示感激。既然在和诸位谈心,我也不妨直说一下我的苦衷。旧的《谈美》是在半个世纪以前我自己还是一个青年的大学生时代写的。那时我和青年们接触较多,是他们的知心人,我自己的思想情感也比现在活跃些,而现在我已是一个进入八十三岁的昏聩老翁了,这几十年来一直在任教和写"高头讲章",脑筋惯在抽象理论上兜圈子,我对"四人帮'的迫害倒不是"心有余悸"而是"心有余恨",

对文风的丑恶现象经常发点脾气，这确实是缺乏涵养。我不能以一个龙钟老汉冒充青年人来说话，把话说得痛快淋漓，我只好认输，对青年人还有一大段光明前程只有深为羡慕而已。

"高头讲章"的气味我也不太欣赏，所以动笔行文时也力求避免写成教科书。写出来的也决够不上教科书的水平。好在《美学概论》和《文学概论》之类著作现在也日渐多起来了，我何必去滥竽充数呢？我之终于答应写《谈美书简》，一则是要报答来信来访和来约者的盛意，二则是从解放以来我一直在抓紧时间学习马列主义经典著作，对过去自己的言论中错误和不妥处也日渐有所认识，理应趁这段行将就木的余年向读者作个检查或"交代"。

其次，朋友们来信经常问到学美学应该读些什么书。他们深以得不到想读的书为苦，往往要求我替他们买书和供给资料。他们不知道我自己在六十年代以后也一直在闭关自守，坐井观天，对国际学术动态完全脱节，所以对这类来信往往不敢答复。老一点的资料我在《西方美学史》下卷附录里已开过一个"简要书目"，其中大多数在国内还是不易找到的。好在现在书禁已开，新出版的书刊已日渐多起来了，真正想读书的当不再愁没有书读了。人愈老愈感到时间可贵，所以对问到学外语和美学的朋友们，我经常只进这样几句简短的忠告：不要再打游击战，像猴子掰包谷，随掰随丢，要集中精力打歼灭战，要敢于攻坚。不过歼灭战或攻坚战还是要一仗接着一仗打，不要囫囵吞枣。学美学的人入手要做的第一件大事还是学好马列主义。不要贪多，先把《马克思恩格斯选集》通读一遍，尽量把它懂透，真正懂透是终生的事，但是先要养成要求懂透的习惯。其次，如果还没有掌握一种外语到能自由阅读的程度，就要抓紧补课，因为在今天学任何科学都要先掌握国际最新资料，闭关自守决没有出路。第三，要随时注意国内文艺动态，拿出自己的看法；如果有余力，最好学习一门性之所近的艺术：文学、绘画或音乐，避免将来当空头美学家或不懂文艺的文艺理论家。

第三，我写这十几封信只是以谈心的方式来谈常盘踞在我心里的一些问题，不是写美学课本，所以一般美学课本里必谈的还有很多问题我都没有详谈，例如内容和形式，创作、欣赏与批评，批判和继承，民族性和人民性，艺术家的修养之类问题。对这类问题我没有什么值得说的新见解，我就不必说了。不过我心里也还有几个大家不常说或者认为不必说而我却认为还值得说的问题，因为还没有考虑成熟，也不能在此多谈。

一个问题是我在《西方美学史》上卷"序论"里所提的意识形态属于上层建筑而不等于上层建筑的问题。我认为上层建筑中主要因素是政权机构，其次才是意识形态。这两项不能等同起来，因为政权机构是社会存在，而意识形态只是反映社会存在的社会意识。二者之间不能划等号，有马克思主义创始人的许多话可以为证。我当时提出这个问题，还有一个要把政治和学术区别开来的动机。我把这个动机点明，大家就会认识到这个问题的重要性。这是值得进一步讨论的，而且不是某个人或某部分人所能解决的，还须根据"双百"方针以民主方式进行深入讨论才行。现在这项讨论已开始展开了。我现在还须倾听较多的意见，到适当的时机再作一次总的答复，并参照提出的意见，进行一次自我检查。如果发现自己错了，我就坚决地改正，如果没有被说服，我就仍然坚持下去，不过这是后话了。

另一个大家不常谈而我认为还必须认真详谈的就是必然和偶然在文学中辩证统一的问题。我是怎样想起这个问题的呢？巴尔扎克在《人间喜剧》的"序言"里说过："机缘是世界上最伟大的小说家；要想达到丰富，只消去研究机缘。""机缘"是我用来试译原文 hasard 一个词，它本有"偶然碰巧"的意思。读到这句话时我觉得很有意思，但其中的道理我当时并没有懂透。后来我读到恩格斯在一八九〇年九月初给约·布洛赫的信中有这样一段话：

……这里表现出这一切因素的交互作用，而在这种交互作用中归根到底是经济运动作为必然因素，通过无穷无尽的偶然事件（即这样一些事物，其中内部联系很疏远或很难确定，使我们把它们忽略掉甚至认为它们并不存在）而向前发展……①

这就是说，必然要通过偶然而起作用。我就把这种偶然事件和巴尔扎克的"机缘"联系起来。我又联想到马克思关于拿破仑说过类似的话，以及普列汉诺夫在谈个人的作用时引用过法国帕斯卡尔的一句俏皮话："如果埃及皇后克莉奥佩特拉（Cleopatra）的鼻子生得低一点，世界史也许会改观。"这些关于"偶然"的名言在我脑里就偶然成了一个火种在开始燃烧。等到今夏我看日本影片《生死恋》时，看到女主角夏子因试验爆炸失火而焚身，就把一部本来

---

① 《马克思恩格斯选集》第四卷，第 477 页，译文略有改动。

也许可写成喜剧的戏变成一部令人痛心的悲剧,我脑子里那点火种便迸发成四面飞溅的火花。我联想到美学上许多问题,联想到许多文艺杰作特别是戏剧杰作里都有些"偶然"或"机缘"在起作用,突出的例子在希腊有俄狄浦斯弑父娶母的三部曲,在英国有莎士比亚的《罗密欧与朱丽叶》,在德国有席勒的《威廉·退尔》,在中国有《西厢记》和《牡丹亭》。中国小说向来叫作"志怪"或"传奇",奇怪也者,偶然机缘也,不期然而然也。试想一想中国过去许多神怪故事,从《封神榜》、《西游记》、《聊斋》、《今古奇观》到近来的复映影片《大闹天宫》,如果没有那么多的偶然机缘,决不会那么引人入胜。它们之所以能引人入胜,就因为能引起惊奇感,而惊奇感正是美感中的一个重要因素。我因此想到正是偶然机缘创造出各民族的原始神话,而神话正是文艺的土壤。恩格斯解释"偶然事件"时说它们有"内部联系",不过人对这种联系还没有认识清楚,也就是说还处于无知状态。人不能安于无知,于是幻想出这种偶然事件的创造者都是神。古希腊人认为决定悲剧结局的是"命运",而命运又有"盲目的必然"的称号,意思也就是"未知的必然"。中国也有一句老话:"城隍庙里的算盘——不由人算",这也是把未知的必然(即偶然)归之于天或神。这一方面暴露人的弱点,另一方面也显出人凭幻想去战胜自然的强大生命力。现实和文艺都不是一潭死水,纹风不动,一个必然扣着另一个必然,形成铁板一块,死气沉沉的。古人形容好的文艺作品时经常说"波澜壮阔",或则说"风行水上,自然成纹",因此就表现出充沛的生命力和高度的自由,表现出巧妙。"巧"也就是偶然机缘,中国还有一句老话:

"无巧不成书",也就是说,没有偶然机缘就创造不出好作品。好作品之中常有所谓"神来之笔"。过去人们迷信"灵感",以为好作品都要凭神力,其实近代心理学已告诉我们,所谓"灵感"不过是作者在下意识中长久酝酿而突然爆发到意识里,这种突然爆发却有赖于事出有因而人尚不知其因的偶然机缘。法国大音乐家柏辽兹曾替一首诗作乐谱,全诗都谱成了,只剩收尾"可怜的兵士,我终于要再见法兰西"一句,就找不到适合的乐调。搁下两年之后,他在罗马失足落水,爬起来时口里所唱的乐调正是两年前苦心搜寻而没有获得的。他的落水便是一种偶然机缘。杜甫有两句诗总结了他自己的创作经验:"读书破万卷,下笔如有神。""神"就是所谓"灵感",像是"偶然",其实来自"读书破万卷"的辛勤劳动。这就破除了对灵感的迷信。我国还有一句老话:"熟中生巧",灵感也不过是熟中生巧,还是长期锻炼的结果。"能令百炼钢,化为绕指柔",才使人感到巧,才产生美感。这种美感从跳水、双杠表演、拳术、自由体操的"绝技"和"花招"中最容易见出。京剧《三岔口》之所以受到欢迎,也在许多应付偶然的花招所引起的惊奇感。

我抱着"偶然机缘"这个问题左思右想,愈想下去就愈觉得它所涉及的范围甚广。前信所谈到的喜剧中"乖讹"便涉及"偶然机缘",我国最有科学条理的文论家刘勰在《文心雕龙》里特辟"谐隐"一章来讨论说笑话和猜谜语,也足见他重视一般人所鄙视的文字游戏。文字游戏不应鄙视,因为它受到广大人民的热烈欢迎,它是一般民歌的基本要素,也是文人诗词的一个重要组成部分。民歌最富于"谐趣"(就是所谓"幽默感")。真正的"谐"大半是"不虐之谑",谐的对象总有某种令人鄙视而不至遭人痛恨的丑陋和乖讹。例如一首流行的民歌：

一个和尚挑水喝，两个和尚抬水喝，三个和尚没水喝。

出乎情理之常的是"三个和尚没水喝"，非必然而竟然，所以成为笑柄，也多少是一个警告。"隐"就是"谜"，往往和"谐"联系在一起，例如四川人嘲笑麻子：

啥？豆巴，满面花，雨打浮沙，蜜蜂错认家，荔枝核桃苦瓜，满天星斗打落花。

这就是谐、隐和文字游戏的结合，讥刺容貌丑陋为谐，以谜语出之为隐，取七层宝塔的形式，一层高一层，见出巧妙的配搭为文字游戏。谐最忌直率，直率不但失去谐趣，而且容易触讳招尤，所以出之以"隐"，饰之以文字游戏，就可以冲淡讥刺的一点恶意，而且嵌合巧妙，令人惊喜，产生谐所特有的一种快感。这种快感就是美感。可笑的事物好比现实世界的一池死水偶然皱起微波，打破了沉闷，但它毕竟有些丑陋乖讹，也不免引起轻微的惋惜的不快感，从此也可见美感的复杂性，不易纳到一个公式概念里去。

谐是雅俗共赏的，所以它最富于社会性，托尔斯泰在《艺术论》里特别强调文艺的传染情感的功用，而所传染的情感之中他也指出笑谑，认为它也能密切人与人的关系。刘勰解释谐时说："谐之为言皆也，词浅会俗，皆说笑也。"这也足说明谐的社会功用。要印证这个道理，最好多听相声。相声是谐的典型，也是雅俗共赏的一种曲艺。因此，在粉碎"四人帮"之后我国文艺重新繁荣的景象首先见之于相声，继侯宝林和郭全宝之后出现了一大批卓越的相声演员。连像我这个专搞理论、一本正经的老学究对一般带理论气味的一本正经的话剧和电影剧并不太爱看，但每遇到相声专场，我只要抽出闲空就必看，看了总感到精神上舒畅了一下，思想也多少得到了解放，也就是说，从一些偶然机缘中认识到一些人情世态乃至一些关于美和美感的道理。

我从这种文字游戏想到文艺与游戏的关系。过去我是席勒、斯宾塞尔和谷鲁斯的信徒，认为文艺起源于游戏说是天经地义。从解放后学习马克思主义以来，我就深信文艺起源于劳动，放弃了文艺起源于游戏的说法。近来我重新研究谐隐与文字游戏，旧思想又有些"回潮"，觉得游戏说还不可一笔抹杀。想来想去，我认为把文艺看作一种生产劳动是马克思主义者所必坚持的不可逆转的定论，但在文艺这种生产劳动中游戏也确实是一个极其重要的因素。理由之一就是，马克思和恩格斯都指出的必然要透过偶然而起作用，而偶然机缘在文艺中突出地表现于游戏，特别是在于所谓"戏剧性的暗讽"。理由之二是劳动与游戏的对立是资本主义社会中劳动异化的结果，到了消除了劳动异化，进入了共产主义时代，一切人的本质活动都会变成自由的、无拘无碍的，劳动与游戏的对立就不复存在。

我对这个问题还没有考虑成熟，不过我感觉到与游戏密切相关的偶然机缘在文艺中的作用这个问题还大有文章可做，而且也很有现实意义。我准备继续研究下去，并且希望爱好文艺和美学的朋友们都来研究一下这个问题，各抒己见，引起讨论，或可以解放一下思想。

我很喜爱漫画师丰子恺老友的两句诗："常喜小中能见大，还须弦外有余音。"现在就留下偶然机缘这个问题请诸位研究，就算是我的弦外余音，留有余不尽之意吧。再见，祝诸位奋勇前进！

谈修养

朱光潜

自　序

　　十年前我替开明书店写了一本小册子，叫作《给青年的十二封信》。那时候我还在欧洲读书，自己还是一个青年，就个人在做人、读书各方面所得的感触，写成书信寄回给国内青年朋友们，与其说存心教训，毋宁说是谈心。我原来没有希望它能发生多大的影响，不料印行之后，它成为一种销路最广的书，里面一部分文章被采入国文课本，许多中小学校把它列入课外读物。上海、广州都发现了这本书的盗印本，还有一位作者用"朱光潜"的名字印行一本《给青年的十三封信》，前三四年在成都的书店里还可以看到。我于是以《给青年的十二封信》的作者见知于世，知我者固多，罪我者亦不复少。这一切，我刚才说，都出乎我的意料之外。坦白地说，这样乘其不意地被人注视，我心里很有些不愉快。那是一本不成熟的处女作，不能表现我的成年的面目，而且掩盖了后来我比较用心写成的作品。尤其使我懊恼的是被人看作一个喜欢教训人的人。我一向没有自己能教训人的错觉，不过我对于实际人生问题爱思想，爱体验，同时，我怕寂寞，我需要同情心，所以心里有所感触，便希望拿来和朋友谈，以便彼此印证。我仿佛向一个伙伴说："关于这一点，我是这样想，你呢？"我希望看他点一个头，或是指出另一个看法。假如我口齿俐朗，加上身边常有可谈的朋友，我就宁愿对面倾心畅谈，决不愿写文章。无如我生来口齿钝，可谈的朋友又不常在身边，情感和思想需要发泄，于是就请读者做想象的朋友，和他做笔谈。我用"谈"字毫不苟且，既是"谈"就要诚恳亲切。假如我的早年那本小册子略有可取处，大概也就在此。

这是十年前的话。过去几年中很有几家书店和杂志为着贪图销路，要求我再写给青年信那一类的文章，我心里未尝不想说话，却极力拒绝这种引诱，因为做冯妇向来不是一件惬意的事。于今我毕竟为《中央周刊》破戒，也有一个缘故。从前在那部处女作里所说的话很有些青年人的稚气，写时不免为一时热情所驱遣，有失检点，现在回想，颇有些羞愧。于今多吃了十年饭，多读了几部书，多接触了一些人情世故，也多用了一些思考体验，觉得旧话虽不必重提，漏洞却须填补。因此，《中央周刊》约我写稿，我就利用这个机会，陆续写成这部小册子中的二十来篇文章，其中也有几篇是替旁的刊物写的或没有发表的，因为性质类似，也就把它们集在一起。

读者有人写信问我，这些文章有没有一个系统？有没有一个中心思想？我回答说：在写时我只随便闲谈，不曾想把它写成一部教科书，并没有预定的系统或中心思想。

不过它不能说是完全没有系统。这些年来我在学校里教书任职，和青年人接触的机会多，关于修养的许多实际问题引起在这本小册子里所发表的一些感想。问题自身有些联络，我的感想也随之有些联络。万变不离宗，谈来谈去，都归结到做人的道理。

它也不能说是完全没有中心思想。我先天的资禀与后天的陶冶所组成的人格是一个完整的有机体，我的每篇文章都是这有机体所放射的花花絮絮。我的个性就是这些文章的中心。如果向旁人检讨自己不是一桩罪过，我可以说：我大体上欢喜冷静、沉着、稳重、刚毅，以出世精神做入世事业，尊崇理性和意志，却也不菲薄情感和想象。我的思想就抱着这个中心旋转，我不另找玄学或形而上学的基础。我信赖我的四十余年的积蓄，不向主义铸造者举债。

这些文章大半是在匆迫中写成的。我每天要到校办公、上课、开会、和同事同学们拌唇舌、写信、预备功课。到晚来精疲力竭走回来，和妻子、女孩、女仆挤在一间卧室兼书房里，谈笑了一阵后，已是八九点钟，家人都去睡了，我才开始做我的工作，看书或是作文。这些文章就是这样在深夜里听着妻女打呼鼾写成的。因为体质素弱，精力不济，每夜至多只能写两小时，所以每篇文章随断随续，要两三夜才写成，运思的工夫还不在内。我虽然相当用心，文字终不免有些懈怠和草率。关于这一点，我对自己颇不满，同时也羡慕有闲暇著述的人们的幸福。

目前许多作者写书，尝自认想对建国万年大业有所贡献，摇一支笔杆，开一代宗风。我没有这种学问，也没有这种野心或错觉。这本小册子，我知道，像一朵浮云，片时出现，片时消失。但是我希望它在这片时间能借读者的晶莹的心灵，如同浮云借晶莹的潭水一般，呈现一片灿烂的光影。精神不灭，这影响尽管微细，也可以蔓延无穷。

民国三十一年冬在嘉定脱稿

一番语重心长的话
——给现代中国青年

我在大学里教书，前后恰已十年，年年看见大批的学生进来，大批的学生出去。这大批学生中平庸的固居多数，英俊有为者亦复不少。我们辛辛苦苦地把一批又一批的训练出来，到毕业之后，他们变成什样的人，做出什样的事呢？他们大半被一个共同的命运注定。有官做官，无官教书。就了职业就困于职业，正当的工作消磨了二三分光阴，人事的应付消磨了七八分光阴。他们所学的原来就不很坚实，能力不够，自然做不出什么真正的事业来。时间和环境又不容许他们继续研究，不久他们原有的那一点浅薄学问也就逐渐荒疏，终身只在忙"糊口"。这样一来，他们的个人生命就平平凡凡地溜过去，国家的文化学术和一切事业也就无从发展。还有一部分人因为生活的压迫和恶势力的引诱，由很可有为的青年腐化为土豪劣绅或贪官污吏，把原来读书人的一副面孔完全换过，为非作歹，恬不知耻，使社会上颓风恶习一天深似一天，教育的功用究竟在哪里呢？

想到这点,我感觉到很烦闷。就个人设想,像我这样教书的人把生命断送在粉笔屑中,眼巴巴地希望造就几个人才出来,得一点精神上的安慰,而年复一年地见到出学校门的学生们都朝一条平凡而暗淡的路径走,毫无补于文化的进展和社会的改善。这种生活有何意义?岂不是自误误人?其次,就国家民族的设想,在这严重的关头,性格已固定的一辈子人似已无大希望,可希望的只有少年英俊,国家耗费了许多人力和财力来培养成千成万的青年,也正是希望他们将来能担负国家民族的重任,而结果他们仍随着前一辈子人的覆辙走,前途岂不很暗淡?

青年们常欢喜把社会一切毛病归咎于站在台上的人们,其实在台上的人们也还是受过同样的教育,经过同样的青年阶段,他们也曾同样地埋怨过前一辈子人。由此类推,到我们这一辈子青年们上台时,很可能地仍为下一辈子青年们不满。今日有理想的青年到明日往往变成屈服于事实而抛弃理想的堕落者。章宗祥领导过留日青年,打过媚敌辱国的蔡钧,而这位章宗祥后来做了外交部长,签订了二十一条卖国条约。汪精卫投过炸弹,坐过牢,做过几十年的革命工作,而这位汪精卫现在做了敌人的傀儡、汉奸的领袖。许多青年们虽然没有走到这个极端,但投身社会之后,投降于恶势力的实比比皆是。这是一个很可伤心的现象。社会变来变去,而组成社会的人变相没有变质,社会就不会彻底地变好。这五六十年来我们天天在讲教育,教育对于人的质料似乎没有发生很好的影响。这一辈子人睁着眼睛蹈前一辈子人的覆辙,下一辈子人仍然睁着眼睛蹈这一辈子人的覆辙,如此循环辗转,一报还一报,"长夜漫漫何时旦"呢?

　　社会所属望最殷的青年们,这事实和问题是值得郑重考虑的!时光向前疾驶,毫不留情去等待人,一转眼青年便变成中年、老年,一不留意便陷到许多中年人和老年人的厄运。这厄运是一部悲惨的三部曲。第一部是悬一个很高的理想,要改造社会;第二部是发现理想与事实的冲突,意志与社会恶势力相持不下;第三部便是理想消灭,意志向事实投降,没有改革社会,反被社会腐化。给它们一个简题,这是"追求"、"彷徨"和"堕落"。

　　青年们,这是一条死路。在你们的天真烂漫的头脑里,它的危险性也许还没有得到深切的了解,你们或许以为自己决不会走上这条路。但是我相信:如果你们没有彻底的觉悟,不拿出强毅的意志力,不下艰苦卓绝的功夫,不作脚踏实地的准备,你们是不成问题地仍走上这条路。数十年之后,你们的生命和理想都毁灭了,社会腐败依然如故,又换了一批像你们一样的青年来,仍是改革不了社会。朋友们,我是过来人,这条路的可怕我并没有夸张,那是绝对不能再走的啊!

　　耶稣宣传他的福音,说只要普天众生转一个念头,把心地洗干净,一以仁爱为怀,人世就可立成天国。这理想简单到不能再简单,可是也深刻到不能再深刻。极简单的往往是正途大道,因为易为人所忽略,也往往最不易实现。本来是很容易的事而变成最难实现的,这全由于人的愚蠢、怯懦和懒惰。世间事之难就难在人们不知道或是不能够转一个念头,或是转了念头而没有力量坚持到底。幸福的世界里决没有愚蠢者、怯懦者和懒惰者的地位。

你要合理地生存，你就要有觉悟、有决心、有奋斗的精神和能力。

"知难行易"，这觉悟一个起点是我们青年所最缺乏的。大家都似在鼓里过日子，闭着眼睛醉生梦死，放弃人类最珍贵的清醒的理性，降落到猪豚一般随人饲养，随人宰割。世间宁有这样痛心的事！青年们，目前只有一桩大事——觉悟——彻底地觉悟！你们正在做梦，需要一个晴天霹雳把你们震醒，把"觉悟"两字震到你们的耳里去。

"条条大路通罗马"。实现人生和改良社会都不必只有一条路径可走。每个人所走的路应该由他自己审度自然条件和环境需要，逐渐摸索出来，只要肯走，迟早总可以走到目的地。无论你走哪一条路，你都必定立定志向要做人；做现代的中国人，你必须有几个基本的认识。

一、时代的认识——人类社会进化逃不掉自然律。关于进化的自然律，科学家们有不同的看法。依达尔文派学者，生物常在生存竞争中，最适者生存，不适者即归淘汰。依克鲁泡特金，社会的维持和发展全靠各分子能分工互助，互助也是本于天性。这两种相反的主张产生了两种不同的国际政治理想。一种理想是拥护战争，生存既是一种竞争，而在竞争中又只有最适者可生存，则造就最适者与维持最适者都必靠战争，战争是文化进展的最强烈的刺激剂。另一种理想是拥护和平，战争只是破坏，在战争中人类尽量发挥残酷的兽性，愈残酷愈贪摧毁，愈不易团结，愈不易共存共荣；要文化发展，我们需要建设，建设需要互助，需要仁爱，也需要和平。这两种理想各有片面的真理，相反适以相成，不能偏废。我们的时代是竞争最激烈的时代，也是最需要互助的时代。竞争是事实，而互助是理想。无论你竞争或是互助，你都要拿出本领来。在竞争中只有最适者才能生存，在互助中最不适者也不见得能坐享他人之成。所谓"最适"就是最有本领，近代的本领是学术思想，是技术，是组织力。无论是个人在国家社会中，或是民族在国际社会中，有了这些本领，才能和人竞争，也才能和人互助，否则你纵想苟且偷生，也必终归淘汰，自然铁律是毫不留情的。

二、国家民族现在地位的认识——我国数千年来闭关自守。固有的文化可以自给自足，而且四围诸国家民族的文化学术水准都比我们的低，不曾感到很严重的外来的威胁。从十九世纪以来，海禁大开，中国变成国际集团中的一分子，局面就陡然大变。我们现在遇到两种极严重的难关。第一，我们固有的文化学术不够应付现时代的环境。我们起初慑于西方科学与物质文明的威力，把固有的文化看得一文不值，主张全盘接收欧化；到现在所接收的还只是皮毛，毫不济事，情境不同，移植的树常不能开花结果，而且从两次大战与社会不安的状况看来，物质文明的误用也很危险，于是又有些人提倡固有文化，以为我们原来固有的全是对的。比较合理的大概是兼收并蓄，就中西两方成就截长补短，建设一种新的文化学术。但是文化学术须有长期的培养，不是像酵母菌可以一朝一夕制造出来的。我们从事于文化学术的人们能力都还太幼稚薄弱，还不配说建设。总之，我们旧的已去，新的未来，在这青黄不接的时候，我们和其他民族竞争或互助，几乎没有一套武器或工具在手里。这是一个极严重的局势。其次,我们现在以全副精力抗战建国。这两种工作中抗战是急需,是临时的;建国是根本,是长久的。多谢贤明领袖的指导与英勇将士的努力,多谢国际局面的转变,我们的抗战已逼近最后的胜利。这是我们的空前的一个好机会,从此我们可以在国际社会中做一个光荣的分子,从此我们可以在历史上开一个新局面。但是这"可以"只是"可能"而不是"必然",由"可能"变为"必然",还需要比抗战更艰苦的努力。抗战后还有成千成万的问题亟待解决,有许多恶习积弊要洗清,有许多文化事业和生产事业要建设。我们试问,我们的人才准备能否很有效率地担负这些重大的工作呢?要不然,我们的好机会将一纵即逝,我们的许多光明希望将终成泡影。我们的青年对此须有清晰的认识,须急起直追,抓住好时机不让放过。

三、个人对于国家民族的关系的认识——世界处在这个剧烈竞争的时代,国家民族处在这个一发千钧的关头,我们青年人所处的地位何如呢?有两个重要的前提我们必须认识清楚:

第一,国家民族如果没有出路,个人就决不会有出路;要替个人谋出路,必须先替国家民族谋出路。

第二,个人在社会中如果不能成为有力的分子,则个人无出路,国家民族也无出路。要个人在社会中成为有力的分子,必须有德、有学、有才,而德行、学问、才具都须经过艰苦的努力才可以得到。

以往我们青年的错误就在于对这两个前提毫无认识。大家都只为个人打算,全不替国家民族着想。我们忙着贪图个人生活的安定和舒适,不下功夫培养造福社会的能力,不能把自己所应该做的事做好,一味苟且敷衍,甚至用种种不正当的手段去求个人安富尊荣,钻营、欺诈、贪污,无所不至,这样一来,把社会弄得日渐腐败,国家弄得日渐贫弱。这是一条不能再走的死路,我已一再警告过。我们必须痛改前非,把一切自私的动机痛痛快快地斩除干净,好好地在国家民族的大前提上做工夫。我们须知道,我们事事不如人,归根究竟,还是我们的人不如人。现在要抬高国家民族的地位,我们每个人必须培养健全的身体、优良的品格、高深的学术和熟练的技能,把自己造成社会中一个有力的分子。

这是三个最基本的认识。我们必须有这些认识,再加以艰苦卓绝的精神去循序实行,到死不懈,我们个人、我们国家民族才能踏上光明的大道。最后,我还须着重地说,我们需要彻底的觉悟。

谈立志

抗战以前与抗战以来的青年心理有一个很显然的分别：抗战以前，普通青年的心理变态是烦闷；抗战以来，普通青年的心理变态是消沉。烦闷大半起于理想与事实的冲突。在抗战以前，青年对于自己前途有一个理想，要有一个很好的环境求学，再有一个很好的职业做事；对于国家民族也有一个理想，要把侵略的外力打倒，建设一个新的社会秩序。这两种理想在当时都似很不容易实现，于是他们急躁不耐烦，失望，以至于苦闷。抗战发生时，我们民族毅然决然地拼全副力量来抵挡侵略的敌人，青年们都兴奋了一阵，积压许久的郁闷为之一畅。但是这种兴奋到现在似已逐渐冷静下去，国家民族的前途比从前光明，个人求学就业也比从前容易，虽然大家都硬着脖子在吃苦，可是振作的精神似乎很缺乏。在学校的学生们对功课很敷衍，出了学校就职业的人们对事业也很敷衍，对于国家大事和世界政局没有像从前那样关切。这是一个很可忧虑的现象，因为横在我们面前的还有比抗敌更艰难的局面，需要更坚决更沉着的努力来应付，而我们青年现在所表现的精神显然不足以应付这种艰难的局面。

如果换个方式来说，从前的青年人病在志气太大，目前的青年人病在志气太小，甚至于无志气。志气太大，理想过高，事实迎不上头来，结果自然是失望烦闷；志气太小，因循苟且，麻木消沉，结果就必至于堕落。所以我们宁愿青年烦闷，不愿青年消沉。烦闷至少是对于现实的欠缺还有敏感，还可以激起努力；消沉对于现实的欠缺就根本麻木不仁，决不会引起改善的企图。但是说到究竟，烦闷之于消沉也不过是此胜于彼，烦闷的结果往往是消沉，犹如消沉的结果往往是堕落。目前青年的消沉与前五六年青年的烦闷似不无关系。烦闷是耗费心力的，心力耗费完了，连烦闷也不曾有，那便是消沉。

一个人不会生下来就烦闷或消沉的，因为人都有生气，而生气需要发扬，需要活动。有生气而不能发扬，或是活动遇到阻碍，才会烦闷或消沉。烦闷是感觉到困难，消沉是无力征服困难而自甘失败。这两种心理病态都是挫折以后的反应。一个人如果经得起挫折，就不会起这种心理变态。所谓经不起挫折，就是没有决心和勇气，就是意志薄弱。意志薄弱经不起挫折的人往往有一套自宽自解的话，就是把所有的过错都推诿到环境。明明是自己无能，而埋怨环境不允许我显本领；明明是自己甘心做坏人，而埋怨环境不允许我做好人。这其实是懦夫的心理，对于自己全不肯负责任。环境永远不会美满的，万一它生来就美满，人的成就也就无其价值。人所以可贵，就在他不像猪豚，被饲而肥，他能够不安于污浊的环境，拿力量来改变它、征服它。

普通人的毛病在责人太严，责己太宽。埋怨环境还由于缺乏自省自责的习惯。自己的责任必须自己担当起，成功是我的成功，失败也是我的失败。每个人是他自己的造化主，环境不足畏，犹如命运不足信。我们的民族需要自力更生，我们每个人也是如此。我们的青年必须先有这种觉悟，个人和国家民族的前途才有希望。能责备自己，信赖自己，然后自己才能打出一个江山来。

　　我们有一句老话："有志者事竟成。"这话说得很好，古今中外在任何方面经过艰苦奋斗而成功的英雄豪杰都可以做例证。志之成就是理想的实现。人为的事实都必基于理想，没有理想决不能成为人为的事实。譬如登山，先须存念头去登，然后一步一步地走上去，最后才会达到目的地。如果根本不起登的念头，登的事实自无从发生。这是浅例。世间许多行尸走肉浪费了他们的生命，就因为他们对于自己应该做的事不起念头。许多以教育为事业的人根本不起念头去研究，许多以政治为事业的人根本不起念头为国民谋幸福。我们的文化落后，社会紊乱，不就由于这个极简单的原因么？这就是上文所谓的"消沉"、"无志气"。"有志者事竟成"，无志者事就不成。

　　不过"有志者事竟成"一句话也很容易发生误解，"志"字有几种意义：一是念头或愿望（wish），一是起一个动作时所存的目的（purpose），一是达到目的的决心（will, determination）。譬如登山，先起登的念头，次要一步一步地走，而这走必步步以登为目的，路也许长，障碍也许多，须抱定决心，不达目的不止，然后登的愿望才可以实现，登的目的才可以达到。"有志者事竟成"

的"志",须包含这三种意义在内:第一要起念头,其次要认清目的和达到目的之方法,第三是抱必达目的之决心。很显然的,要事之成,其难不在起念头,而在目的之认识与达到目的之决心。

有些人误解立志只是起念头。一个小孩子说他将来要做大总统,一个乞丐说他成了大阔佬要砍他的仇人的脑袋,所谓"癞蛤蟆想吃天鹅肉",完全不思量达到这种目的所必有的方法或步骤,更不抱定循这方法步骤去达到目的之决心,这只是狂妄,不能算是立志。世间有许多人不肯学乘除加减而想将来做算学的发明家,不学军事、不学当兵打仗而想将来做大元帅东征西讨,不切实培养学问技术而想将来做革命家改造社会,都是犯这种狂妄的毛病。

如果以起念头为立志,则有志者事竟不成之例甚多。愚公尽可移山,精卫尽可填海,而世间确实有不可能的事情。我们必须承认"不可能"的真实性。所谓"不可能",就是俗语所谓"没有办法",没有一个方法和步骤去达到所悬想的目的。没有认清方法和步骤而想达到那个目的,那只是痴想而不是立志。志就是理想,而理想的理想必定是可实现的理想。理想普遍有两种意义,一是"可望而不可攀,可幻想而不可实现的完美",比如许多宗教都以长生不老为人生理想,它成为理想,就因为事实上没有人长生不老。理想的另一意义是"一个问题的最完美的答案",或是"可能范围以内的最圆满的解决困难的办法"。比如长生不老虽非人力所能达到,而强健却是人力所能达到的,就人的能力范围来说,强健是一个合理的理想。这两种意义的分别在一个蔑视事实条件,一个顾到事实条件,一个渺茫无稽,一个有方法步骤可循。严格地说，前一种是幻想、痴想而不是理想，是理想都必顾到事实。在理想与事实起冲突时，错处不在事实而在理想。我们必须接受事实，理想与事实背驰时，我们应该改变理想。坚持一种不合理的理想而至死不变只是匹夫之勇，只是"猪武"。我特别看重这一点，因为有些道德家在盲目地说坚持理想，许多人在盲目地听。

我们固然要立志，同时也要度德量力。卢梭在他的教育名著《爱弥儿》里有一段很透辟的话，大意是说人生幸福起于愿望和能力的平衡。一个人应该从幼时就学会在自己能力范围以内起愿望，想做自己所能做的事，也能做自己所想做的事。这番话出自浪漫色彩很深的卢梭尤其值得我们玩味。卢梭自己有时想入非非，因此吃过不少的苦头，这番话实在是经验之谈。许多烦闷，许多失败，都起于想做自己所不能做的事，或是不能做自己想要做的事。

志气成就了许多人，志气也毁坏了许多人。既是志，实现必不在目前而在将来。许多人拿立志远大作借口，把目前应做的事延宕贻误。尤其是青年们喜欢在遥远的未来摆出一个黄金时代，把希望全寄托在那上面，终日沉醉在迷梦里，让目前宝贵的时光与机会错过，徒贻后日无穷之悔。我自己从前有机会学希腊文和意大利文时，没有下手，买了许多文法读本，心想到四十岁左右时当有闲暇岁月，许我从容自在地自修这些重要的文字，现在四十过了几年了，看来这一生似不能与希腊文和意大利文有缘分了，那箱书籍也恐怕只有摆在那里霉烂了。这只是一例。我生平有许多事叫我追悔，大半都像这样"志在将来"而转眼即空空过去。

"延"与"误"永是连在一起，而所谓"志"往往叫我们由"延"而"误"。所谓真正立志，不仅要接受现在的事实，尤其要抓住现在的机会。如果立志要做一件事，那件事的成功尽管在很远的将来，而那件事的发动必须就在目前一顷刻。想到应该做，马上就做，不然，就不必发下一个空头愿。发空头愿成了一个习惯，一个人就会永远在幻想中过活，成就不了任何事业，听说抽鸦片烟的人想头最多，意志力也最薄弱。老是在幻想中过活的人在精神方面颇类似烟鬼。

我在很早的一篇文章里提出我个人做人的信条，现在想起，觉得其中仍有可取之处，现在不妨趁此再提出供读者参考。我把我的信条叫作"三此主义"，就是此身，此时，此地。一、此身应该做而且能够做的事，就得由此身担当起，不推诿给旁人。二、此时应该做而且能够做的事，就得在此时做，不拖延到未来。三、此地（我的地位，我的环境）应该做而且能够做的事，就得在此地做，不推诿到想象中的另一地位去做。

这是一个极现实的主义。本分人做本分事，脚踏实地，丝毫不带一点浪漫情调。我相信如果我们能够彻底地照着做，不至于很误事。西谚说得好："手中的一只鸟，值得林中的两只鸟。"许多"有大志"者往往为着觊觎林中的两只鸟，让手中的一只鸟安然逃脱。

朝抵抗力最大的路径走

我提出这个题目来谈，是根据一点亲身的经验。有一个时候，我学过做诗填词。往往一时兴到，我信笔直书，心里想到什么，就写什么，写成了自己读读看，觉得很高兴，自以为还写得不坏，后来我把这些处女作拿给一位精于诗词的朋友看，请他批评，他仔细看了一遍后，很坦白地告诉我说："你的诗词未尝不能做，只是你现在所做的还要不得。"我就问他："毛病在哪里呢？"他说："你的诗词都来得太容易，你没有下过力，你喜欢取巧，显小聪明。"听了这话，我捏了一把冷汗，起初还有些不服，后来对于前人作品多费过一点心思，才恍然大悟那位朋友批评我的话真是一语破的。我的毛病确实在没有下过力。我过于相信自然流露，没有知道第一次浮上心头的意思往往不是最好的意思，第一次浮上心头的词句也往往不是最好的词句。意境要经过洗炼，表现意境的词句也要经过推敲，才能脱去渣滓，达到精妙境界。洗炼推敲要吃苦费力，要朝抵抗力最大的路径走。福楼拜自述写作的辛苦说："写作要超人的意志，而我却只是一个人！"我也有同样感觉，我缺乏超人的意志，不能拼死力往里钻，只朝抵抗力最低的路径走。

这一点切身的经验使我受到很深的感触。它是一种失败，然而从这种失败中我得到一个很好的教训。我觉得不但在文艺方面，就在立身处世的任何方面，贪懒取巧都不会有大成就，要有大成就，必定朝抵抗力最大的路径走。

"抵抗力"是物理学上的一个术语。凡物在静止时都本其固有"惰性"而继续静止，要使它动，必须在它身上加"动力"，动力愈大，动愈速愈远。动的路径上不能无抵抗力，凡物的动都朝抵抗力最低的方向。如果抵抗力大于动力，动就会停止，抵抗力纵是低，聚集起来也可以使动力逐渐减少以至于消灭，所以物不能永动，静止后要它续动，必须加以新动力。这是物理学上一个很简单的原理，也可以应用到人生上面。人像一般物质一样，也有惰性，要想他动，也必须有动力。人的动力就是他自己的意志力。意志力愈强，动愈易成功；意志力愈弱，动愈易失败。不过人和一般物质有一个重要的分别：一般物质的动都是被动，使它动的动力是外来的；人的动有时可以是主动，使他动的意志力是自生自发自给自足的。在物的方面，动不能自动地随抵抗力之增加而增加；在人的方面，意志力可以自动地随抵抗力之增加而增加，所以物质永远是朝抵抗力最低的路径走，而人可以朝抵抗力最大的路径走。物的动必终为抵抗力所阻止，而人的动可以不为抵抗力所阻止。

照这样看，人之所以为人，就在能不为最大的抵抗力所屈服。

我们如果要测量一个人有多少人性，最好的标准就是他对于抵抗力所拿出的抵抗力，换句话说，就是他对于环境困难所表现的意志力。我在上文说过，人可以朝抵抗力最大的路径走，人的动可以不为抵抗力所阻。我说"可以"不说"必定"，因为世间大多数人仍是惰性大于意志力，欢喜朝抵抗力最低的路径走，抵抗力稍大，他就要缴械投降。这种人在事实上失去最高生命的特征，堕落到无生命的物质的水平线上，和死尸一样东推东倒，西推西倒。他们在道德、学问、事功各方面都决不会有成就，万一以庸庸得厚福，也是叨天之幸。

人生来是精神所附丽的物质，免不掉物质所常有的惰性。抵抗力最低的路径常是一种引诱，我们还可以说，凡是引诱所以能成为引诱，都因为它是抵抗力最低的路径，最能迎合人的惰性。惰性是我们的仇敌，要克服惰性，我们必须动员坚强的意志力，不怕朝抵抗力最大的路径走。走通了，抵抗力就算被征服，要做的事也就算成功。举一个极简单的例子。在冬天早晨，你睡在热被窝里很舒适，心里虽知道这应该是起床的时候而你总舍不得起来。你不起来，是顺着惰性，朝抵抗力最低的路径走。被窝的暖和舒适，外面的空气寒冷，多躺一会儿的种种借口，对于起床的动作都是很大的抵抗力，使你觉得起床是一件天大的难事。但是你如果下一个决心，说非起来不可，一耸身你也就起来了。这一起来事情虽小，却表示你对于最大抵抗力的征服，你的企图的成功。

这是一个琐屑的事例，其实世间一切事情都可作如此看法。历史上许多伟大人物所以能有伟大成就，大半都靠有极坚强的意志力，肯向抵抗力最大的路径走。例如孔子，他是当时一个大学者，门徒很多，如果他贪图个人的舒适，大可以坐在曲阜过他安静的学者的生活。但是他毕生东奔西走，席不暇暖，在陈绝过粮，在匡遇过生命的危险，他那副奔波劳碌栖栖遑遑的样子颇受当时隐者的嗤笑。他为什么要这样呢？就因为他有改革世界的抱负，非达到理想，他不肯甘休。《论语》长沮、桀溺章最足见出他的心事。长沮、桀溺二人隐在乡下耕田，孔子叫子路去向他们问路，他们听说是孔子，就告诉子路说："滔滔者天下皆是也，而谁以易之！"意思是说，于今世道到处都是一般糟，谁去理会它、改革它呢？孔子听到这话叹气说："鸟兽不可与同群，吾非斯人之徒与而谁与？天下有道，丘不与易也。"意思是说，我们既是人就应做人所应该做的事；如果世道不糟，我自然就用不着费气力去改革它。孔子平生所说的话，我觉得这几句最沉痛、最伟大。长沮、桀溺看天下无道，就退隐躬耕，是朝抵抗力最低的路径走，孔子看天下无道，就牺牲一切要拼命去改革它，是朝抵抗力最大的路径走。他说得很干脆，"天下有道，丘不与易也"。

再如耶稣，从《新约》中四部《福音》看，他的一生都是朝抵抗力最大的路径走。他抛弃父母兄弟，反抗当时旧犹太宗教，攻击当时的社会组织，要在慈爱上建筑一个理想的天国，受尽种种困难艰苦，到最后牺牲了性命，都不肯放弃了他的理想。在他的生命史中有一段是一发千钧的危机。他下决心要宣传天国福音后，跑到沙漠里苦修了四十昼夜。据他的门徒的记载，这四十昼夜中他不断地受恶魔引诱。恶魔引诱他去争尘世的威权，去背叛上帝，崇拜恶魔自己。耶稣经过四十昼夜的挣扎，终于拒绝恶魔的引诱，坚定了对于天国的信念。从我们非教徒的观点看，这段恶魔引诱的故事是一个寓言，表示耶稣自己内心的冲突。横在他面前的有两条路：一是上帝的路，一是恶魔的路。走上帝的路要牺牲自己，走恶魔的路他可以握住政权，享受尘世的安富尊荣。经过了四十昼夜的挣扎，他决定了走抵抗力最大的路——上帝的路。

我特别在耶稣生命中提出恶魔引诱的一段故事，因为它很可以说明宋明理学家所说的天理与人欲的冲突。我们一般人尽善尽恶的不多见，性格中往往是天理与人欲杂糅，有上帝也有恶魔，我们的生命史常是一部理与欲、上帝与恶魔的斗争史。我们常在歧途徘徊，理性告诉我们向东，欲念却引诱我们向西。在这种时候，上帝的势力与恶魔的势力好像摆在天平的两端，见不出谁轻谁重。这是"一发千钧"的时候，"一失足即成千古恨"，一挣扎立即可成圣贤豪杰。如果要上帝的那一端天平沉重一点，我们必须在上面加一点重量，这重量就是拒绝引诱、克服抵抗力的意志力。有些人在这紧要关头拿不出一点意志力，听惰性摆布，轻轻易易地堕落下去，或是所拿的意志力不够坚决，经过一番冲突之后，仍然向恶魔缴械投降。例如洪承畴本是明末一个名臣，原来也很想效忠明朝，恢复河山。清兵入关后，大家都预料他以死殉国，清兵百计劝诱他投降，他原也很想不投降，但是到最后终于抵不住生命的执着与禄位的诱惑，做了明朝的汉奸。再举一个眼前的例子，汪精卫前半生对于民族革命很努力，当这次抗战开始时，他广播演说也很慷慨激昂。谁料到他的利禄熏心，一经敌人引诱，就起了卖国叛党的坏心事。依陶希圣的记载，他在上海时似仍感到良心上的痛苦，如果他拿出一点意志力，即早回头，或以一死谢国人，也还不失为知过能改的好汉。但是他拿不出一点意志力，就认错就错，甘心认贼作父。世间许多人失节败行，都像汪精卫、洪承畴之流，在紧要关头，不肯争一口气，就马马虎虎地朝抵抗力最低的路径走。

这是比较显著的例子，其实我们涉身处世，随时随地目前都横着两条路径，一是抵抗力最低的，一是抵抗力最大的。比如当学生，不死心踏地去做学问，只敷衍功课，混分数文凭；毕业后不拿出本领去替社会服务，只奔走巴结，夤缘幸进，以不才而在高位；做事时又不把事当事做，只一味因循苟且，敷衍公事，甚至于贪污淫逸，遇钱即抓，不管它来路正当不正当——这都是放弃抵抗力最大的路径而走抵抗力最低的路径。这种心理如充类至尽，就可以逐渐使一个人堕落。我常穷究目前中国社会腐败的根源，以为一切都由于懒。懒，所以苟且因循敷衍，做事不认真；懒，所以贪小便宜，以不正当的方法解决个人的生计；懒，所以随俗浮沉，一味圆滑，不敢为正义公道奋斗；懒，所以遇引诱即堕落，个人生活无纪律，社会生活无秩序。知识阶级懒，所以文化学术无进展；官吏懒，所以政治不上轨道；一般人都懒，所以整个社会都"吊儿郎当"，暮气沉沉。懒是百恶之源，也就是朝抵抗力最低的路径走。如果要改造中国社会，第一件心理的破坏工作是除懒，第一件心理的建设工作是提倡奋斗精神。

生命就是一种奋斗，不能奋斗，就失去生命的意义与价值；

能奋斗，则世间很少有不能征服的困难。古话说得好，"有志者事竟成"。希腊最大的演说家是德摩斯梯尼，他生来口吃，一句话也说不清楚，但他抱定决心要成为一个大演说家，他天天一个人走到海边，向着大海练习演说，到后来居然达到了他的志愿。这个实例阿德勒派心理学家常喜援引。依他们说，人自觉有缺陷，就起"卑劣意识"，自耻不如人，于是心中就起一种"男性的抗议"，自己说我也是人，我不该不如人，我必用我的意志力来弥补天然的缺陷。阿德勒派学者用这原则解释许多伟大人物的非常成就，例如聋子成为大音乐家，瞎子成为大诗人之类。我觉得一个人的紧要关头在起"卑劣意识"的时候。起"卑劣意识"是知耻，孔子说得好，"知耻近乎勇"。但知耻虽近乎勇而却不是勇。能勇必定有阿德勒派所说的"男性的抗议"。"男性的抗议"就是认清了一条路径上抵抗力最大而仍然勇往直前，百折不挠。许多人虽天天在"卑劣意识"中过活，却永不能发"男性的抗议"，只知怨天尤人，甚至于自己不长进，希望旁人也跟着他不长进，看旁人长进，只怀满肚子醋意。这种人是由知耻回到无耻，注定的要堕落到十八层地狱，永不超生。

能朝抵抗力最大的路径走，是人的特点。人在能尽量发挥这特点时，就足见出他有富裕的生活力。一个人在少年时常是朝气勃勃，有志气，肯干，觉得世间无不可为之事，天大的困难也不放在眼里。到了年事渐长，受过了一些磨折，他就逐渐变成暮气沉沉，意懒心灰，遇事都苟且因循，得过且过，不肯出一点力去奋斗。一个人到了这时候，生活力就已经枯竭，虽是活着，也等于行尸走肉，不能有所作为了。所以一个人如果想奋发有为，最好是趁少年血气方刚的时候，少年时如果能努力，养成一种勇往直前百折不挠的精神，老而益壮，也还是可能的。

一个人的生活力之强弱，以能否朝抵抗力最大的路径为准，一个国家或是一个民族也是如此。这个原则有整个的世界史证明。姑举几个显著的例，西方古代最强悍的民族莫如罗马人，我们现在说到能吃苦肯干，重纪律，好冒险，仍说是"罗马精神"。因其有这种精神，所以罗马人东征西讨，终于统一了欧洲，建立一个庞大的殖民帝国。后来他们从殖民地获得丰富的资源，一般罗马公民都可以坐在家里不动而享受富裕的生活，于是变成骄奢淫逸，无恶不为，一到新兴的"野蛮"民族从欧洲东北角向南侵略，罗马人就毫无抵抗而分崩瓦解。再如满清，他们在入关以前过的是骑猎生活，民性最强悍，很富于吃苦冒险的精神，所以到明末张李之乱社会腐败紊乱时，他们以区区数十万人之力就能入主中原。可是他们做了皇帝之后，一切皇亲国戚都坐着不动吃皇粮，享大位，过舒服生活，不到三百年，一个新兴民族就变成腐败不堪，辛亥革命起，我们就轻轻易易地把他们推翻了。我们如果要明白一个民族能够堕落到什么地步，最好去看看北平的旗人。

我们中华民族在历史上经过许多波折，从周秦到现在，没有哪一个时代我们不遇到很严重的内忧，也没有哪一个时代我们没有和邻近的民族挣扎，我们爬起来蹶倒，蹶倒了又爬起，如此者已不知若干次。从这简单的史实看，我们民族的生活力确实很强旺，它经过不断的奋斗才维持住它的生存权。这一点祖传的力量是值得我们尊重的。

于今我们又临到严重的关头了。横在我们面前的只有两条路，一是汪精卫和一班汉奸所走的，抵抗力最低的，屈服；一是我们全民族在蒋委员长领导之下所走的，抵抗力最大的，抗战。我相信我们民族的雄厚的生活力能使我们克服一切困难。不过我们也要明白，我们的前途困难还很多，抗战胜利只解决困难的一部分，还有政治、经济、文化、教育各方面的建设工作还需要更大的努力。一直到现在，我们所拿出来的奋斗精神还是不够。因循、苟且、敷衍，种种病象在社会上还是很流行。我们还是有些老朽，我们应该趁早还童。

孟子说："天将降大任于斯人也，必先苦其心志，劳其筋骨，饿其体肤，空乏其身，行拂乱其所为，所以动心忍性，增益其所不能。"于今我们的时代是"天将降大任于斯人"的时代了，孟子所说的种种磨折，我们正在亲领身受。我希望每个中国人，尤其是青年们，要明白我们的责任，本着大无畏的精神，不顾一切困难，向前迈进。

谈青年的心理病态

这题目是一位青年读者提议要我谈的。他的这个提议似显示青年们自己感觉到他们在心理上有毛病。这毛病究竟何在，是怎样酝酿成的，最好由青年们自己作一个虚心的检讨。我是一个中年人，和青年人已隔着一层，现时代和我当青年的时代也迥然有别，不能全据私人追忆到的经验，刻舟求剑似地去臆测目前的事实。我现在所谈的大半根据在教书任职时的观察，观察有时不尽可据，而且我的观察范围限于大学生。我希望青年读者们拿这旁观者的分析和他们自己的自我检讨比较，并让我知道比较的结果。这于他们自己有益，于我更有益。

一个人的性格形成，大半固靠自己的努力，环境的影响也不可一笔抹杀。"豪杰之士虽无文王犹兴"，但是多数人并非豪杰之士，就不能不有所凭借。很显然地，现时一般青年所可凭借的实太薄弱。他们所走的并非玫瑰之路。

先说家庭。多数青年一入学校，便与家庭隔绝，尤其是来自沦陷区域的。在情感上他们得不到家庭的温慰。抗战期中一般人都感受经济的压迫,衣食且成问题,何况资遣子弟受教育。在经济上他们得不到家庭的援助。父兄既远隔,又各各为生计所迫,终日奔波劳碌,既送子弟入学校,就把一切委托给学校,自己全不去管。在学业品行上他们得不到家庭的督导。这些还只是消极的,有些人能受到家庭影响的,所受的往往是恶影响。父兄把教育子弟当作一种投资,让他们混资格去谋衣食,子弟有时顺承这个意旨,只把学校当作进身之阶,此其一。父兄有时是贪官污吏或土豪劣绅,自己有许多恶习,让子弟也染着这些恶习,此其二。中国家庭向来是多纠纷,而这种纠纷对于青年人常是隐痛,易形成心理的变态,此其三。

次说社会国家。中国社会正当新旧交替之际,过去封建时代的许多积弊恶习还没有涤除净尽,贪污腐败欺诈凌虐的事情处处都有。青年人心理单纯,对于复杂的社会不能了解。他们凭自己的单纯心理,建造一种难于立即实现的社会理想,而事实却往往与这理想背驰,他们处处感觉到碰壁,于是失望、怀疑、悲观等情绪源源而来。其次,青年人富于感受性,少定见,好言是非而却不真能辨别是非,常轻随流俗转移,有如素丝,染于青则青,染于黄则黄。社会既腐浊,他们就不知不觉地跟着它腐浊。总之,目前环境对于纯洁的青年是一种恶性刺激,对于意志薄弱的青年是一种恶性引诱。加以国家处在危难的局面,青年人心里抱着极大的希望,也怀着极深的忧惧。他们缺乏冷静的自信,任一股热情鼓荡,容易提升到高天,也容易降落到深渊。一个人迭次经过这种疟疾式的暖冷夹攻,自然容易变成虚弱,在身体方面如此,在精神方面也如此。

　　再次说学校。教育必以发展全人为宗旨，德育、智育、美育、群育、体育五项应同时注重。就目前实际状况说，德育在一般学校等于具文，师生的精力都集中于上课，专图授受知识，对于做人的道理全不讲究。优秀青年感觉到这方面的缺乏而彷徨，顽劣青年则放纵恣肆，毫无拘束。即退一步言智育，途径亦多错误，灌输多于启发，浅尝多于深入，摹仿多于创造，揣摩风气多于效忠学术。在抗战期中，师资与设备多因陋就简，研究的风气尤不易提高。向学心切者感觉饥荒，凡庸者敷衍混资格。美育的重要不但在事实上被忽略，即在理论上亦未被充分了解。我国先民在文艺上造就本极优越，而子孙数典忘祖，有极珍贵的文艺作品而不知欣赏，从事艺术创作者更寥寥。大家都迷于浅狭的功利主义，对文艺不下功夫，结果乃有情操驳杂、趣味卑劣、生活干枯、心灵无寄托等种种现象。群育是吾国人向来缺乏的，现代学校教育对此亦毫无补救。一般学校都没有社会生活，教师与学生相视如路人，同学彼此也相视如路人。世间大概没有比中国大学教授与学生更孤僻更寂寞的一群动物了。体育的忽略也不自今日始，有些学生们还在鄙视运动，黄皮刮瘦几乎是知识阶级的标帜。抗战中忽略运动之外又添上缺乏营养。我常去参观学生吃饭，七八人一席只有一两碗无油的蔬菜，有时甚至只有白饭。吃苦本是好事，亏损虚弱却不是好事。青年人正当发育时期，日复一日年复一年地缺乏最低限度的营养，结果只有亏损虚弱，甚至于疾病死亡。心理的毛病往往起于生理的毛病，生理的损耗必酿成心理的损耗。

这问题有关于民族的生命力，凡是有远见的教育家与政治家都不应忽视。

家庭、社会、国家和学校对于青年人的影响如上所述。在这种情形之下，青年人在心理方面发生下列几种不健康的感觉。

第一是压迫感觉。青年人当生气旺盛的时候，有如春日的草木萌芽，需要伸展与生长，而伸展与生长需要自由的园地与丰富的滋养。如果他们像墙角生出来的草木，上面有沉重的砖石压着，得不着阳光与空气，他们只得黄瘦萎谢，纵然偶尔能费力支撑，破石罅而出，也必变成臃肿拳曲，不中绳墨。不幸得很，现代许多青年都恰在这种状况之下出死力支撑层层重压。家庭对于子弟上进的企图有时作不合理的阻挠，社会对于勤劳的报酬不尽有保障，国家为着政策有时须限制思想与言论的自由，学校不能使天赋的聪明与精力得充分发展，国家前途与世界政局常纠缠不清，强权常歪曲公理。这一切对于青年人都是沉重的压迫，此外又加上经济的艰窘，课程的繁重，营养缺乏所酿成的体质羸弱，真所谓"双肩上公仇私仇，满腔儿家忧国忧"。一个人究竟有几多力量，能支撑这层层重压呢？撑不起，却也推不翻，于是都积成一个重载，压在心头。

其次是寂寞感觉。人是富于情感的动物，人也是群居的动物，所以人需要同类的同情心最为剧烈。哲学家和宗教家抓住这一点，所以都以仁爱立教。他们知道人类只有在仁爱中才能得到真正幸福。青年人血气方刚，同情的需要比中年人与老年人更为迫切。我们已经说过，现代中国青年不常能得到家庭的温慰，在学校里又缺乏社会生活，他们终日独行踽踽，举目无亲，人生最强烈的要求不能得到最低限度的满足，他们心里如何快乐得起来呢？这里所谓"同情心"包含异性的爱在内。男女中间除着人类同情心的普遍需要之外，又加上性爱的成分，所以情谊一旦投合，便特别坚强。这是一个极自然的现象，不容教育家们闭着眼睛否认或推翻。我们所应该留意的是施以适当教育，因势利导，纳于正轨，不使其泛滥横流。这些年来我们都在采男女同学制，而对于男女同学所有的问题未加精密研究，更未予以正确指导。结果男女中间不是毫无来往，便是偷偷摸摸地来往。毫无来往的似居多数，彼此摆在面前，徒增一种刺激。许多青年人的寂寞感觉，细经分析起来，大半起于异性中缺乏合理而又合体的交际。

第三是空虚感觉。"自然厌恶空虚"，这个古老的自然律可应用于物质，也可应用于心灵。空虚的反面是充实，是丰富。人生要充实丰富，必须有多方的兴趣与多方的活动。一个在道德、学问、艺术或事业方面有浓厚兴趣的人，自然能在其中发现至乐，绝不会感觉到人生的空虚。宋儒教人心地常有"源头活水"，此心须常是"活泼泼的"。又教人玩味颜子在箪食瓢饮的情况之下"所乐何事"，用意都在使内心生活充实丰富。据近代一般心理学家的见解，艺术对于充实内心生活的功用尤大，因为它帮助人在事事物物中都可发现乐趣。观照就是欣赏，而欣赏就是快乐。现在一般青年人对学术既无浓厚兴趣，对艺术及其他活动更漠不置意，生活异常干枯贫乏，所以常感到人生空虚。此外又加上述的压迫与寂寞，使他们追问到人生究竟，而他们的单纯头脑所能想出的回答就是"空虚"。他们由自己个人的生活空虚推论到一般人生的空虚，犯着逻辑学家所谓"以偏概全"的错误。个人生活的空虚往往是事实，至于一般人生是否空虚则大有问题，至少历史上许多伟大人物不是这么想。

以上所说的三种不健康的感觉都有几分是心病，但是它们所产生的后果更为严重。在感觉压迫、寂寞和空虚中，青年人始而彷徨，身临难关而找不着出路，踌躇不知所措；继而烦闷，仿佛以为家庭、社会、国家、学校以至于造物主，都有意在和他们为难，不让他们有一件顺心事，于是对一切生厌恶，动辄忧郁、烦躁、苦闷；继而颓唐麻木，经不起一再挫折，逐渐失去辨别是非的敏感与向上的意志，随世俗苟且敷衍，以"世故"为智慧，视腐浊为人情之常。彷徨犹可抉择正路，烦闷犹可力求正路，到了颓唐麻木，就势必至于堕落，无可救药了。我不敢说现在多数青年都已到了颓唐麻木的阶段，但是我相信他们都在彷徨烦闷，如果不及早振作，离颓唐麻木也就不远了。继之，我感觉到现在青年人大半缺乏青年人所应有的朝气，对一切缺乏真正的兴趣和浓厚的热情。他们的志向大半很小，在学校只求敷衍毕业，以后找一个比较优裕的差缺，姑求饱暖舒适，就混过这一生。自然也偶尔遇着少数的例外，但少数例外优秀的青年势孤力薄，不能造成一种风气。现时代的青年，就他们所表现的精神而论，绝不能担当起现时代的艰巨任务。这是有心人不能不为之忧惧的。

这种现状究竟如何救济呢？照以上的分析，病的成因远在家庭、社会、国家与学校所给的不良的影响,近在青年人自己承受这影响而起的几种不健康的感觉。治本的办法当然是改良环境的影响,尤其是学校教育。这要牵涉到许多问题,非本文所能详谈。这里我只向青年人说话,说的话限于在我想是他们可以受用的,就是他们如何医治自己,拯救自己。

第一,青年人对于自己应有勇气负起责任。我们旁观者分析青年人的心理性格,把环境影响当作一个重要的成因,是科学家所应有的平正态度。但是我们也必须补充一句,环境影响并非唯一的决定因素,世间有许多人所受的环境影响几乎完全相同而成就却有天渊之别,这就是证明个人的努力可以胜过环境的影响。青年们自己不应该把自己的失败完全推诿到环境影响,如果这样办,那就是对自己不负责任,为自己不努力去找借口。我们旁观者固不能以豪杰之士期待一切青年,但是每一个青年自己却不应只以庸碌人自期待。旁人在同样环境之下所能达到的成就,他如果达不到,他就应自引以为耻。对自己没有勇气负责的人在任何优越环境之下,都不会有大成就。对自己负责任,是一切向上心的出发点。

其次,青年人应知实事求是,接受当前事实而谋应付,不假想在另一环境中自己如何可以显大本领,也不把自己现在不能显本领的过失推诿到现实环境。自己所处的是甲境,应付不好,聊自宽解说:"如果在乙境,我必能应付好。"这是"文不对题",仍是变态心理的表现。举个具体的例:问一位青年人为什么不努力做学问,他回答说:"教员不好,图书不够,饭没有吃饱。"这样一来,他就把责任推诿得干干净净了。他应该知道,教员不好,图书不够,饭没有吃饱,这些都是事实,他须接受这些事实去应付。如果能设法把教员换好,图书买够,饭吃饱,那固然再好没有;如果这些一时为事实所不允许,他就得在教员不好,图书不够,饭没有吃饱的事实条件之下,研究一个办法,看如何仍可读书做学问。他如果以为这样的事实条件不让他能读书做学问,那就是承认自己的失败;如果只假想在另一套事实条件之下才读书做学问,那就是逃避事实而又逃避责任。

第三,青年人应明了自己的心病须靠自己努力去医治。法国有一位心理学家——库埃——发明了一种自治疗术,叫作"自暗示"。依这个方法,一个人如果有什么毛病,只要自己常专心存着自己必定好的念头,天天只朝好处想,绝不能朝坏处想,不久他自会痊愈。他实验过许多病人,无论所患的是生理方面的或是心理方面的病,都特有奇效。他的实验可证明自信对于一个人的心理影响非常之大。自信是一个不幸的人,就随时随地碰着不幸事,自信是一个勇敢的人,世间便无不可征服的困难。许多青年人所缺乏的正是自信心。没有自信心就没有勇气,困难还没有临头就自认失败。

比如上文所说的三种不健康的感觉,都并非绝对不可避免的。如果能接受事实,有勇气对自己负责任,尽其在我,不计成败,则压迫感觉不至发生。每个人都需要同情,如果每个人都肯拿一点同情出来对付四周的人，则大家互有群居之乐，寂寞感觉不至发生。人生来需要多方活动，精力可发泄，心灵有寄托，兴趣到处泉涌，则生活自丰富，空虚感觉不至发生。这些事都不难做到，一般青年人所以不能做到者，原因就在没有自信，缺乏勇气，不肯努力。

个人本位与社会本位的伦理观

社会由个人集合而成,而个人亦必生存于社会。由前一点说,个人是主体,社会是扩充;由后一点说,社会是主体,个人是附庸。粗略地说,中国传统的伦理思想偏重前一个看法,西方传统的伦理思想偏重后一个看法。

中国思想界最占势力的是道家与儒家。道家思想有两个基本原则:一是极端的自然主义,一是极端的个人主义。唯其偏重自然主义,所以蔑视制度文为。一切都应任其自然,无为而治,凡是制度文为都是不必要的纷扰,我们必须把它们丢开,回到"自然状态"中的浑朴真纯,才能达到太平安乐景象。唯其侧重个人主义,所以蔑视社会。虽说"大患在于有身",而身究竟贵于天下一切,尊生贵己,长生久视,是道家极重视的一套功夫。"民至老死不相往来",自然说不到个人转移社会,更说不到社会影响个人。老子所谓"我无为而民自化,我无事而民自富,我无欲而民自朴",其实并非有所作为,不过人人各安其所,把文化与生活需要降到极低限度,互不侵犯,"共存共荣"而已。道家反对社会,所以反对适用于社会的一切美德如仁义礼智之类。他们的理想是"遗世独立"、"超然物表",儒家与道家彻底不同的地方在淑世心切,极重有为,要把世界由"自然状态"提升到"文化状态"。但是儒家虽不倡个人主义,而论道德,说仁义,却全从个人本位出发。修身诚意,克己复礼,是基本功夫,齐家、治国、平天下不过是修身以后的效用。政治只是一种教育,而教育又只是人格感化。季康子问政,孔子回答说:"政者正也,子帅以正,孰敢不正?"己立立人,己达达人;达固可兼善天下,穷仍可独善其身。儒家所提倡的美德大半含有社会性,但是他们所着重的却不在它的社会性而在它对于个人修养的重要。比如说仁与敬是儒家所极重视的,仁必有对象,敬亦必有对象,但儒家并不着重仁与敬对于人(社会)的效用,而着重它们在个人内心是美德。儒家颇鄙视功利主义,很有"为道德而道德"的精神。

西方思想界最占优势的是希腊人所传下来的哲学系统和从希伯来所吸收过来的基督教。哲学支流虽多,谈伦理大半从社会本位出发。最显著的是柏拉图和黑格尔,他们都以为国家高于一切,个人幸福应以社会幸福为本。卢梭本是菲薄社会者,也说民约既成,个人意志即须受制于公众意志。近代西方人所提倡的自由似稍替个人主义助声势,但是他们的理想的自由,如穆勒所标榜的,是"最多数人的最大量的幸福",仍不脱社会本位的看法。至于基督教本是被压迫民族所酝酿成的一种宗教,在欧洲社会开始崩溃时流传到西方,其要义为平等博爱,实针对当时欧洲社会的病象,含有很浓厚的社会革命意味。耶稣被认为是救世主,他的受刑是为全人类赎罪。耶稣教徒的理想是天国的实现而不是个人的享乐。耶稣教所以深入人心的原因,除着提出与现实黑暗世界相对照的一个光明灿烂的天国以外，还有同教门中的极强烈的"兄弟感"。总之，耶稣教之成功，正因其是从社会本位出发的宗教。哲学与宗教在西方所以走到侧重社会的方向，原因大概在西方国小，个人与社会的关系易于感觉到，"道德"（morality）一词在西文原义本为"习俗"。近代西方伦理学家以为道德起于人与人的关系，离开社会便无道德可言，甚至有人以为行为之为善为恶，就看他对于社会有益或有害；社会学家以为道德只是社会习俗所逐渐演成的，变其所以然为其所当然，所以伦理学应由规范科学变为自然科学；政治经济学家以为人的好坏大半由于社会环境，说到究竟，个人的道德责任应由社会担负起，要改善个人，先要改善社会。

这两种不同的看法形成中西文化思想的两种不同的类型，中国人侧重个人本位，所以道德的观念特别浓厚，政治法律思想多从伦理思想出发，伦理学与政治学、法律学有一个一贯的条理。西方人侧重社会本位，所以法的观念特别浓厚，伦理思想常为政治法律思想所左右，在大哲学家的系统中，政治、法律、伦理虽亦彼此呼应，而普通伦理学所讲的是一回事，政治学和法律学所讲的又另是一回事，彼此很少关联。

人是社会的动物，他是一个人，也是社会一分子，我们的基本问题有两个：一、离开社会一分子的地位，一个人在人的地位有无道德修养可言呢？二、一个人在社会一分子的地位所表现的道德修养，是否要根据他在人的地位所表现的道德修养呢？中国传统思想对于这两个问题向来予以很肯定的答复。西方思想或是忽略这两个思想，或是根本否认它们有何意义。这两种思想类型各有其环境背景，我们不必武断地加以评价；而且说到类型，都不免普泛粗略，中国人也未尝不偶有从社会本位出发，西方人也未尝不偶有从个人本位出发。不过就大体说，中国人以为一个人须先自己是一个好人，对社会才会是好人，个人好，社会才能好；西方人认为一个人对于社会是好人，才算得是好人；社会好，个人就容易好。他们同以人好与社会好为理想，不过着重点不同，我们可以借用物理学的术语说，中国人的伦理观是"离心的"，由内而外的；西方人的伦理观是"向心的"，由外而内的。

这两种看法也可以说不只是中西的分别，而是新旧的分别。很显然的，在西方偏重社会本位的看法到现代更加彰明较著，中国人近来受西方思想的影响，也逐渐倾向社会本位的看法，这也是自然的趋势。文化愈前进，社会组织愈繁复而严密，社会的势力日渐大，个人的力量也就日渐小，在现代情况之下，以个人转移社会较难，以社会转移个人则甚易。我们的问题是：在现代情况之下，假如一个社会坏到不易收拾的地步，有什么原动力可以收拾它，改善它呢？依中国传统的看法，人存则政举，转移风化必赖贤哲，在一个坏的社会中，如果有少数个人敦品励行，标出一个好榜样，使多数人逐渐受感化，造成一个新风气，然后那个社会自然会变好。依一部分西方学者的看法，社会自身本其固有的力量逐渐转变，它所潜藏的弱点就是它向另一个方向转变的萌芽，正反相成，新陈代谢，否极自然泰来。比如封建社会到走不通时，自然会转变到近代国家社会；农业社会到走不通时，自然会转变到工业社会；私产社会走不通时，自然会转变到企业公营社会。每阶段的社会有它的特殊理想和道德观念。照这个看法，社会是能以自力更生的有机体，所谓"自力"就是物质条件，物质条件

个人本位与社会本位的伦理观 | 159

的大势所趋有如排山倒海，人力（至少是个人的力量）是无可如之何的。

总之，社会转变不出两种方式，或由自变，或由人变。这两种方式也并不必彼此冲突。我们承认社会本身有一个常趋转变的大势，同时，我们也不能否认少数人的努力也往往可以促成、延滞或移转这个大势。"时势造英雄，英雄亦造时势"。这句老话究竟不错。极端的唯物史观不能使我们满意，就因为它多少是一种定命论，它剥夺了人的意志自由，也就取消了人的道德责任和努力的价值。我们必须承认人力可以改造社会，然后我们遇着环境的困难才不会绝望，而我们的努力也才有意义与价值，我们也才能够说：把这世界安排得较合理想一点，是我们每个人的责任。

我特别提出这个问题来谈，用意是在解答目前一般人所最焦虑的一个问题：中国社会如何可以变好呢？多数青年着眼到社会的黑暗一方面，在这问题面前彷徨、苦闷，以至于绝望。在他们看，这社会积弊太深，积重难返，对于每个人是一种推不翻的重压，纵然有少数人的努力也是独木难支大厦，这种心理是必须彻底消除的。我从前曾写过一段话，现在还觉得不错："社会愈恶愈需要有少数特立独行的人们去转移风气。一个学校里学生纵然十人有九人奢侈，一个俭朴的学生至少可以显出奢侈与俭朴的分别；一个机关的官吏纵然十人有九人贪污，一个清严的官吏至少可以显出贪污与清严的分别。好坏是非都由相形之下见出。一个社会到了腐败的时候，大家都跟旁人向坏处走，没有一个人反抗潮流，势必走到一般人完全失去是非好坏分别的意识，而世间便无所谓羞耻事了。所以全社会都坏时，如果有一个好人存在，他的意义与价值是不可测量的。"世间事有因就必有果,种下善因,迟早必得善果。物理的力不灭,精神的力更不灭,它能够由一人而感发十人百人以至于无数人。所谓"风气"就是这样培养成的。

要复兴中国民族,我们必须在青年心理中养成对于个人努力的信任。道理原来很简单,分子不健全,团体绝不会健全,我们的环境日渐其难,不努力绝不能侥幸成功。现在许多人仍妄存侥幸的心理,以为我们在竞存的世界中,纵然没有能力,还可以卖老招牌,充空心大佬馆,或是以为我们自己纵然无能,旁人也许会慷慨好施,助我们立国。这种心理最荒唐也最危险。将来我们的生存权必寄托于全民族每个分子的努立,这是确无疑义的天经地义。借自己的努力,艰苦卓绝地奋斗到底,以求征服一切环境困难,达到我们所追求的理想,这是我们所应崇奉的英雄主义。依照这种英雄主义,我们必须尊敬而且维护社会上一切环境困难而能挺身奋斗者,必须鄙弃而且消灭社会上一切侥幸苟安者、夤缘幸进者和颓废因循者。社会像生物一样,寄生虫愈多,也就愈易枯朽。无功受禄者与不才而在高位者都是社会的寄生虫,他们日蛀蚀,夜蛀蚀,终究会将社会蛀蚀成枯壳。关于这一点,我觉得政教当局须特别注意,为着自树声势而多引用或扶助一个无品学的青年,便是多奖励一分苟且侥幸的心理,多打消一分艰苦奋斗的精神。这种办法可危及国家命脉,我们当知警惕。

我个人深切地感觉到中国社会所以腐浊,实由我们人的质料太差,学问、品格、才力,件件都经不起衡量。要把中国社会变好,第一须先把人的质料变好。我并不敢菲薄现代青年,我总觉得现代青年大半仍在鼓里过日子,没有明白自己的责任,更不肯出死力去尽自己的责任，多数人徒以学校为进身干禄之阶，品格固不砥砺，学问也止于浅尝肤受。这种风气必须改变过，中国才真正有希望。改变风气是教育的事，但是教育却不仅是学校的事。学问固然应该多给青年们以良好的影响，而学校以外的政教当局与整个社会也应该少给青年们以不良的影响。在过去，学校与社会都显然没有充分地尽他们的责任，应该自惭的地方甚多，彼此都需要严厉的自省与自责。

我近来读了两部基督教会史，心里颇多感触。耶稣和他的十二门徒与早期神父，除着圣保罗以外，大半出身下层社会，没有什么学问。他们处境又非常困难，内受犹太同胞的倾轧，外受罗马政权的凌虐。然而在三四百年间，他们的势力遍于全欧，五六百年间，他们的传教士远达于中国长安，使耶稣教成为世界文化中一个主要的因素，没有一个更好的实例可以使我们明白少数人的努力能造成弥漫一世的风气。可是我们也要记着早期基督教的神父的努力是如何艰苦卓绝！为着传布他们的信仰，他们赴汤蹈火，居隧道，饱猛兽，前仆后起，以牺牲性命为光荣。无论我们是否相信基督教，他们的精神确可令人闻风兴起。

我们不必需要宗教，但必须有宗教家布道的精神。十几个犹太平民居然调动了全世界，难道十几个有为有守的中国人就不能把中国社会改善么？我们需要救世主，这救世主必定是少数人而不是全社会，而少数人却必有替人类担荷罪孽不惜牺牲身家性命的决心。阿门！

谈处群（上）
——我们不善处群的病征

我们民族性的优点很多，只是不善处群。"一个和尚挑水吃，两个和尚抬水吃，三个和尚没水吃"，这个流行的谚语把我们民族性的弱点表现得最深刻。在私人企业方面，我们的聪明、耐性、刚毅力并不让人，一遇到公共事业，我们便处处暴露自私、孤僻散漫和推诿责任。这是我们的致命伤，要民族复兴，政治家和教育家首先应锐意改革的就在此点。因为民治就是群治，以不善处群的民族采行民治，必定是有躯壳而无生命，不会成功的。本文拟先分析不善处群的病征，次探病源，然后再求对症下药。

我们不善处群，可于以下数点见出：

一、社会组织力的薄弱。乌合之众不能成群，群必为有机体，其中部分与部分，部分与全体，都必有密切联络，息息相关，牵其一即动其余。社会成为有机体，有时由自然演变，也有时由人力造作。如果纯任自然，一个一盘散沙的民众可以永远保持散漫的状态。要他团结，不能不借人力。用人力来使一个群众团结，便是组织。群众全体同时自动地把自己团结起来，也是一件不易想象的事。大众尽管同时都感觉到组织团体的必要,而使组织团体成为事实,第一须先有少数人为首领导,其次须有多数人协力赞助。我们缺乏组织力,分析起来,就不外这两种条件的缺乏。社会上有许多应兴之利与应革之弊,为多数人所迫切地感觉到,可是尽管天天听到表示不满的呼声,却从没有一个人挺身而出,领导同表示不满的人们做建设或破坏的工作。比如公路上有一个缺口,许多人在那里跌过跤,翻过车,虽只需一块石头或一挑土可以填起,而走路行车的人们终不肯费一举手之劳。社会上许多事业不能举办,原因一例如此简单。"是非只因多开口,烦恼皆由强出头",这是我们的传统的处世哲学。事实也确实如此。尽管是大家共同希望的事,你如果先出头去做,旁人会对你加以种种猜疑、非难和阻碍。你显然顾到大众利益,却没有顾到某一部分人的自私心或自尊心,他们自己不能或不肯做领袖,却也不甘心让你做领袖。因此聪明人"不为物先",只袖手旁观,说说风凉话,而许多应做的事也就搁起。

二、社会德操的堕落。德原无分公私,是德行就必须影响到社会福利,这里所谓社会德操是指社会组织所赖以维持的德操。社会德操不能枚举,最重要的有三种:第一是公私分明。一个受公众信托的人有他的职权,他的责任在行使公众所赋予的职权,为公众谋利益。他自然也还可以谋私人的特殊利益,可是不能利用公众所赋予的职权。在我国常例,一个人做了官,就可以用公家的职位安插自己的亲戚朋友,拿公家的财产做私人的人情,营私人的生意,填私人的欲壑。这样假公济私,贪污作弊,便是公私不分。此外一个人的私人地位与社会地位应该有分别。比如父亲属政府党，儿子属反对党，在政治上尽管是对立，而在家庭骨肉的分际上仍可父慈子孝。古人大义灭亲，举贤不避亲，同是看清公私界限。现在许多人把私人的恩怨和政治上的是非夹杂不清。是我的朋友我就赞助他在政治上的主张和行动，是我的仇敌我就攻击他在政治上的主张和行动，至于那主张和行动本身为好为坏则漠不置问。我们的政治上许多"人事"的困难都由此而起，这也还是犯公私不分的毛病。第二个重要的社会德操是守法执礼的精神。许多人聚集成为一个团体，就有许多繁复的关系和繁复的活动。繁复就容易凌乱，凌乱就容易冲突。要在繁复之中见出秩序，必定有纪律，使易于凌乱者有条理，易于冲突者各守分相安。无纪律则社会不能存在，无尊重纪律的精神则社会不能维持。所谓纪律就是团体生活的合理的规范，它包含两大因素，一是国家（或其他集团）所制定的法，一是传统习惯所逐渐形成而经验证为适宜的礼。普通所谓"文化"在西文为 civilization，照字原说，就是"公民化"或"群化"。"群化"其实就是"法化"与"礼化"。一个民族能守法执礼，才能算是"开化的民族"，否则尽管他的物质条件如何优厚，仍不脱"未开化"的状态。目前我们大多数人似太缺乏守法执礼的精神。比如到车站买票，依先来后到的次序，事本轻而易举，可是一般买票者踊跃争先，十分钟可了的事往往要弄到几点钟才了；三言两语可了的事往往要弄到摩拳擦掌，头破血流才了，结果仍是不公平，并且十人坐的车要挤上三四十人，不管车子出事不出事。这虽是小事，但是这种不守秩序的精神处处可以看见，许多事之糟，就糟于此。第三个重要的社会德操是勇于表示意见，而且乐于服从多数议决案的精神，这可以说是理想的议会精神。民主政治的精义在每个公民有议政的权利。人愈多，意见就愈分歧。议政制度的长处就在让分歧的意见尽量地表现，然后经过充分的商酌，彼此逐渐接近融洽，产生一个比较合理比较可使多数人满意的办法。一个理想的公民在有机会参与议论时，应尽量地发表自己的意见，旁人错误时，我应有理由说服他，旁人有理由说服我时，我也承认自己的错误。经过仔细讨论之后，成立了议决案，我无论本来曾否同意，都应竭诚拥护到底。公民如果没有服从多数而打消自己的成见的习惯，民主政治绝不会成功，因为全体公民对于任何要事都有一致意见，是一件不容易的事。我们多数人很缺乏这种政治修养。在开会讨论一件事时，大家都噤若寒蝉，有时虽心不谓然而口却不肯说，到了议决案成立之后，才议论纷纷，埋怨旁人不该那样做，甚至别标一帜，任意捣乱。许多公众事业不易举办，这也是一个重要的原因。

三、社会制裁力的薄弱。任何复杂社会都不免有恶劣分子在内。坏人的破坏力常大于善人的建设力。在一个群众之中，尽管善人多而坏人少，多数善人成之而不足的事往往经少数坏人败之而有余。要加强善人的力量和减少坏人的力量，必须有强厚的社会制裁力。一个社会里不怕有坏人，而怕没有公是公非，让坏人横行无忌。社会制裁力可分三种：第一是道德风纪。每民族都有他的特殊历史环境所造成的行为理想与规范，成为一种烘炉烈焰，一个人投身其中，不由自主地受它熔化，一个民族的道德风纪就是他的共同目标，共同理想。这共同理想的势力愈坚强，那个民族的团结力就愈紧密，而其中各分子越轨害群的可能性也就愈小。这是最积极最深厚的社会制裁力。其次是法律。每民族对于最普遍的关系和最重要的活动都有明文或习惯规定，某事应该这样做，不应该那样做，是不容人以私意决定的。法有定准，则民知所率从。明知而故犯，法律上也有惩处的措施。一般人本大半可与为善，可与为恶，而事实上多数人不敢为恶者，就因为有法律的制裁。中国儒家素来尊德而轻法，其实为一般社会说法，法律是秩序的根据，绝不可少。第三是舆论。舆论就是公是公非。一个人做了好事会受舆论褒扬，做了坏事也免不掉舆论的指摘。人本是社会的动物，要见好于社会是人类天性。羞恶之心和西方人所谓"荣誉意识"是许多德行的出发点，其实仍是起于个人对社会舆论的顾虑。舆论自然也根据道德与法律，但是它的影响更较广泛，尤其是在近代交通发达、报纸流行的情况之下。在目前我国社会里，这三种社会制裁力却很薄弱。第一，我们当思想剧变之际，青黄不接，旧有道德信条多被动摇，而新的道德信条又还没有树立。行为既没有确定的标准，多数人遂恣意横行。在从前，至少在理论上，道德是人生要义；在现在，道德似成为迂腐的东西，不但行的人少，连谈的人也少。其次，法的精神贵贯彻，有一人破法，或有一事破法，法的权威便降落。我们民族对于法的精神素较缺乏，近来因社会变动繁复，许多事未上轨道，有力者往往挟其力以乱法，狡黠者往往逞其狡黠以玩法，法遂有只为一部分愚弱乡民而设之倾向。我们明知道社会中有许多不合法的事，但是无可如何。

第三，舆论的制裁须有两个重要条件。首先人民知识与品格须达到相当的水准，然后所发出的舆论才能真算公是公非。其次政府须给舆论以相当的自由。目前我们人民的程度还没有达到可造成健全舆论的程度。加以舆论本与道德法律有密切关系，道德与法律的制裁力弱，舆论也自然失其凭依。我们的社会中虽不是绝对没有公是公非，而距理想却仍甚远。一个坏人在功利的观点看，往往是成功的人，社会徒惊羡他的成功而抹杀他的坏。"老实"义为"无用"，"恭谨"看成"迂腐"，这是危险现象，看惯了，人也就不觉它奇怪。至于舆论自由问题，目前事实也还远不如理想。舆论本身未健全自然是一个原因，抗战时期的国策也把教导舆论比解放舆论看得更重要。

以上所举三点是我们不善处群的最重要病征。三点自然也彼此相关，而此外相关的病征也还不少。但是如果能够把这三种病征除去，这就是说，如果我们富于社会组织力，具有很优美的社会德操，而同时又有强有力的社会制裁，我相信我们处群的能力一定会加强，而民治的基础也更较稳固。

谈处群（中）
——我们不善处群的病因

近代社会心理学家讨论群的成因，大半着重群的分子具有共同性。第一是种族语言的同一，其次则为文化传统，如学术、宗教、政治及社会组织等，没有重要的分歧。有了这些条件，一个群众就会有共同理想、共同情感、共同意志，就容易变为共同行动，如果在这上面再加上英明的领袖与严密的制度，群的基础就很坚固了。拿共同性一个标准来说，我们中华民族似乎没有什么欠缺可指。世界上没有另一个民族在种族语言上比我们更较纯一些，也没有另一个民族比我们有更悠久的一贯的文化传统。然而我们中华民族至今还不能算是一个团结紧密而坚强的群，原因在哪里呢？说起来很复杂。历史环境居一半，教育修养也要居一半。

浅而易见的原因是地广民众。上文列举群的共同性，有一点没有提及，就是共同意识。同属于一群的人必须每个人都意识到自己所属的群确实是一个群而不是一班乌合之众；并且对于这个群有很明了的认识，和它能发生极亲切的交感共鸣。群的精神贯注到他自己的精神，他自己的精神也就表现群的精神。大我与小我仿佛打成一片，群才坚固结实。所以群的质与量几成反比。群愈大，愈难使它的分子对它有明确的意识，群的力量也就越微；群愈小，愈易使它的分子对它有明确的意识，群的力量也就越强。群的意识在欧洲比较分明，就因为欧洲各国大半地窄民寡。近代欧洲国家的雏形是希腊和罗马的"城邦"。城邦的疆域常仅数十里，人口常常不出数千人，有公众集会，全体国民可以出席，可以参与国家大政，他们常在一起过共同的生活。在这种情形之下，群的意识自然容易发达。我们中国从周秦以后，疆域就很广大，人口就很众多。在全体国民一个大群之下，有依次递降的小群。一般人民对于下层小群的意识也很清楚，只是对于最大群的意识都很模糊。孟子谈他的社会理想说："死徙无出乡，乡田同井，出入相友，守望相助，疾病相扶持。"这是一个很理想的群，但也是一个很小的群，它的存在条件是"死徙无出乡，乡田同井"。一直到现在，我们的乡民还维持着这种原始的群；他们为这种小群的意识所围，不能放开眼界来认识大群。我们在过去历史上全民族受过几次的威胁而不能用全民族的力量来应付，但是在极大骚动之后，社会基层还很稳定，原因也就在此。可幸者这种情形已在好转中，交通日渐方便，地理的隔阂愈渐减少，而全民族分子中间的接触也就愈渐增多。辛亥革命、五四运动和这次的抗战都可以证明我们现在已开始有全民族的意识和全民族的活动。在历史上我们还不曾有过同样的事例。

在地广民众的情形之下，群的组织虽不容易，却也并非绝对不可能。它所以不容易的原因在人民难于聚集在一起做共同的活动，如果有一个共同理想把众多而散处的人民摄引来朝一个目标走，他们仍可成为很有力的群。中世纪欧洲各国割据纷争，政权既不统一，民族与语言又很分歧，论理似不易成群，但是回教徒占领耶路撒冷以后，欧洲人为着要恢复耶稣教的圣地，几度如醉如狂地结队东征。十字军虽不算成功，但可证明地广民众不一定可以妨碍群的团结，只要大家有共同理想，共同意志与共同活动。这次签约反抗轴心侵略的二十六个国家站在一条阵线上成为一个群，也就因为这个道理。从这些事例，我们可以见出要使广大的民众团结成群，首先要他们有共同理想，要尽量给他们参加共同活动的机会。共同活动就是广义的政治活动。所以政治愈公开，人民参加政治活动的机会愈多，群的意识愈易发达，而处群的能力也愈加强。因为这个道理，民主国家人民易成群，而专制国家人民则不易成群。我国过去数千年政体一贯专制，国家的事都由在上者一手包办，人民用不着操劳。在上者是治人者，主动者；人民是治于人者，被动者。在承平时，人民坐享其成，"同焉皆得而不知其所以得"；在混乱时，人民有时被迫而成群自卫，亦迹近反抗，为在上者所不容，横加摧残压迫。在我国历史上，无群见盛世太平，有群即为纷争攘乱。在这种情形之下，群的意识不发达，群的德操不健全，都是当然的事。

政体既为专制，而社会的基础又建筑于家庭制度。谋国既无机缘，于是人民都集中精力去谋家。在伦理信条上，我们的先哲固亦提倡先国后家，公而忘私，于忠孝不能两全时必先忠而后孝；但在事实上，家的观念却比国的观念浓厚。读书人的最高理想是做官,做官的最大目的不在为国家做事,而在扬名声,显父母。一个人做了官,内亲和外戚都跟着飞黄腾达。你细看中国过去的历史,国家政治常是宫廷政治,一切纷争扰乱也就从皇亲国戚酿起。至于一般小百姓眼睛里看不见国,自然就只注视着家,拼全力为一家谋福利,家与家有时不免有利害冲突,要造成保卫家的势力,于是同姓成为部落,兄弟尽可阋于墙,而外必御其侮。部落主义是家庭主义的伸张,在中国社会里,小群的活动特别踊跃,而大群非常散漫,意见偶有分歧,倾轧冲突便乘之而起,都是因为部落主义在作祟。就表面看,同乡会、同学会、哥老会之类的组织颇可证明中国人能群,但是就事实看,许多不必有的隔阂和斗争,甚至于许多罪恶的行为,都起于这类小组织。小组织的精神与大群实不相容,因为大群须化除界限,而小组织多立界限;大群必扩然大公,而小组织是结党营私。我们中国人难于成立大群,就误在小组织的精神太强烈。

一般人结党多为营私,所以"孤高自赏"的人对于结党都存着很坏的观感。"狐群狗党"是中国字汇中所特有的成语,很充分表现中国人对于群与党的鄙视。狐狗成群结党,洁身自好者不肯同流合污,甚至以结党为忌。这是一个极不幸的现象。善人既持高超态度,遇事不肯出头,纵出头也无能为力,于是公众事业都落在宵小的手里,愈弄愈糟。成群结党本身并非一件坏事,尤其在近代社会,个人的力量极有限,要做一番有价值的事业,必须有群众的势力。结党的目的在造成群众的势力,我们所当问的不是这种势力应否存在,而是它如何应用。恶人有党,善人没有党就不能抵御他们。这个道理很浅，而我国知识分子常不了解，多少是受了已往道家隐士思想的影响，道家隐士思想起源于周秦社会混乱的时代，是老于世故者逃避世故的一套想法。他们眼见许多建设作为徒滋纷扰，遂怀疑到社会与文化，主张归真返朴，人各独善其身。长沮、桀溺向子路讥诮富于事业心的孔子说："滔滔者天下皆是也，而谁以易之？且尔与其从避人之士也，岂若从避世之士哉？"他们不但要"避人"，还要"避世"。庄子寓言中有许多让天下和高蹈的故事，后来士流受这一类思想的影响很深，往往以"超然物表"、"遗世独立"相高尚，仿佛以为涉身仕途便玷污清白。齐梁时有一个周颙，少年时隐居一个茅屋里读书学道，预备媲美巢父、务光。后来他改变志向，应征做官，他的朋友孔稚珪便以为这是一个大耻辱，假周颙所居的北山的口吻，做了一篇"移文"和他绝交，骂他"诱我松桂，欺我云壑，虽假容于江皋，乃缨情于好爵"。这件事很可表现中国士流鄙视政治活动的态度。这种心理分析起来，很有些近代心理学家所说的"卑鄙意识"在内。人人都想抬高自己的身份，觉得社会卑鄙，不屑为伍，所以跳出来站在一边，表示自己不与人同。现在许多人鄙视群众与政治活动，骨子里都有"卑鄙意识"在作祟。据近代社会心理学家说，群众的活动多起于摹仿。一种情绪或思想能为一般人所接受的必须很简单平凡，否则曲高和寡。所以群众所表现的智慧与德操大半很低，易于成群的人也必须易于接受很低的智慧与德操。我们中华民族似比较富于独立性，不肯轻易随人，而好立异为高。宗教情操淡薄由此，群不易组织也由此。

传统的观念与相沿的习惯错误，而流行教育实未能改正这种错误。我始终坚信苏格拉底的一句老话："知识即德行。"凡是德行缺陷，必定由于知识不彻底。群的组织的最大障碍是自私心。存自私心的人多抱着"各人自扫门前雪，不管他人瓦上霜"的念头，他们以为损群可以利己，或以为轻群可以重己；其中寡廉鲜耻者玷污责任，假公济私，洁身自好者逃避责任，遗世鸣高。其实社会存在是铁一般的事实，个人靠着社会存在也是铁一般的事实。我们必须接受这些事实，才能生存。社会的福利是集团的福利，个人既为集团一分子，自亦可蒙集团的福利。社会的一切活动最终的目的当然仍在谋各个分子的福利，所以各个分子对于社会的努力最后仍是为自己。有人说："利他主义是彻底的利己主义。"这话实在千真万确。如果全从自己着想而不顾整个社会，像汉奸们为着几个卖身钱作敌人的走狗，实在是短见，没有把算盘打得清楚。他们忘记"皮之不存，毛将焉附"一句话的道理。他们的顽恶由于他们的愚昧，他们的愚昧由于他们所受的教育不够或错误。汉奸如此，一切贪官污吏以及逃避社会责任的人也是如此。"种瓜得瓜，种豆得豆。"掌教育的人们看到社会上许多害群之马，应该有一番严厉的自省！

谈处群（下）
——处群的训练

极浅显而正当的道理常易被人忽略。一个民族的性格和一个社会的状况大半是由教育和政治形成的。倘若一个民族的性格不健全，或是一个社会的状况不稳定，那唯一的结论就是教育和政治有毛病。这本是老生常谈，但是在现时中国，从事教育者未必肯承认国民风纪到了现有状态是他们的罪过，从事政治者未必肯承认社会秩序到了现有的状态是他们的罪过。大家都觉得事情弄得很糟，可是都把一切罪过推诿到旁人，不肯自省自疚。没有彻底的觉悟，自然也没有彻底的悔改。这是极危险的现象。讳疾忌医，病就会无从挽救。我们需要一番严厉的自我检讨，然后才能有一番勇猛的振作。

先说教育。我们在过去虽然也曾特标群育为教育主旨之一，试问一般学校里群育工作究竟做到如何程度？从前北京大学常有同班同斋舍同学们从入学到毕业，三四年之中朝夕相见而始终不曾交谈过一句话。他们自己认为这是北京大学的校风，引为值得夸耀的一件事。一直到现在，还有许多学校里同学们相视，不但如路人，甚至为仇雠，偶遇些小龃龉，便摩拳擦掌，挥戈动武。受教育者所受的教育如此，何能望其善处群？更何能希望其为社会组织的领导？我们的教育所产生的人才不能担当未来的艰巨责任，此其一端。

我们的根本错误在把教育狭义化到知识贩卖。学校的全部工作几限于上课应付考试。每期课程多至十数种，每周上课钟点多至三四十小时。教员力疲于讲，学生力疲于听，于是做人的道理全不讲求。就退一步谈知识，也只是一味灌输死板材料，把脑筋看成垃圾箱，尽量地装，尽量地挤塞，全不管它能否消化启发。从前人说读书能变化气质，于今人书读得越多，气质越硬顽不化，这种教育只能产出一些以些许知识技能博衣饭碗的人，绝不能培养领导社会的真才。

近来颇有人感觉到这种毛病，提倡导师制，要导师于教书之外指点做人的道理，用意本来很善，但是实施起来也并未见功效。这也并不足怪。换汤必须换药，教育止于传授知识这一错误观念不改正，导师仍然是教书匠。导师制起于英国牛津、剑桥两大学，这两校的教育宗旨是彰明较著的不重读书，而重养成"君子人"。在这两校里教员和学生上课钟点都很少，社交活动却很多，导师和学生有经常接触的可能。导师对于学生在学业和行为两方面同时负有责任，每位导师所负责指导的学生也不过数人。现在我们的学校把学业和操行分作两件事，学业仍取"集体生产"式整天上班，操行则由权限不甚划分，责任不甚专一、叠床架屋式的导师、训导员、生活指导员和军事教官去敷衍公事。这种办法行不通，因为导师制的真精神不存在，导师制的必需条件不存在。

要改良现状，我们必须把教育的着重点由上课读书移到学习做人方面去，许多庞杂的课程须经快刀斩乱麻的手段裁去，学生至少有一半时间过真正的团体生活，作团体的活动。教师也必须把过去的错误的观念和习惯完全改过，认定自己是在"造人"，不只是在"教书"。每个教师对于所负责造的人须当作一件艺术品看待，须求他对自己可以慰怀，对旁人也可以看得过去。每个学生对于教师须当作自己的造化主，与父母生育有同样的恩惠，知道心悦诚服。这样一来，教师与学生就有家人父子的情感，而学校也就有家庭的和乐的空气了。

这一层做到了，第二步便需尽量增加团体合作的活动。团体合作的活动种类甚多，有几个最重要的值得特别提出。

第一是操业合作。现行教育有一个大毛病，就是许多课程的对象都是个人而不是团体。学生们尽管成群结队，实际上各人一心，每人独自上课，独自学习，独自完成学业，无形中养成个人主义的心习。其实学问像其他事业一样，需要分工合作的地方甚多。材料的收集和整理，问题的商讨，实验的配置，遗误的检举，都必须群策群力。学校对于可分工合作的工作应尽量分配给学生们去合作，团体合作训练的效益是无穷的。一个人如果常有团体合作的训练，在学问上可以免偏陋，在性情上也可以免孤僻，他会有很浓厚而愉快的群的意识，他会深切地感觉到：能尽量发挥群的力量，才能尽量发挥个人的力量。

有几种课程特别宜于团体合作。最显著的是音乐。在我们古代教育中，乐是一个极重要的节目。它的感动力最深，它的最大功用在和。在一个团体里，无论分子在地位、年龄、教育上如何复杂，乐声一作，男女尊卑长幼都一齐肃容静听，皆大欢喜，把一切界限分别都化除净尽，彼此蔼然一团和气。爱好音乐的人很少是孤僻的人，所以音乐是群育最好的工具。其次是运动。运动相当于中国古代教育中的射。它不但能强健身体，尤其能培养尊秩序纪律的精神。条顿民族如英美德诸国都特好运动，在运动场上他们培养战斗的技术和政治的风度。他们说一个公正的人有"运动家气派"（sportsmanship）。柏拉图在"理想国"里谈教育，二十岁以前的人就只要音乐和运动两种功课。这两种课程应该在各级学校中普遍设立。近来音乐课程仅限于中小学，运动则各校虽有若无，它们的重要性似还没有为教育家们完全了解。音乐和运动是一个民族的生气的表现，不单是群育的必由之径。除非它们在课程中占重要位置，我们的教育不会有真正的改良。

操业合作之外，第二个重要的处群训练便是团体组织。有健全的团体组织，学生们才有多参加团体活动的机会，才能养成热心公益的习惯。一般学校当局常怕学生有团结，以致滋扰生事，所以对于团体组织与活动常设法阻止，以为这就可以息事宁人，也有些学校在名义上各种团体具备，而实际上没有一个团体是健全的组织。多数学生为错误的教育理想所误，只管埋头死读书，认为参加团体活动是浪费时光，甚至于多惹是非，对一切团体活动遂袖手坐观。于是所谓团体便为少数人所操纵，假借团体名义，作种种并非公意所赞同的活动。政治上许多强奸民意假公济私的恶习惯就由此养成。学校里学生自治会应该是一种雏形的民主政府，每个分子都应有参议表决的权利，同时也都应有不弃权的责任。凡关于学生全体利益的事应由学生们自己商讨处理，如起居、饮食、清洁卫生、公共秩序、公众娱乐诸项都无须教职员包办。自治会须有它的法律，有它的风纪，有它的社会制裁力。比如说，有一位同学盗用公物、侮谩师友或是考试舞弊，通常的办法是由学校记过惩处，但是理想的办法是由自治会公审公判，学生团体中须有公是公非，而这种公是公非应有奖励或裁制的力量。民主国家所托命的守法精神必须如此养成。

人群接触，意见难免有分歧，利害难免有冲突，如果各执己见，势必至于无路可通。要分歧和冲突化除，必须彼此和平静气地讨论，在种种可能的结论中寻一个最妥善的结论。民主政治可以说就是基于讨论的政治。学问也贵讨论，因为学问的目的在辨别是非真伪，而这种辨别的功夫在个人为思想，在团体为讨论，讨论可以说是集团的思想。一个理想的学校必须充满着欢喜讨论的空气。每种课程都可以用讨论方式去学习，每种实际问题都可以在辩论会中解决。在欧美各著名大学里，师生们大部分工夫都费于学术讨论会与辩论会，在这中间他们成就他们的学业，养成他们的政治习惯。在学校里是一个辩论家，出学校就是一个良好的议员或社会领袖。我们的一般学生以遇事沉默为美德，遇公众集会不肯表示意见，到公众有决定时，又不肯服从。这是一个必须医治的毛病，而医治必从学校教育下手。

处群训练一半靠教育，一半也要靠政治。社会仍是一种学校，政治对于公民仍是一种教育。政治愈修明，公民的处群训练也就愈坚实。政治体制有多种，最合理想的是民主。民主政治实施于小国家，较易收实效，因为全体人民可以直接参与会议表决，像瑞士的全体公决制。国大民众，民主政治即不能不采取代议方式。代议制的弊病在代议人不一定能代表公众意志，易流于寡头政治的变相。要补救这种弊病，必须力求下层政治组织健全，因为一般人民虽不必尽能直接参加国政，至少可以直接参加和他们最接近的下层行政区域的政治。我国最下层的行政区域是保甲，逐层递升为乡为县为区为省。保甲在历史上向来是自治的单位，它的组织向来带有几分民主精神。我们要奠定民主基础，必须从保甲着手。保甲政治办好，逐层递升，乡、县、区、省以至于国的政治，自然会一步一步地跟着好。英国政治是一个很好的先例。英国民主政治的成功不仅在国会健全，尤其在国会之下的区议会与市议会同样健全。市议会已具国会的雏形，公民在市议会所得的政治训练可逐渐推用于区议会和国会。一般人民因小见大，知道国会和市议会是一样，市民与市政府的关系也和国民与国政府的关系一样，知道国政与市政和己身同样有切身的利害，不容漠视，更不容胡乱处理。

健全下层政治组织自然也不是一件容易事。我们一方面须推广教育，提高人民知识和道德的水准，一方面也要彻底革除积弊，使人民逐渐养成良好的政治习惯。所谓良好的政治习惯是指一方面热心参与政治活动，一方面不作腐败的政治活动。我国一般人民正缺乏这两种政治的习惯，他们不是不肯参加政治活动，就是作腐败的政治活动。比如我们的政府近来何尝不感觉到健全下层政治组织的重要？保甲制正在推行，县政正在实验，下级干部人员经常在受训练。但是积重难返，实施距理想仍甚远。根本的毛病在没有抓住民治精神。民治精神在公事公议公决，而现在保甲政治则由少数公务员包办。一般保甲长和联保主任仍是变相的土豪劣绅，敲诈乡愚，比从前专制时代反更烈。一般人民没有参与会议表决的机会，还是处在被统治者的地位。下情无由上达，他们只在含冤叫苦。一件事须得做时，就须做得名副其实，否则滋扰生事，不如不做为妙。县政实施本是为奠定民治基础，如果仍采土豪劣绅包办制，则结果势必破坏民治基础。这件事关系我国民治前途极大，我们的政治家不能不有深切的警戒。

民主政治与包办制如水火不相容。消极地说，废除包办制；积极地说，就是政治公开。这要从最下层做起，奠定稳固的基础，然后逐渐推行到最上层。政治公开有两个要义，一是政权委托于贤能，一是民意须能影响政治。先就第一点说，我国历代抡才，不外由考试与选举。考试是最合于民治精神的一种制度，是我国传统政治的一特色。一个人只要有真才实学，无论出身如何微贱，可以逐级擢升，以至于掌国家大政。因此政权可由平民凭能力去自由竞争，不致为某一特殊阶级所把持乱用。中国过去政权向来在相而不在君，而相大半起家于考试，所以中国传统政体表面上为君主，而实为民主。后来科举专以时文诗赋取士，颇为议者诟病。这只是办法不良，并非考试在原则上有毛病。总理制定建国方略，考试特设专院，实有鉴于考试是中国传统政治中值得发挥光大的一点，用意本至深。但是我们并未能秉承总理遗教，各级公务员大部分未经考试出身，考试中选者也未尽录用，真才埋没，与不才而在高位的情形都不能说没有。这种不公平的待遇不能奖励贫士的努力而徒增长宵小夤缘幸进的恶习，政治上的腐浊多于此种因。要想政得其人，人尽其职，必须彻底革除这种种积弊而尽量推广考试制。至于选举是一般民主国家抡才的常径。选举能否成功，视人民有无政治知识与政治道德。过去我国选举权操纵于各级官吏，名为选举，实为推荐，不像在西方由人民普选。这种办法能否成功，视主其事者能否公允；它的好处在提高选举者的资格，即所以增重选举的责任，提高被选举者的材质。在一般人民未受健全的政治教育以前，我们可以略采从前推荐而加以变通，限制选举者的资格而不必限于官吏，凡是教育健全而信用卓著者都可以联名推选有用人才。选举意在使贤任能，如不公允，由人民贿买或由政府包办，则适足破坏选举的信用与功能，我们必须严禁。民主政治能否成功，就要看选举这个难关能否打破，我们必须有彻底的觉悟。

考试与选举行之得法，一切行政权都由贤能行使，则政治公开的第一要义就算达到。政治公开的第二要义是民意能影响政治。这有两端：第一是议会，第二是舆论。先说议会，民主政治就是议会政治。在西方各国，人民信任议会，议会信任政府；政府对议会负责，议会对人民负责。政府措施不当，议会可以不信任；议会措施不当，人民可以另选。所以政府必须尊重民意，否则立即瓦解。我国从民主政体成立以来，因种种实际困难，正式民意机关至今还未成立。召集国民代表大会,总理遗教本有明文规定,而政府也正在准备促其实现,这还需要全国人民共同努力。最要紧的是要使选举名副其实,不要再有贿买包办的弊病。

我国传统政治本素重舆论。"天视自我民视,天听自我民听"两句话在古代即悬为政治格言。历代言事有专官,平民上诉隐曲,也特有设备,在野清议尤为朝廷所重视。过去君主政体没有很长期地陷于紊乱腐败状态,舆论是一个重要的力量。从前的暴君与现代的独裁政府怕舆论的裁制,常设法加以压迫或控制,结果总是失败。"防民之口,甚于防川"是一点不错的。思想与情感必须有正当的宣泄,愈受阻挠愈一发不可收拾。近代报章流行,舆论更易传播。言论出版自由问题颇引起种种争论。从历史、政治及群众心理各方面看,言论出版必须有合理的自由。舆论与人民程度密切相关,自然也有不健全的时候,我们所应努力的不在钳制舆论,而在教育舆论。是非自在人心,舆论的错误最好还是用舆论去纠正。

以上所述,陈义甚浅,我们的用意不在唱高调而望能实践。如果政治方面没有上述的改革,群的训练就无从谈起。人民必有群的活动、群的意识,必感觉到群的力量,受群的裁制,然后才能养成良好的处群的道德。这是我们施行民治的大工作中一个基本问题,值得政治家与教育家们仔细思量。

谈恻隐之心

罗素在《中国问题》里讨论我们民族的性格,指出三个弱点:贪污、怯懦和残忍。他把残忍放在第一位,所说的话最足令人深省:"中国人的残忍不免打动每一个盎格鲁—撒克逊人。人道的动机使我们尽一份力量来减除其余九十九份力量所做的过恶,这是他们所没有的……我在中国时,成千成万的人在饥荒中待毙,人们为着几块钱出卖儿女,卖不出就弄死。白种人很尽了些力去赈荒,而中国人自己出的力却很少,连那很少的还是被贪污吞没。……如果一只狗被汽车压倒致重伤,过路人十个就有九个站下来笑那可怜的畜牲的哀号。一个普通中国人不会对受苦受难起同情的悲痛,实在他还像觉得它是一个颇愉快的景象。他们的历史和他们的辛亥革命前的刑律可见出他们免不掉故意虐害的冲动。"

我第一次看《中国问题》还在十几年以前,那时看到这段话心里甚不舒服;现在为大学生选英文读品,把这段话再看了一遍,心里仍是甚不舒服。我虽不是狭义的国家主义者,也觉得心里一点民族自尊心遭受打击,尤其使我怀惭的是没有办法来辩驳这段话。我们固然可以反诘罗素说:"他们西方人究竟好得几多呢?"可是他似乎预料到这一着,在上一段话终结时,他补充了一句:"话须得说清楚,故意虐害的事情各大国都在所不免,只是它到了什么程度被我们的伪善隐瞒起来了。"他言下似有怪我们竟明目张胆地施行虐害的意味。

　　罗素的这番话引起我的不安,也引起我由中国民族性的弱点想到普遍人性的弱点。残酷的倾向,似乎不是某一民族所特有的,它是像盲肠一样由原始时代遗留下来的劣根性,还没有被文化洗刷净尽。小孩们大半欢喜虐害昆虫和其他小动物,踏死一堆蚂蚁,满不在意。用生人做陪葬者或是祭典中的牺牲,似不仅限于野蛮民族。罗马人让人和兽相斗相杀,西班牙人让人和牛相斗相杀,作为一种娱乐来看。中世纪审判异教徒所用的酷刑无奇不有。在战争中人们对于屠杀尤其狂热,杀死几百万生灵如同踏死一堆蚂蚁一样平常,报纸上轻描淡写地记一笔,造成这屠杀记录者且热烈地庆祝一场。就在和平时期,报纸上杀人、起火、翻船、离婚之类不幸的消息也给许多观众以极大的快慰。一位西方作家说过:"揭开文明人的表皮,在里皮里你会发现野蛮人。"据说大哲学家斯宾诺莎的得意的消遣是捉蚊蝇摆在蛛网上看他们被吞食。近代心理学家研究变态心理所表现的种种奇怪的虐害动机如"撒地主义"(sadism),尤足令人毛骨悚然。这类事实引起一部分哲学家,如中国的荀子和英国的霍布斯,推演出"性恶"一个结论。

　　有些学者对于幸灾乐祸的心理,不以性恶为最终解释而另求原因。最早的学说是自觉安全说。拉丁诗人卢克莱修说:"狂风在起波浪时,站在岸上看别人在苦难中挣扎,是一件愉快的事。"这就是中国成语中的"隔岸观火"。卢克莱修以为使我们愉快的并非看见别人的灾祸,而是庆幸自己的安全。霍布斯的学说也很类似。他以为别人痛苦而自己安全,就足见自己比别人高一层,心中有一种光荣之感。苏格兰派哲学家如培恩(Bain)之流以为幸灾乐祸的心理基于权力欲。能给苦痛让别人受,就足显出自己的权力。这几种学说都有一个共同点:就是都假定幸灾乐祸时有一种人我比较,比较之后见出我比人安全,比别人高一层,比别人有权力,所以高兴。

这种比较也许是有的,但是比较的结果也可以发生与幸灾乐祸相反的念头。比如我们在岸上看翻船,也可以忘却自己处在较幸运的地位,而假想到自己在船上碰着那些危险的境遇,心中是如何惶恐、焦急、绝望、悲痛。将己心比人心,人的痛苦就变成自己的痛苦。痛苦的程度也许随人而异,而心中总不免有一点不安,一点感动和一点援助的动机。有生之物都有一种同类情感。对于生命都想留恋和维护,凡遇到危害生命的事情都不免恻然感动,无论那生命是否属于自己。生命是整个的有机体,我们每个人是其中一肢一节,这一肢的痛痒引起那一肢的痛痒。这种痛痒相关是极原始的、自然的、普遍的。父母遇着儿女的苦痛,仿佛自身在苦痛。同类相感,不必都如此深切,却都可由此类推。这种同类的痛痒相关就是普通所谓"同情",孟子所谓"恻隐之心"。孟子所用的比譬极亲切:"今人乍见孺子将入于井,皆有怵惕恻隐之心。"他接着推求原因说:"非所以内交于孺子之父母也,非所以要誉于乡党朋友也，非恶其声而然也。"他没有指出正面的原因，但是下结论说："由是观之，无恻隐之心非人也。"他的意思是说恻隐之心并非起于自私的动机，人有恻隐之心只因为人是人，它是组成人性的基本要素。

从此可知遇着旁人受苦难时，心中或是发生幸灾乐祸的心理，或是发生恻隐之心，全在一念之差。一念向此，或一念向彼，都很自然，但在动念的关头，差以毫厘便谬以千里。念头转向幸灾乐祸的一方面去，充类至尽，便欺诈凌虐，屠杀吞并，刀下不留情，睁眼看旁人受苦不伸手援助，甚至落井下石，这样一来，世界便变成冤气弥漫、黑暗无人道的场所；念头转向恻隐一方面去，充类至尽，则四海兄弟，一视同仁，守望相助，疾病相扶持，老有所养，幼有所归，鳏寡孤独者亦可各得其所，这样一来，世界便变成一团和气、其乐融融的场所。野蛮与文化，恶与善，祸与福，生存与死灭的歧路全在这一转念上面，所以这一转念是不能苟且的。

这一转念关系如许重大，而转好转坏又全系在一个刀锋似的关头上，好转与坏转有同样的自然而容易，所以古今中外大思想家和大宗教家，都紧握住这个关头。各派伦理思想尽管在侧轻侧重上有差别，各派宗教尽管在信条仪式上互相悬殊，都着重一个基本德行。孔孟所谓"仁"，释氏所谓"慈悲"，耶稣所谓"爱"，都全从人类固有的一点恻隐之心出发。他们都看出在临到同类受苦受难的关头上，一着走错，全盘皆输，丢开那一点恻隐之心不去培养，一切道德都无基础，人类社会无法维持，而人也就丧失其所以为人的本性。这是人类智慧的一个极平凡而亦极伟大的发现，一切伦理思想，一切宗教，都基于这点发现。这也就是说，恻隐之心是人类文化的泉源。

如果幸灾乐祸的心理起于人我的比较，恻隐之心更是如此，虽然这种比较不必尽浮到意识里面来。儒家所谓"推己及物"、"举斯心加诸彼"、"己所不欲，勿施于人"，都是指这种比较。所以"仁"与"恕"是一贯的，不能恕决不能仁。恕须假定知己知彼，假定对于人性的了解。小孩虐待弱小动物，说他们残酷，不如说他们无知，他们根本没有动物能痛苦的观念。许多成人残酷，也大半由于感觉迟钝，想象平凡，心眼窄所以心肠硬。这固然要归咎于天性薄，风俗习惯的濡染和教育的熏陶也有关系。函人唯恐伤人，矢人唯恐不伤人，职业习惯的影响于此可见。希腊盛行奴隶制度，大哲学家如柏拉图、亚里士多德都不以为非；在战争的狂热中，耶稣教徒祷祝上帝歼灭同奉耶教的敌国，风气的影响于此可见。善人为邦百年，才可以胜残去杀，习惯与风俗既成，要很大的教育力量，才可挽回转来。在近代生活竞争剧烈，战争为解决纠纷要径，而道德与宗教的势力日就衰颓的情况之下，恻隐之心被摧残比被培养的机会较多。人们如果不反省痛改，人类前途将日趋于黑暗，这是一个极可危惧的现象。

凡是事实，无论它如何不合理，往往都有一套理论替它辩护。有战争屠杀就有辩护战争屠杀的哲学。恻隐之心本是人道基本，在事实上摧残它的人固然很多，在理论上攻击它的人亦复不少。柏拉图在《理想国》里攻击戏剧，就因为它能引起哀怜的情绪，他以为对人起哀怜，就会对自己起哀怜，对自己起哀怜，就是缺乏丈夫气，容易流于怯懦和感伤。近代德国一派唯我主义的哲学家如斯蒂纳（Sterner）、尼采之流，更明目张胆地主张人应尽量扩张权力欲，专为自己不为旁人，恻隐仁慈只是弱者的德操。弱者应该灭亡，而且我们应促成他们灭亡。尼采痛恨无政府主义者和耶稣教徒，说他们都迷信恻隐仁慈，力求妨碍个人的进展。这种超人主义酿成近代德国的武力主义。在崇拜武力侵略者的心目中，恻隐之心只是妇人之仁，有了它心肠就会软弱，对弱者与不康健者（兼指物质的与精神的）持姑息态度，做不出英雄事业来。哲学上的超人主义在科学上的进化主义又得一个有力的助手。在达尔文一派生物学家看，这世界只是一个生存竞争的战场，优胜劣败，弱肉强食，就是这战场中的公理。这种物竞说充类至尽，自然也就不能容许恻隐之心的存在。因为生存需要斗争，而斗争即须拼到你死我活，能够叫旁人死而自己活着的就是"最适者"。老弱孤寡疲癃残疾以及其他一切灾祸的牺牲者照理应归淘汰。向他们表示同情，援助他们，便是让最不适者生存，违反自然的铁律。

恻隐之心还另有一点引起许多人的怀疑。它的最高度的发展是悲天悯人，对象不仅是某人某物，而是全体有生之伦。生命中苦痛多于快乐，罪恶多于善行，祸多于福，事实常追不上理想。这是事实，而这事实在一般敏感者的心中所生的反响是根本对于人生的悲悯。悲悯理应引起救济的动机，而事实上人力不尽能战胜自然，已成的可悲悯的局面不易一手推翻，于是悲悯者变成悲剧中的主角，于失败之余，往往被逼向两种不甚康健的路上去，一是感伤愤慨，遗世绝俗，如屈原一派人；一是看空一切，徒作未来世界或另一世界的幻梦,如一般厌世出家的和尚。这两种倾向有时自然可以合流。近代许多文学作品可以见出这些倾向。比如哈代(T. Hardy)的小说,豪斯曼(A. E. Housman)的诗,都带着极深的哀怜情绪,同时也带着极浓的悲观色彩。许多人不满意于恻隐之心,也许因为它有时发生这种不康健的影响。

恻隐之心有时使人软弱怯懦,也有时使人悲观厌世。这或许都是事实。但是恻隐之心并没有产生怯懦和悲观的必然性。波斯大帝泽克西斯(Xerxes)率百万大军西征希腊,站在桥头望台上看他的军队走过赫勒斯滂海峡,回头向他的叔父说:"想到人寿短促,百年之后,这大军之中没有一个人还活着,我心里突然感到一阵怜悯。"但是这一阵怜悯并没有打消他征服希腊的雄图。屠格涅夫在一首散文诗里写一只老麻雀牺牲性命去从猎犬口里救落巢的雏鸟。那首诗里充满着恻隐之心,同时也充满着极大的勇气,令人起雄伟之感。孔子说得好:"仁者必有勇。"古今伟大人物的生平大半都能证明真正敢作敢为的人往往是富于同类情感的。菩萨心肠与英雄气骨常有连带关系,最好的例是释迦。他未尝无人世空虚之感,但不因此打消救济人类世界的热望。"我不入地狱,谁入地狱!"这是何等的悲悯!同时,这是何等的勇气。孔子是另一个好例。他也明知"滔滔者天下皆是",但是"知其不可为而为之"。"鸟兽不可与同群,吾非斯人之徒与而谁与?天下有道,丘不与易也。"这是何等的悲悯!同时,这是何等的勇气!世间勇于作淑世企图的人,无论是哲学家、宗教家或社会革命家,都有一片极深挚的悲悯心肠在驱遣他们,时时提起他们的勇气。

现在回到本文开始时所引的罗素的一段话。他说："人道的动机使我们尽一份力量来灭除其余九十九份力量所做的过恶，这是他们（中国人）所没有的。"这话似无可辩驳。但是我以为我们缺乏恻隐之心，倒不仅在遇饥荒不赈济，穷来卖儿女作奴隶，看到颠沛无告的人掩鼻而过之类的事情，而尤在许多人看到整个社会日趋于险境，不肯做一点挽救的企图。教育家们睁着眼睛看青年堕落，政治家们睁着眼睛看社会秩序紊乱，富商大贾睁着眼睛看经济濒危，都漫不在意，仍是各谋各的安富尊荣，有心人会问："这是什么心肝？"如果我们回答说："这心肝缺乏恻隐。"也许有人觉得这话离题太远。其实病原全在这上面。成语中有"麻木不仁"的字样，意义极好，麻木与不仁是连带的。许多人对于社会所露的险象都太麻木，我想这是不能否认的。他们麻木，由于他们不仁（用我们的辞语来说，缺乏恻隐之心）。麻木不仁，于是一切都受支配于盲目的自私。这毛病如何救济，大是问题。说来易，做来难。一般人把一切性格上的难问题都推到教育，教育是否有这样万能，我很怀疑。在我想，大灾大乱也许可以催促一部分人的猛省，先哲伦理思想的彻底认识以及佛耶二教的基本精神的吸收，也许可造成一种力量。无论如何，在建国事业中的心理建设项下，培养恻隐之心必定是一个重要的节目。

谈羞恶之心

《新约》里《约翰福音》第八章记载这样一段故事：

耶稣在庙里布教，一大群人围着他听。刑名师和法利赛人带着一个行淫被拘的妇人来，把她放在群众当中，向耶稣说："这妇人是正在行淫时被拿着的。摩西在法律中吩咐过我们，像这样的人应用石头钉死，你说怎样办呢？"耶稣弯下身子来用指画地，好像没有听见他们。他们继续着问，耶稣于是抬起身子来向他们说："你们中间谁是没有罪的，就让谁先拿石头钉她。"说完又弯下身子用指画地。他们听到这话，各人心里都有内疚，一个一个地走出去，从最年老的到最后的，只剩下耶稣，那妇人仍站在当中。耶稣抬起身子来向她说："妇人，告你状的人到哪里去了呢？没有人定你的罪么？"她说："没有人，我主。"耶稣说："我也不定你的罪，去吧，以后不要再犯了。"

这段故事给我以极深的感动，也给我以不小的惶惑。耶稣的宽宥是恻隐之心的最高的表现，高到泯没羞恶之心的程度，这令人对于他的胸怀起伟大崇高之感。同时，我们也难免惶惑不安。如果这种宽宥的精神充类至尽，我们不就要姑息养奸，任世间一切罪孽过恶蔓延，简直不受惩罚或裁制么？

我们对于世间罪孽、过恶原可以持种种不同的态度。是非善恶本是世间习用的分别，超出世间的看法，我们对于一切可作平等观。正觉烛照，五蕴皆空。瞋恚有碍正觉，有如"清冷云中，霹雳起火"。无论在人在我，消除过恶，都当以正觉净戒，不可起瞋恚。这是佛家的态度。其次，即就世间法而论，是非善恶之类道德观念起于"实用理性批判"。若超出实用的观点，我们可以拿实际人生中一切现象如同图画、戏剧一样去欣赏，不作善恶判断，自不起道德上的爱恶，如尼采所主张的。这是美感的态度。再次，即就世间法的道德观点而论，人生来不能尽善尽美，我们彼此都有弱点，就不免彼此都有过错。这是人类共同的不幸。如果遇到弱点的表现，我们须了解这是人情所难免，加以哀矜与宽恕。"了解一切，就是宽恕一切。"这是耶稣教徒的态度。

这几种态度都各有很崇高的理想，值得我们景仰向往，而且有时值得我们努力追攀。不过在这不完全的世界中，理想永远是理想，我们不能希望一切人得佛家所谓正觉，对一切作平等观，不能而且也不应希望一切人在一切时境都如艺术家对于罪孽、过恶纯取欣赏态度，也不能希望一切人都有耶稣的那样宽恕的态度，而且一切过恶都可受宽恕的感化。我们处在人的立场为人类谋幸福，必希望世间罪孽、过恶减少到可能的最低限度。减少的方法甚多，积极的感化与消极的裁制似都不可少。我们不能人人有佛的正觉，也不能人人有耶稣的无边的爱，但是我们人人都有几分羞恶之心。世间许多法律制度和道德信条都是利用人类同有的羞恶之心作原动力。近代心理学更能证明羞恶之心对于人格形成的重要。基于羞恶之心的道德影响也许是比较下乘的，但同时也是比较实际的、近人情的。

"羞恶之心"一词出于孟子，他以为是"义之端"，这就是说，行为适宜或恰到好处，须从羞恶之心出发。朱子分羞恶为两事，以为"羞是羞己之恶，恶是恶人之恶"。其实只要是恶，在己者可羞亦可恶，在人者可恶亦可羞。只拿行为的恶做对象说，羞恶原是一事。不过从心理的差别说，羞恶确可分对己对人两种。就对己说，羞恶之心起于自尊情操。人生来有向上心，无论在学识、才能、道德或社会地位方面，总想达到甚至超过流行于所属社会的最高标准。如果达不到这标准，显得自己比人低下，就自引以为耻。耻便是羞恶之心，西方人所谓荣誉意识（sense of honour）的消极方面。有耻才能向上奋斗。这中间有一个人我比较，一方面自尊情操不容我居人下，一方面社会情操使我顾虑到社会的毁誉。所以知耻同时有自私的和泛爱的两个不同的动机。对于一般人，耻（即羞恶之心）可以说就是道德情操的基础。他们趋善避恶，与其说是出于良心或责任心，不如说是出于羞恶之心，一方面不甘居下流，一方面看重社会的同情。中国先儒认清此点，所以布政施教，特重明耻。管子甚至以耻与礼、义、廉并称为"国之四维"。

人须有所为，有所不为。羞恶之心最初是使人有所不为。孟子在讲羞恶之心时，只说是"义之端"，并未举例说明，在另一段文字里他说："人能充无穿窬之心，而义不可胜用也，人能充无受尔汝之实，无所往而不为义也。"这里他似在举羞恶之心的实例，"无穿窬"（不做贼）和"无受尔汝之实"（不愿被人不恭敬地称呼），都偏于"有所不为"和"胁肩谄笑，病于夏畦"，

"巧言令色足恭，左丘明耻之，丘亦耻之"之类心理相同。但孟子同时又说："人皆有所不为，达之于其所为，义也。"这就是说，羞恶之心可使人耻为所不应为，扩充起来，也可以使人耻不为所应为。为所应为便是尽责任，所以"知耻近乎勇"。人到了无耻，便无所不为，也便不能有所为。有所不为便可以寡过。但绝对无过实非常人所能。儒家与耶教都不责人有过，只力劝人改过。知过能改，须有悔悟。悔悟仍是羞恶之心的表现。羞恶未然的过恶是耻，羞恶已然的过恶是悔。耻令人免过，悔令人改过。

孟子说："不耻不若人，何若人有？"耻使人自尊自重，不自暴自弃。近代阿德勒（Adler）一派心理学说很可以引来说明这个道理。有羞恶之心先必发现自己的欠缺，发现了欠缺，自以为耻（阿德勒所谓"卑劣情意综"），觉得非努力把它降伏下去，显出自己的尊严不可（阿德勒所谓"男性的抗议"），于是设法来弥补欠缺，结果不但欠缺弥补起，而且所达到的成就还比平常更优越。德摩斯梯尼本来口吃，不甘受这欠缺的限制，发愤练习演说，于是成为希腊的最大演说家。贝多芬本有耳病，不甘受这欠缺的限制，发愤练习音乐，于是成为德国的最大音乐家。阿德勒举过许多同样的实例，证明许多历史上的伟大人物在身体资禀或环境方面都有缺陷，这缺陷所生的"卑劣情意综"激起他们的"男性的抗议"，于是他们拿出非常的力量，成就非常的事业。中国左丘明因失明而作《国语》，孙子因膑足而作《兵法》，司马迁因受宫刑而作《史记》，也是很好的例证。阿德勒偏就器官机能方面着眼，其实他的学说可以引申到道德范围。因卑劣意识而起男性抗议，是"知耻近乎勇"的一个很好的解释。诸葛孔明要邀孙权和刘备联合去打曹操，先假劝他向曹操投降，孙权问刘备何以不降，他回答说："田横齐之壮士耳，犹守义不辱。况刘豫州王室之胄，英才盖世，安能复为之下乎？"孙权听到这话，便勃然宣布他的决心："吾不能举全吴之地，十万之众，受制于人！"这就是先激动羞耻心，再激动勇气，由卑劣意识引到男性抗议。

孟子讲羞恶之心，似专就对己一方面说。朱子以为它还有对人一方面，想得更较周到。我们对人有羞恶之心，才能嫉恶如仇，才肯努力去消除世间罪孽、过恶。孔子大圣人，胸襟本极冲和，但《论语》记载他恶人的表现特别多。冉有不能救季氏僭礼，宰我对鲁哀公说话近逢迎，子路说轻视读书的话，樊迟请学稼圃，孔子对他们所表示的态度都含有羞恶的意味。子贡问他："君子亦有所恶乎？"他回答说："有，恶称人之恶者，恶居下流而讪上者，恶勇而无礼者，恶果敢而窒者。"一口气就数上一大串。他尝以"吾未见好仁者恶不仁者"为欢。他最恶的是乡愿（现在所谓伪君子），因为这种人"暗然媚于世，非之无举，刺之无刺，居之似忠信，行之似廉洁，众皆悦之，自以为是而不可与入尧舜之道"。他一度为鲁相，第一件要政就是诛少正卯，一个十足的乡愿。我特别提出孔子来说，因为照我们的想象，孔子似不轻于恶人，而他竟恶得如此厉害，这最足证明凡道德情操深厚的人对于过恶必有极深的厌恶。世间许多人没有对象可五体投地地去钦佩，也没有对象可深入骨髓地去厌恶，只一味周旋随和，这种人表面上像是炉火纯青，实在是不明是非，缺乏正义感。社会上这种人愈多，恶人愈可横行无忌，不平的事件也愈可蔓延无碍，社会的混浊也就愈不易澄清。社会所借以维持的是公平（西方所谓 justice），一般人如果没有羞恶之心，任不公平的事件不受裁制，公平就无法存在。过去社会的游侠，和近代社会的革命者，都是迫于义愤，要"打抱不平"，虽非中行，究不失为狂狷，在社会腐浊的时候，仍是有他们的用处。

个人须有羞恶之心，集团也是如此。田横的五百义士不肯屈服于刘邦，全体从容赴义，历史传为佳话，古人谈兵，说明耻然后可以教战，因为明耻然后知道"所恶有胜于死者"，不会苟且偷生。我们民族这次英勇的抗战是最好的例证，大家牺牲安适、家庭、财产以至于生命，就因为不甘做奴隶的那一点羞恶之心。大抵一个民族当承平的时候，羞恶之心表现于公是公非，人民都能受道德法律的裁制，使社会秩序井然。所谓"化行俗美"，"有耻且格"。到了混乱的时候，一般人廉耻道丧，全民族的羞恶之心只能借少数优秀分子保存，于是才有"气节"的风尚。东汉太学生郭泰、李膺、陈蕃诸人处外戚宦官专权恣肆之际，独持清议，一再遭钩党之祸而不稍屈服。明末魏阉执权乱国，士大夫多阿谀取容，其无耻之尤者至认阉作父，东林党人独仗义直言，对阉党声罪致讨，至粉身碎骨而不悔。这些党人的行径容或过于褊急，但在恶势力横行之际能不顾一切，挺身维持正气，对于民族精神所留的影响是不可磨灭的。

目前我们民族正遇着空前的大难，国耻一重一重地压来，抗战的英勇将士固可令人起敬，而此外卖国求荣、贪污误国和醉生梦死者还大有人在，原因正在羞恶之心的缺乏。我们应该记着"明耻教战"的古训，极力培养人皆有之的一点羞恶之心。我们须知道做奴隶可耻，自己睁着眼睛往做奴隶的路上走更可耻。罪过如果在自己，应该忏悔；如果在旁人，也应深恶痛绝，设法加以裁制。

谈冷静

德国哲学家尼采把人类精神分为两种，一是阿波罗的，一是狄俄尼索斯的。这两个名称起源于希腊神话。阿波罗是日神，是光的来源，世间一切事物得着光才显现形相。希腊人想象阿波罗凭临奥林匹斯高峰，雍容肃穆，转运他的熠熠生辉的巨眼，普照世间一切，妍丑悲欢，同供玩赏，风帆自动而此心不为之动，他永远是一个冷静的旁观者。狄俄尼索斯是酒神，是生命的来源，生命无常幻变，狄俄尼索斯要在生命幻变中忘却生命幻变所生的痛苦，纵饮狂歌，争取刹那间尽量的欢乐，时时随着生命的狂澜流转，如醉如痴，曾不停止一息来返观自然或是玩味事物的形相，他永远是生命剧场中一个热烈的扮演者。尼采以为人类精神原有这两种分别，一静一动，一冷一热，一旁观，一表演。艺术是精神的表现，也有这两种分别，例如图画、雕刻等造型艺术是代表阿波罗精神的，音乐、跳舞等非造型艺术是代表狄俄尼索斯精神的。依尼采看，古代希腊人本最富于狄俄尼索斯精神，体验生命的痛苦最深切，所以内心最悲苦，然而没有走上绝望自杀的路，就好在有阿波罗精神来营救，使他们由表演者的地位跳到旁观者的地位，由热烈而冷静，于是人生一切灾祸罪孽便变成庄严灿烂的意象，产生了希腊人的最高艺术——悲剧。

尼采的这番话乍看来未免离奇，实在含有至理。近代心理学区分性格的话和它暗合的很多，我们在这里不必繁引。尼采专就希腊艺术着眼，以为它的长处在以阿波罗精神化狄俄尼索斯精神。希腊艺术的作风在后来被称为"古典的"，和"浪漫的"相对立。所谓"古典的"作风特点就在冷静、有节制、有含蓄，全体必须和谐完美；所谓"浪漫的"作风特点就在热烈、自由流露、尽量表现、想象丰富、情感深至，而全体形式则偶不免有瑕疵。从此可知古典主义是偏于阿波罗精神的，浪漫主义是偏于狄俄尼索斯精神的。

"古典的"与"浪漫的"原只适用于文艺，后来常有人借用这两个形容词来谈人的性格，说冷静的、纯正的、情理调和的人是"古典的"；热烈的、好奇特的、偏重情感与幻想的人是"浪漫的"。人禀赋不同，生来各有偏向，教育与环境也常容易使人习染于某一方面，但就大体来说，青年人的性格常偏于"浪漫的"，老年人的性格常偏于"古典的"，一个民族也往往如此。这两种性格各有特长，在理论上我们似难做左右袒。不过我们可以说，无论在艺术或在为人方面，"浪漫的"都多少带着些稚气，而"古典的"则是成熟的境界。如果读者容许我说一点个人的经验，我的青年期已过去了，现在快走完中年的阶段，我曾经热烈地爱好过"浪漫的"文艺与性格，现在已开始逐渐发现"古典的"更可爱。

我觉得一个人在任何方面想有真正伟大的成就,"古典的"、"阿波罗的"冷静都绝不可少。

要明白冷静,先要明白我们通常所以不能冷静的原因。说浅一点,不能冷静是任情感、逞意气,易受欲望的冲动,处处显得粗心浮气;说深一点,不能冷静是整个性格修养上的欠缺,心境不够冲和豁达,头脑不够清醒,风度不够镇定安详。说到性格修养,困难在调和情与理。人是有生气的动物,不能无情感;人为万物之灵,不能无理智。情热而理冷,所以常相冲突。有一部分宗教家和哲学家见到任情纵欲的危险,主张抑情以存理。这未免是剥丧一部分人类天性,可以使人生了无生气,不能算是健康的人生观。中外大哲人如孔子、柏拉图诸人都主张以理智节制情欲,使情欲得其正而能与理智相调和。不过这不是一件易事。孔子自道经验说:"七十而从心所欲,不逾矩。"这才算是情理融和的境界,以孔子那样圣哲,到七十岁才能做到,可见其难能可贵。大抵修养入手的功夫在多读书明理,自己时时检点自己,要使理智常是清醒的,不让情感与欲望恣意孤行,久而久之,自然胸襟澄然,矜平躁释,遇事都能保持冷静的态度。

学问是理智的事,所以没有冷静的态度不能做学问。在做学问方面,冷静的态度就是科学的态度。科学(一切求真理的活动都包含在内)的任务在根据事实推求原理,在紊乱中建立秩序,在繁复中寻求条理。要达到这种任务,科学必须尊重所有的事实,无论它是正面的或反面的,不能挟丝毫成见去抹杀事实或是歪曲事实;他根据人力所能发现的事实去推求结论,必须步步虚心谨慎，把所有的可能的解说都加以缜密考虑，仔细权衡得失，然后选定一个比较圆满的解说，留待未来事实的参证。所以科学的态度必须冷静，冷静才能客观、缜密、谨严。尝见学者立说，胸中先有一成见，把反面的事实抹杀，把相反的意见丢开，矜一曲之见为伟大发明，旁人稍加批评，便以怒目相加，横肆诋骂，批评者也以诋骂相报，此来彼去，如泼妇骂街，把原来的论点完全忘去。我们通常说这是动情感，凭意气。一个人愈易动情感，凭意气，在学问上愈难有成就。一个有学问的人必定是"清明在躬，志气如神"，换句话说，必定能冷静。

一般人欢喜拿文艺和科学对比，以为科学重理智而文艺重情感。其实文艺正因为表现情感的缘故，需要理智的控制反比科学更甚。英国诗人华兹华斯曾自道经验说："诗起于沉静中所回味得来的情绪。"人人都能感受情绪，感受情绪而能在沉静中回味，才是文艺家的特殊修养。感受是能入，回味是能出。能入是主观的、热烈的；回味是客观的、冷静的。前者是尼采所谓狄俄尼索斯精神的表现，而后者则是阿波罗精神的表现，许多人以为生糙情感便是文艺材料，怪自己没有能力去表现，其实文艺须在这生糙情感之上加以冷静的回味，思索，安排，才能豁然贯通，见出形式。语言与情思都必经过洗刷炼裁，才能恰到好处。许多人在兴高采烈时完成一个作品，便自矜为绝作，过些时候自己再看一遍，就不免发现许多毛病。罗马批评家贺拉斯劝人在完成作品之后，放下几年才发表，也是有见于文艺创作与修改，须要冷静，过于信任一时热烈兴头是最易误事的。我们在前面已经说过，成熟的"古典的"文艺作品特色就在冷静。近代写实派不满意于浪漫派,原因在于主张文艺要冷静。一个人多在文艺方面下功夫,常容易养成冷静的态度。关于这一点,我在几年前写过一段自白,希望读者容许我引来参证:

我应该感谢文艺的地方很多,尤其他教我学会一种观世法。一般人常以为只有科学的训练才可以养成冷静的客观的头脑。……我也学过科学,但是我的冷静的客观的头脑不是从科学而是从文艺得来的。凡是不能持冷静的客观的态度的人,毛病都在把"我"看得太大。他们从"我"这一副着色的望远镜里看世界,一切事物于是都失去它们的本来面目。所谓冷静的客观的态度就是丢开这副望远镜,让"我"跳到圈子以外,不当作世界里有"我"而去看世界,还是把"我"与类似"我"的一切东西同样看待。这是文艺的观世法,也是我所学得的观世法。

我引这段话,一方面说明文艺的活动是冷静,一方面也趁便引出做人也要冷静的道理。我刚才提到丢开"我"去看世界,我们也应该丢开"我"去看"我"。"我"是一个最可宝贵也是最难对付的东西。一个人不能无"我",无"我"便是无主见,无人格。一个人也不能执"我",执"我"便是持成见,逞意气,做学问不易精进,做事业也不易成功。佛家主张"无我相",老子劝告孔子"去子之骄气与多欲",都是有见于"执我"的错误。"我"既不能无,又不能执,如何才可以调剂安排,恰到好处呢?这需要知识。我们必须彻底认清"我",才会妥贴地处理"我"。

"知道你自己",这句名言为一般哲学家公认为希腊人的最高智慧的结晶。世间事物最不容易知道的是你自己，因为要知道你自己，你必须能丢开"我"去看"我"，而事实上有了"我"就不易丢开"我"，许多人都时时为我见所蒙蔽而不自知，人不易自知，犹如有眼不能自见，有力不能自举。你本是一个凡人，你却容易把自己看成一个英雄；你的某一个念头、某一句话、某一种行为本是错误的，因为是你自己所想的、说的、做的，你的主观成见总使你自信它是对的。执迷不悟是人所常犯的过失。中国儒家要除去这个毛病，提倡"自省"的功夫。"自省"就是自己审问自己，丢开"我"去看"我"。一般人眼睛常是朝外看，自省就是把眼光转向里面看。一般能自省的人才能自知。自省所凭借的是理智，是冷静的客观的科学的头脑。能冷静自省，品格上许多亏缺都可以免除。比如你发愤时，经过一番冷静的自省，你的怒气自然消释；你起了一个不正当的欲念时，经过一番冷静的自省，那个欲念也就冷淡下去；你和人因持异见争执，盛气相凌，你如果能冷静地把所有的论证衡量一下，你自然会发现谁是谁非，如果你自己不对，你须自认错误，如果你自己对，你有理由可以说服人。

　　从这些例子看，"自省"含有"自制"的功夫在内。一个能自制的人才能自强。能自制便有极大的意志力，有极大的意志力才能认定目标，看清事物条理，征服一切环境的困难，百折不挠以抵于成功。古今英雄豪杰有大过人的地方都在有坚强的意志力，而他们的坚强的意志力的表现往往在自制方面。哲学家如苏格拉底，宗教家如耶稣、释迦牟尼，政治家如诸葛亮、谢安、李泌，

谈冷静

都是显著的实例。许多人动辄发火生气，或放僻邪侈，横无忌惮，或暴戾刚愎，恣意孤行，这种人看来像是强悍勇猛，实在最软弱，他们做情感的奴隶，或是卑劣欲望的奴隶，自己尚且不能控制，怎能控制旁人或控制环境呢？这种人大半缺乏冷静，遇事鲁莽灭裂，终必至于偾事。如果军国大政落在这种人的手里，则国家民族变成野心或私欲的孤注，在一喜一怒之间轻轻被断送。今日的德意志和日本不惜涂炭千百万生灵，置全民族命脉于险境，实由于少数掌政权者缺乏冷静的头脑，聊图逞一时的意气与狂妄的野心，如悬崖纵马，一放而不可收拾。这是最好的殷鉴。人类许多不必要的灾祸罪孽都是这种人惹出来的。如果我们从这些事例上想一想，就可以见出一个人或一个民族在失去冷静的理智的态度时所冒的危险。

一个理想的人须是有德有学有才。德与学需要冷静，如上所述，才也不是例外。才是处事的能力。一件事常有许多错综复杂的关系，头脑不冷静的人处之，便如置身云里雾中，觉得需要处理的是一团乱丝，处处是纠纷困难。他不是束手无策，就是考虑不周到，布置不缜密，一个困难未解决，又横生枝节，把事情弄得更糟，冷静的人便能运用科学的眼光，把目前复杂情形全盘一看，看出其中关系条理与轻重要害，在种种可能的办法之中选择一个最合理的，于是一切纠纷困难便如庖丁解牛，迎刃而解。治个人私事如此，治军国大事也是如此，能冷静的人必能谋定后动，动无不成。

一个冷静的人常是立定脚跟，胸有成竹，所以临难遇险，能好整以暇，雍容部署，不至张皇失措。我们中国人对于这种风格向来当作一种美德来欣赏赞叹。孔子在陈过匡，视险若夷，汉高伤胸扪足，史传都传为美谈，后来《世说新语》所载的"雅量"事例尤多，现提举数条来说明本文所谈的冷静：

桓公伏甲设馔，广延朝士，因此欲诛谢安、王坦之。王甚遽，问谢曰："当作何计？"谢神色不变，谓文度曰："晋阼存亡在此一行。"相与俱前，王之恐状转见于色，谢之宽容愈表于貌，望阶趋席，方作"洛生咏"，讽"浩浩洪流"。桓惮其旷远，乃趣解兵。王谢旧齐名，于此始判优劣。

谢太傅盘桓东山，时与孙兴公诸人泛海戏。风起浪涌，孙王诸人色并遽，便唱使还。太傅神情方王，吟啸不言。舟人以公貌闲意悦，犹去不止。既风转急浪猛，诸人皆喧动不坐。公徐云："如此，将无归。"众人即承响而回，于是审其量，足以镇定朝野。

王子猷子敬曾俱坐一室，上忽发火。子猷遽走避，不遑取屐；子敬神色恬然，徐唤左右扶凭而出，不异平常。世以此定二王神宇。

这些都是冷静态度的最好实例。这种"雅量"所以难能可贵，因为它是整个人格的表现，需要深厚的修养。有这种雅量的人才能担当大事，因为他豁达、清醒、沉着，不易受困难摇动，在危急中仍可想出办法。

冷静并不如庄子所说的"形如槁木，心如死灰"，但是像他所说的游鱼从容自乐。禅家最好做冷静的功夫，他们的胜境却不在坐禅而在禅机。这"机"字最妙。宇宙间许多至理妙谛，寄寓于极平常微细的事物中，往往被粗心浮气的人们忽略过，陈同甫所以有"恨芳菲世界，游人未赏，都付与莺和燕"的嗟叹。冷静的人才能静观，才能发现"万物皆自得"。孔子引《诗经》"鸢飞戾天，鱼跃于渊"二句而加以评释说："言其上下察也。"这"察"字下得极好，能"察"便能处处发现生机，吸收生机，觉得人生有无穷乐趣。世间人的毛病只是习焉不察，所以生活枯燥，日流于卑鄙污浊。"察"就是"静观"，美学家所说的"观照"，它的唯一条件是冷静超脱。哲学家和科学家所做的功夫在这"察"字上，诗人和艺术家所做的功夫也还在这"察"字上。尼采所说的日神阿波罗也是时常在"察"。人在冷静时静观默察，处处触机生悟，便是"地行仙"。有这种修养的人才有极丰富的生机和极厚实的力量！

谈学问

这是一个大题目，不易谈；因为许多人对它有很大的误解，却又不能不谈。最大的误解在把学问和读书看成一件事。子弟进学校不说是"求学"而说是"读书"，学子向来叫作"读书人"，粗通外国文者在应该用"学习"（learn）或"治学"（study）等字时常用"阅读"（read）来代替。这种传统观念的错误影响到我国整个教育的倾向。各级学校大半把教育缩为知识传授，而知识传授的途径就只有读书，教员只是"教书人"。这种错误的观念如果不改正，教育和学问恐怕就没有走上正轨的希望。如果我们稍加思索，它也应该不难改正。学是学习，问是追问。世间可学习可追问的事理甚多，知识技能须学问，品格修养也还须学问；读书人须学问，农工商兵也还须学问，各行有各行的"行径"。学问是任何人对于任何事理，由不知求知，由不能求能的一套功夫。它的范围无限，人生一切活动，宇宙一切现象和真理，莫不包含在内。学问的方法甚多。人从堕地出世，没有一天不在学问。有些学问是由仿效得来的，也有些学问是由尝试、思索、体验和涵养得来的。读书不过是学问的方法之一种，它当然很重要，却并非唯一的。朱子教门徒，一再申说"读书乃学者第二事"。有许多读书人实在并非在做学问，也有许多实在做学问的人并不专靠读书，制造文字——书的要素——是一种绝大学问，而首先制造文字的人就根本无书可读。许多其他学问都可由此类推。子路的"何必读书然后为学"一句话本身并不错，孔子骂他，只是讨厌他说这话的动机在辩护让一个青年学子去做官，也并没有说它本身错。

　　一般人常埋怨现在青年对于学问没有浓厚的兴趣。就个人任教的经验说，我也有这样的观感。平心而论，这大半要归咎我们"教书人"。把学问看成"教书"、"读书"一个错误的观念如果不全是我们养成的，至少我们未曾设法纠正。而且我们自己又没有好生学问，给青年学子树一个好榜样，可以激励他们的志气，提起他们的兴趣。此外，社会上一般人对于学问的性质和功用所存的误解也不无关系。近代西方学者常把纯理的学问和应用的学问分开，以为治应用的学问是有所为而为，治纯理的学问是无所为而为。他们怕学问全落到应用一条窄路上，曾设法替无所为而为的学问辩护，说它虽"无用"，却可满足人类的求知欲。这种用心很可佩服，而措词却不甚正确。学问起于生活的需要，世间绝没有一种学问无用，不过"用"的意义有广狭之别。学得一种学问，就可以有一种技能，拿它来应用于实际事业，如学得数学几何三角就可以去算账、测量、建筑、制造机械，这是最正常的"用"字的狭义。学得一点知识技能，就混得一种资格，可以谋一个职业，解决饭碗问题，这是功利主义的"用"字的狭义。但是学问的功用并不仅如此，我们甚至可以说，学问的最大功用并不在此。心理学者研究智力，有普通智力与特殊智力的分别；古人和今人品题人物，都有通才与专才的分别。学问的功用也可以说有"通"有"专"。治数学即应用于计算数量，这是学问的专用；治数学而变成一个思想缜密、性格和谐、善于立身处世的人，这是学问的通用。学问在实际上确有这种通用。就智慧说，学问是训练思想的工具。一个真正有学问的人必定知识丰富、思想锐敏、洞达事理，处任何环境，知道把握纲要、分析条理、解决困难。就性格说，学问是道德修养的途径。苏格拉底说得好，"知识即德行"。世间许多罪恶都起于愚昧，如果真正彻底明了一件事是好的，另一件事是坏的，一个人决不会睁着眼睛向坏的方面走。中国儒家讲学问，素来全重立身行己的功夫，一个学者应该是一个圣贤，不仅如现在所谓"知识分子"。

现在所谓"知识分子"的毛病在只看到学的狭义的"用"，尤其是功利主义的"用"。学问只是一种干禄的工具。我曾听到一位教授在编成一部讲义之后，心满意足地说："一生吃着不尽了！"我又曾听到一位朋友劝导他的亲戚不让刚在中学毕业的儿子去就小事说："你这种办法简直是吃稻种！"许多升学的青年实在只为着要让稻种发生成大量谷子，预备"吃着不尽"。所以大学里"出路"最广的学系如经济系、机械系之类常是拥挤不堪，而哲学系、数学系、生物学系诸"冷门"，就简直无人问津。治学问根本不是为学问本身，而是为着它的出路销场，在治学问时既是"醉翁之意不在酒"，得到出路销场后当然更是"得鱼忘筌"

了。在这种情形之下的我们如何能期望青年学生对于学问有浓厚的兴趣呢?

这种对于学问功用的窄狭而错误的观念必须及早纠正。生活对于有生之伦是唯一的要务,学问是为生活。这两点本是天经地义。不过现代中国人的错误在把"生活"只看成口腹之养。"谋生活"与"谋衣食"在流行语中是同一意义。这实在是错误得可怜可笑。人有肉体,有心灵。肉体有它的生活,心灵也应有它的生活。肉体需要营养,心灵也不能"辟谷"。肉体缺乏营养,必酿成饥饿病死;心灵缺乏营养,自然也要干枯腐化。人为万物之灵,就在他有心灵或精神生活。所以测量人的成就并不在他能否谋温饱,而在他有无丰富的精神生活。一个人到了只顾衣食饱暖而对于真善美漫不感觉兴趣时,他就只能算是一种"行尸走肉",一个民族到了只顾体肤需要而不珍视精神生活的价值时,它也就必定逐渐没落了。

学问是精神的食粮,它使我们的精神生活更加丰富。肚皮装得饱饱的,是一件乐事,心灵装得饱饱的,是一件更大的乐事。一个人在学问上如果有浓厚的兴趣,精深的造诣,他会发现万事万物各有一个妙理在内,他会发现自己的心涵蕴万象,澄明通达,时时有寄托,时时在生展,这种人的生活决不会干枯,他也决不会做出卑污下贱的事。《论语》记"颜子在陋巷,一箪食,一瓢饮,人不堪其忧,回也不改其乐"。孔子赞他"贤",并不仅因为他能安贫,尤其因为他能乐道,换句话说,他有极丰富的精神生活。宋儒教人体会颜子所乐何在,也恰抓着紧要处,我们现在的人不但不能了解这种体会的重要,而且把它看成道学家的迂腐。这在民族文化上是一个极严重的病象,必须趁早设法医治。

中国语中"学"与"问"连在一起说,意义至为深妙,比西文中相当的译词如 learning、study、science 诸字都好得多。人生来有向上心,有求知欲,对于不知道的事物欢喜发疑问。对于一种事物发生疑问,就是对于它感觉兴趣。既有疑问,就想法解决它,几经摸索,终于得到一个答案,于是不知道的变为知道的,所谓"一旦豁然贯通",这便是学有心得。学原来离不掉问,不会起疑问就不会有学。许多人对于一种学问不感觉兴趣,原因就在那种学问对于他们不成问题,没有什么逼得他们要求知道。但是学问的好处正在原来有问题的可以变成没有问题,原来没有问题的也可以变成有问题。前者是未知变成已知,后者是发现貌似已知究竟仍为未知。比如说逻辑学,一个中学生学过一年半载,看过一部普通教科书,觉得命题、推理、归纳、演绎之类都讲得妥妥贴贴,了无疑义。可是他如果进一步在逻辑学上面下一点研究功夫,便会发现他从前认为透懂的几乎没有一件不成为问题,没有一件不曾经许多学者辩论过。他如果再更进一步去讨探,他会自己发现许多有趣的问题,并且觉悟到他自己一辈子也不一定能把这些问题都解决得妥妥贴贴。逻辑学是一科比较不幼稚的学问,犹且如此,其他学问更可由此类推了。一个人对于一种学问如果肯钻进里面去,必须使有问题的变为没有问题(这便是问),疑问无穷,发现无穷,兴趣也就无穷。学问之难在此,学问之乐也就在此。一个人对于一种学问说是不感兴趣,那只能证明他不用心，不努力下功夫，没有钻进里面去。世间绝没有自身无兴趣的学问，人感觉不到兴趣，只由于人的愚昧或懒惰。

学与问相连，所以学问不只是记忆而必是思想，不只是因袭而必是创造。凡是思想都是由已知推未知，创造都是旧材料的新综合，所以思想究竟须从记忆出发，创造究竟须从因袭出发。由记忆生思想，由因袭生创造，犹如吸收食物加以消化之后变为生命的动力。食而不化固然是无用，不食而求化也还是求无中生有。向来论学问的话没有比孔子的"学而不思则罔，思而不学则殆"两句更为精深透辟。学原有"效"义，研究儿童心理学者都知道学习大半基于因袭或摹仿。这里所谓"学"是偏重吸收前人已有的知识和经验。思是自己运用脑筋，一方面求所学得的能融会贯通，井然有条，一方面由疑难启发新知识与新经验。一般学子有两种通弊。一种是聪明人所常犯着的，他们过于相信自己的思考力而忽略前人的成就。其实每种学问都有长久的历史，其中每一个问题都曾经许多人思虑过，讨论过，提出过种种不同的解答，你必须明白这些经过，才可以利用前人的收获，免得绕弯子甚至于走错路。比如说生物学上的遗传问题，从前雷马克、达尔文、魏意斯曼、孟德尔诸大家已经做过许多实验，得到许多观察，用过许多思考。假如你对于他们的工作茫无所知或是一笔抹杀，只凭你自己的聪明才力来解决遗传问题，这岂不是狂妄？世间这种"思而不学"的人正甚多，他们不知道这种凭空构造的"殆"。另外一种通弊是资质较钝而肯用功的人所常犯的。他们一味读死书，古人所说的无论正确不正确，都不分皂白地接受过来，吟咏赞叹，自己毫不用思考求融会贯通，更没有一点冒险的精神，自己去求新发现，这是学而不思，孔子对于这种办法所下的评语是"罔"，意思就是说无用。

学问全是自家的事。环境好、图书设备充足、有良师益友指导启发，当然有很大的帮助。但是这些条件具备不一定能保障一个人在学问上有成就，世间也有些在学问上有成就的人并不具这些条件。最重要的因素是个人自己的努力。学问是一件艰苦的事，许多人不能忍耐它所必经的艰苦。努力之外，第二个重要的因素是认清方向与门径。入手如果走错了路，愈努力则入迷愈深，离题愈远。比如学写字、诗文或图画，一走上庸俗恶劣的路，后来如果想把它丢开，比收覆水还更困难，习惯的力量比什么都较沉重，世上有许多人像在努力做学问，只是陷入"野狐禅"，高自期许而实荒谬绝伦，这个毛病只有良师益友可以挽救。学校教育，在我想，只有两个重要的功用：第一是启发兴趣，其次就是指点门径。现在一般学校不在这两方面努力，只尽量灌输死板的知识。这种教育对于学问不仅无裨益而且是障碍！

谈读书

十几年前我曾经写过一篇短文谈读书,这问题实在是谈不尽,而且这些年来我的见解也有些变迁,现在再就这问题谈一回,趁便把上次谈学问有未尽的话略加补充。

学问不只是读书,而读书究竟是学问的一个重要途径。因为学问不仅是个人的事而是全人类的事,每科学问到了现在的阶段,是全人类分途努力日积月累所得到的成就,而这成就还没有湮没,就全靠有书籍记载流传下来。书籍是过去人类的精神遗产的宝库,也可以说是人类文化学术前进轨迹上的里程碑。我们就现阶段的文化学术求前进,必定根据过去人类已得的成就做出发点。如果抹杀过去人类已得的成就,我们说不定要把出发点移回到几百年甚至几千年前,纵然能前进,也还是开倒车落伍。读书是要清算过去人类成就的总账,把几千年的人类思想经验在短促的几十年内重温一遍,把过去无数亿万人辛苦获来的知识教训集中到读者一个人身上去受用。有了这种准备,一个人总能在学问途程上作万里长征,去发现新的世界。

历史愈前进，人类的精神遗产愈丰富，书籍愈浩繁，而读书也就愈不易。书籍固然可贵，却也是一种累赘，可以变成研究学问的障碍。它至少有两大流弊。第一，书多易使读者不专精。我国古代学者因书籍难得，皓首穷年才能治一经，书虽读得少，读一部却就是一部，口诵心惟，咀嚼得烂熟，透入身心，变成一种精神的原动力，一生受用不尽。现在书籍易得，一个青年学者就可夸口曾过目万卷，"过目"的虽多，"留心"的却少，譬如饮食，不消化的东西积得愈多，愈易酿成肠胃病，许多浮浅虚骄的习气都由耳食肤受所养成。其次，书多易使读者迷方向。任何一种学问的书籍现在都可装满一个图书馆，其中真正绝对不可不读的基本著作往往不过数十部甚至于数部。许多初学者贪多而不务得，在无足轻重的书籍上浪费时间与精力，就不免把基本要籍耽搁了；比如学哲学者尽管看过无数种的哲学史和哲学概论，却没有看过一种柏拉图的《对话集》，学经济学者尽管读过无数种的教科书，却没有看过亚当·斯密的《原富》。做学问如作战，须攻坚挫锐，占住要塞。目标太多了，掩埋了坚锐所在，只东打一拳，西踏一脚，就成了"消耗战"。

读书并不在多，最重要的是选得精，读得彻底，与其读十部无关轻重的书，不如以读十部书的时间和精力去读一部真正值得读的书；与其十部书都只能泛览一遍，不如取一部书精读十遍。"好书不厌百回读，熟读深思子自知"，这两句诗值得每个读书人悬为座右铭。读书原为自己受用，多读不能算是荣誉，少读也不能算是羞耻。少读如果彻底，必能养成深思熟虑的习惯，涵泳优游，以至于变化气质；多读而不求甚解，则如驰骋十里洋场，虽珍奇满目，徒惹得心花意乱，空手而归。世间许多人读书只为装点门面，如暴发户炫耀家私，以多为贵。这在治学方面是自欺欺人，在做人方面是趣味低劣。

读的书当分种类，一种是为获得现世界公民所必需的常识，一种是为做专门学问。为获常识起见，目前一般中学和大学初年级的课程，如果认真学习，也就很够用。所谓认真学习，熟读讲义课本并不济事，每科必须精选要籍三五种来仔细玩索一番。常识课程总共不过十数种，每种选读要籍三五种，总计应读的书也不过五十部左右。这不能算是过奢的要求。一般读书人所读过的书大半不止此数，他们不能得实益，是因为他们没有选择，而阅读时又只潦草滑过。

常识不但是现世界公民所必需，就是专门学者也不能缺少它。近代科学分野严密，治一科学问者多固步自封，以专门为借口，对其他相关学问毫不过问。这对于分工研究或许是必要，而对于淹通深造却是牺牲。宇宙本为有机体，其中事理彼此息息相关，牵其一即动其余，所以研究事理的种种学问在表面上虽可分别，在实际上却不能割开。世间绝没有一科孤立绝缘的学问。比如政治学须牵涉历史、经济、法律、哲学、心理学以至于外交、军事等，如果一个人对于这些相关学问未曾问津，入手就要专门习政治学，愈前进必愈感困难，如老鼠钻牛角，愈钻愈窄，寻不着出路。其他学问也大抵如此，不能通就不能专，不能博就不能约。先博学而后守约，这是治任何学问所必守的程序。我们只看学术史，凡是在某一科学问上有大成就的人，都必定于许多它科学问有深广的基础。目前我国一般青年学子动辄喜言专门，以至于许多专门学者对于极基本的学科毫无常识，这种风气也许是在国外大学做博士论文的先生们所酿成的。它影响到我们的大学课程，许多学系所设的科目"专"到不近情理，在外国大学研究院里也不一定有。这好像逼吃奶的小孩去嚼肉骨，岂不是误人子弟？

有些人读书，全凭自己的兴趣。今天遇到一部有趣的书就把预拟做的事丢开，用全副精力去读它；明天遇到另一部有趣的书，仍是如此办，虽然这两书在性质上毫不相关。一年之中可以时而习天文，时而研究蜜蜂，时而读莎士比亚。在旁人认为重要而自己不感兴味的书都一概置之不理。这种读法有如打游击，亦如蜜蜂采蜜。它的好处在使读书成为乐事，对于一时兴起的著作可以深入，久而久之，可以养成一种不平凡的思路与胸襟。它的坏处在使读书泛滥而无所归宿，缺乏专门研究所必需的"经院式"的系统训练，产生畸形的发展，对于某一方面知识过于重视，对于另一方面知识可以很蒙昧。我的朋友中有专门读冷僻书籍，对于正经正史从未过问的，他在文学上虽有造就，但不能算是专门学者。如果一个人有时间与精力允许他过享乐主义的生活，不把读书当作工作而只当作消遣，这种蜜蜂采蜜式的读书法原亦未尝不可采用。但是一个人如果抱有成就一种学问的志愿，他就不能不有预定计划与系统。对于他，读书不仅是追求兴趣，尤其是一种训练，一种准备。有些有趣的书他须得牺牲，也有些初看很枯燥的书他必须咬定牙关去硬啃，啃久了他自然还可以啃出滋味来。

读书必须有一个中心去维持兴趣，或是科目，或是问题。以科目为中心时，就要精选那一科要籍，一部一部地从头读到尾，以求对于该科得到一个概括的了解，作进一步高深研究的准备。读文学作品以作家为中心，读史学作品以时代为中心，也属于这一类。以问题为中心时，心中先须有一个待研究的问题，然后采关于这问题的书籍去读，用意在搜集材料和诸家对于这问题的意见，以供自己权衡去取，推求结论。重要的书仍须全看，其余的这里看一章，那里看一节，得到所要搜集的材料就可以丢手。这是一般做研究工作者所常用的方法，对于初学不相宜。不过初学者以科目为中心时，仍可约略采取以问题为中心的微意。一书作几遍看，每一遍只着重某一方面。苏东坡《与王朗书》曾谈到这个方法：

少年为学者，每一书皆作数次读之。当如入海百货皆有，人之精力不能并收尽取，但是其所欲求者耳。故愿学者每一次作一意求之，如欲求古今兴亡治乱圣贤作用，且只作此意求之，勿生余念；又别作一次求事迹文物之类，亦如之。他皆仿此。若学成，八面受敌，与慕涉猎者不可同日而语。

朱子尝劝他的门人采用这个方法。它是精读的一个要诀，可以养成仔细分析的习惯。举看小说为例，第一次但求故事结构，第二次但求注意人物描写，第三次但求人物与故事的穿插，以至于对话、辞藻、社会背景、人生态度等都可如此逐次研求。

读书要有中心，有中心才易有系统组织。比如看史书，假定注意的中心是教育与政治的关系，则全书中所有关于这问题的史实都被这中心联系起来，自成一个系统。以后读其他书籍如经子专集之类，自然也常遇着关于政教关系的事实与理论，它们也自然归到从前看史书时所形成的那个系统了。一个人心里可以同时有许多系统中心，如一部字典有许多"部首"，每得一条新知识，就会依物以类聚的原则，汇归到它的性质相近的系统里去，就如拈新字贴进字典里去，是人旁的字都归到人部，是水旁的字都归到水部。大凡零星片段的知识，不但易忘，而且无用。每次所得的新知识必须与旧有的知识联络贯串，这就是说，必须围绕一个中心归聚到一个系统里去，才会生根，才会开花结果。

记忆力有它的限度，要把读过的书所形成的知识系统，原本枝叶都放在脑里储藏起，在事实上往往不可能。如果不能储藏，过目即忘，则读亦等于不读。我们必须于脑以外另辟储藏室，把脑所储藏不尽的都移到那里去。这种储藏室在从前是笔记，在现代是卡片。记笔记和做卡片有如植物学家采集标本，须分门别类订成目录，采得一件就归入某一门某一类，时间过久了，采集的东西虽极多，却各有班位，条理井然。这是一个极合乎科学的办法，它不但可以节省脑力，储有用的材料，供将来的需要，还可以增强思想的条理化与系统化。预备做研究工作的人对于记笔记做卡片的训练，宜于早下功夫。

谈英雄崇拜

关于英雄崇拜有两种相反的看法,依一种看法,英雄造时势,人类文化各方面的发端与进展都靠着少数伟大人物去倡导推动,多数人只在随从附和。一个民族有无伟大成就,要看他有无伟大人物,也要看他中间多数民众对于伟大人物能否倾倒敬慕,闻风兴起。卡莱尔在他的名著《英雄崇拜》里大致持这种看法。"世界历史,"他说,"人类在这世界上所成就的事业的历史,骨子里就是在当中工作的几个伟大人物的历史。""英雄崇拜就是对于伟大人物的极高度的爱慕。在人类胸中没有一种情操比这对于高于自己者的爱慕更为高贵"。尼采的超人主义其实也是一种英雄崇拜主义涂上了一层哲学的色彩。但依另一种看法,时势造英雄,历史的原动力是多数民众,民众的努力造成每时代政教文化各方面的"大势所趋",而所谓英雄不过顺承这"大势所趋"而加以尖锐化,并没有什么神奇。这是托尔斯泰在《战争与和平》里所提出的主张。他说:"英雄只是贴在历史上的标签,他们的姓名只是历史事件的款识。"有些人根据这个主张而推论到英雄不必受崇拜。从史实看，自从古雅典城时代的群众领袖（Demagogue）一直到现代极权国家的独裁者，有不少的事例可证明盲目的英雄崇拜往往酿成极大的灾祸。有些人根据这些事例而推论到英雄崇拜的危险。此外也还有些人以为崇拜英雄势必流于发展奴性，阻碍独立自由的企图，造成政治上的独裁与学术思想上的正统专制，与德谟克拉西精神根本不相容。

就大体说，反对英雄崇拜的理论在现代颇占优势，因为它很合一批不很英雄的人们的口胃。不过在事实上，英雄崇拜到现在还很普遍而且深固，无论带哪一种色彩的人心中都免不掉有几分。托尔斯泰不很看重英雄，而他自己却被许多人当作英雄去崇拜。这是一个很有趣而也很有意义的人生讽刺。社会靠着传统和反抗两种相反的势力演进。无论你站在哪一方壁垒，双方都各有它的理想的斗士，它的英雄；维拥传统者如此，反抗者也是如此。从有人类社会到现在，每时代每社会都有它的英雄，而英雄也都被人崇拜，这是铁一般的事实，没有人能否认的。我们在这里用不着替一个与历史俱久的事实辩护，我们只须研究它的涵义和在人生社会上的可能的功用。

什么叫作"英雄"。牛津字典所给 hero 的字义大要有四：第一是"具有超人的本领，为神灵所默佑者"；其次是"声名煊赫的战士，曾为国争战者"；第三是"其成就及高贵性格为人所景仰者"；最后是"诗和戏剧中的主角"。这四个意义显然是互相关联的。凡是英雄必定是非常人，得天独厚，能人之所难能，在艰危时代能为国家杀敌御侮，在承平时代他的事业和品学也能为民族的楷模，在任何重大事件中，他必是倡导推动者，如戏剧中的主角。他的名称有时不很一致，"圣贤"、"豪杰"、"至人"，所指的都大致相同。

一谈到英雄，大概没有不明了他是什么一种人；可是追问到究竟哪一个人才算是英雄，意见却很难一致。小孩子们看惯侠义小说，心目中的英雄是在峨眉山修炼得道的拳师剑侠；江湖帮客所知道的英雄是《水浒传》里所形容的梁山泊一群好汉和他们帮里的"柁把子"。读书人言必讲周孔，弄武艺的人拜关羽、岳飞。古代和近代，中国和西方，所持的英雄标准也不完全一致。仔细研究起来，每种社会，每种阶级，甚至于每个人都各有各的英雄。所以这个意义似很明显的名称所指的究为何种人实在很难确定。

这也并不足为奇。英雄本是一种理想人物。一群人或一个人所崇拜的英雄其实就是他们的或他的人生理想的结晶。人生理想如忠孝节义智仁勇之类都是抽象概念，颇难捉摸，而人类心理习性常倾向于依附可捉摸的具体事例。英雄就是抽象的人生理想所实现的具体事例，他是一幅天然图画，大家都可以指着他向自己说："像那样的人才是我们所应羡慕而仿效的！"说到英勇，一般人印象也许很模糊，但是一般人都知道崇拜秦皇汉武，或是亚历山大和拿破仑。人人尽管知道忠义为美德，但是要一般人为忠义所感动，千言万语也抵不上一篇岳飞或文天祥的叙传。每个人，每个社会，都有他的特殊的人生理想；很显然的，也就有他的特殊英雄。哲学家的英雄是孔子和苏格拉底，宗教家的英雄是释迦和耶稣，侵略者的英雄是拿破仑，而资本家的英雄则为煤油大王和钢铁大王。行行出状元，就是行行有英雄。

人们所崇拜的英雄尽管不同，而崇拜的心理则无二致。这心理分析起来也很复杂。每个英雄必有确足令人钦佩之点，经得起理智衡量，不仅能引起盲目的崇拜。但是"崇拜"是宗教上的术语，既云崇拜，就不免带有几分宗教的迷信，就不免有几分盲目。英雄尽管有不足崇拜处，可是我们既然崇拜他，就只看得见他的长处，看不见他的短处。"爱而知其恶"就不是崇拜，崇拜是无限制的敬慕，有时甚至失去理性。西谚说："没有人是他的仆从的英雄。"因为亲信的仆从对主人看得太清楚。古代帝王要"深居简出"，实有一套秘诀在里面。在崇拜的心理中，情感的成分远过于理智的成分。英雄崇拜的缺点在此，因为它免不掉几分盲目的迷信；但是优点也正在此，因为它是敬贤向上心的表现。敬贤向上是人类心灵中最可宝贵的一点光焰，个人能上进，社会能改良，文化能进展，都全靠有它在烛照。英雄常在我们心中煽燃这一点光焰，常提醒我们人性尊严的意识，将我们提升到高贵境界。崇拜英雄就是崇拜他所特有的道德价值。世间只有几种人不能崇拜英雄：一是愚昧者，根本不能辨别好坏；一是骄矜妒忌者，自私的野心蒙蔽了一切，不愿看旁人比自己高一层；一是所谓"犬儒"（cynics），轻世玩物，视一切无足道；最后就是丧尽天良者，毫无人性，自然也就没有人性中最高贵的虔敬心。这几种人以外，任何人都多少可以崇拜英雄，一个人能崇拜英雄，他多少还有上进的希望，因为他还有道德方面的价值意识。

崇拜英雄的情操是道德的，同时也是超道德的。所谓"超道德的",就是美感的。太史公在《孔子世家》里说:"高山仰止,景行行止,虽不能至,然心焉向往之。"这几句话写英雄崇拜的情绪最为精当。对着伟大人物,有如对着高山大海,使人起美学家所说的"崇高雄伟之感"(sense of the sublime)。依美学家的分析,起崇高雄伟感觉时,我们突然间发现对象无限伟大,无形中自觉此身渺小,不免肃然起敬,栗然生畏,惊奇赞叹,有如发呆;但惊心动魄之余,就继以心领神会,物我同一而生命起交流,我们于不知不觉中吸收融会那一种伟大的气魄,而自己也振作奋发起来,仿佛在摹仿它,努力提升到同样伟大的境界。对高山大海如此,对暴风暴雨如此,对伟大英雄也如此。崇拜英雄是好善也是审美。在人生胜境,善与美常合而为一,此其一例。

　　这种所描写的自然只是极境,在实际上英雄崇拜有深有浅,不一定都达到这种极境。但无论深浅,它的影响都大体是好的。社会的形成与维系都不外借宗教、政治、教育、学术几种"文化"的势力。宗教起于英雄崇拜,卡莱尔已经详论过。世界中最宗教的民族要算希伯来人,读《旧约》的人们大概都明了希伯来也是一个最崇拜英雄的民族,政治的灵魂在秩序组织,而秩序组织的建立与维持必赖有领袖。一个政治团体里有领袖能号召,能得人心悦诚服,政治没有不修明的。极权国家固然需要独裁者,民主国家仍然需要独裁者,无论你给他什么一个名义。至于教育、学术也都需要有人开风气之先。假想没有孔、墨、庄、老几个哲人,中国学术思想还留在怎样一个地位!没有柏拉图、亚里士多德、笛卡儿、康德几个哲人,西方学术思想还留在怎样一个地位!如此等类问题是颇耐人寻思的。俗话有一句说得有趣："山中无老虎，猴子称霸王。"阮步兵登广武曾发"时无英雄，遂令竖子成名"之叹。一个国家民族到了"猴子称霸王"或是"竖子成名"的时候，他的文化水准也就可想而见了。

学习就是摹仿，人是最善于学习的动物，因为他是最善于摹仿的动物。摹仿必有模型，模型的美丑注定摹仿品的好丑，所谓"种瓜得瓜，种豆得豆"。英雄（或是叫他"圣贤"、"豪杰"）是学做人的好模型。所以从教育观点看，我们主张维持一般人所认为过时的英雄崇拜。尤其在青年时代，意象的力量大于概念，与其向他们说仁义道德，不如指点几个有血有肉的具有仁义道德的人给他们看。教育重人格感化，必须是一个具体的人格才真正有感化力。

我们民族中从古至今，做人的好模型委实不少，可惜长篇传记不发达，许多伟大人物都埋在断简残篇里面，不能以全副面目活现于青年读者眼前。这个缺陷希望将来有史家去弥补。

谈交友

人生的快乐有一大半要建筑在人与人的关系上面。只要人与人的关系调处得好,生活没有不快乐的。许多人感觉生活苦恼,原因大半在没有把人与人的关系调处适宜。这人与人的关系在我国向称为"人伦"。在人伦中先儒指出五个最重要的,就是君臣、父子、夫妇、兄弟、朋友。这五伦之中,父子、夫妇、兄弟起于家庭,君臣和朋友起于国家社会。先儒谈伦理修养,大半在五伦上做功夫,以为五伦上面如果无亏缺,个人修养固然到了极境,家庭和国家社会也就自然稳固了。五伦之中,朋友一伦的地位很特别,它不像其他四伦都有法律的基础,它起于自由的结合,没有法律的力量维系它或是限定它,它的唯一的基础是友爱与信义。但是它的重要性并不因此减少。如果我们把人与人中间的好感称为友谊,则无论是君臣、父子、夫妇或是兄弟之中,都绝对不能没有友谊。就字源说,在中西文里"友"字都含有"爱"的意义。无爱不成友,无爱也不成君臣、父子、夫妇或兄弟。换句话说,无论哪一伦,都非有朋友的要素不可,朋友是一切人伦的基础。懂得处友,就懂得处人;懂得处人,就懂得做人。一个人在处友方面如果有亏缺,他的生活不但不能是快乐的，而且也决不能是善的。

谁都知道，有真正的好朋友是人生一件乐事。人是社会的动物，生来就有同情心，生来也就需要同情心。读一篇好诗文，看一片好风景，没有一个人在身旁可以告诉他说："这真好呀！"心里就觉得美中有不足。遇到一件大喜事，没有人和你同喜，你的欢喜就要减少七八分；遇到一件大灾难，没有人和你同悲，你的悲痛就增加七八分。孤零零的一个人不能唱歌，不能说笑话，不能打球，不能跳舞，不能闹架拌嘴，总之，什么开心的事也不能做。世界最酷毒的刑罚要算幽禁和充军，逼得你和你所常接近的人们分开，让你尝无亲无友那种孤寂的风味。人必须接近人，你如果不信，请你闭关独居十天半个月，再走到十字街头在人群中挤一挤，你心里会感到说不出来的快慰，仿佛过了一次大瘾，虽然街上那些行人在平时没有一个让你瞧得上眼。人是一种怪物，自己是一个人，却要显得瞧不起人，要孤高自赏，要闭门谢客，要把心里所想的看成神妙不可言说，"不可与俗人道"，其实隐意识里面唯恐人不注意自己，不知道自己，不赞赏自己。世间最欢喜守秘密的人往往也是最不能守秘密的人。他们对你说："我告诉你，你却不要告诉人。"他不能不告诉你，却忘记你也不能不告诉人。这所谓"不能"实在出于天性中一种极大的压迫力。人需要朋友，如同人需要泄露秘密，都由于天性中一种压迫力在驱遣。它是一种精神上的饥渴，不满足就可以威胁到生命的健全。

谁也都知道，朋友对于性格形成的影响非常重大。一个人的好坏，朋友熏染的力量要居大半。既看重一个人把他当作真心朋友，他就变成一种受崇拜的英雄，他的一言一笑、一举一动都在有意无意之间变成自己的模范，他的性格就逐渐有几分变成自己的性格。同时，他也变成自己的裁判者，自己的一言一笑、一举一动，都要顾到他的赞许或非难。一个人可以蔑视一切人的毁誉，却不能不求见谅于知己。每个人身旁有一个"圈子"，这圈子就是他所常亲近的人围成的，他跳来跳去，常跳不出这圈子。在某一种圈子就成为某一种人。圣贤有道，盗亦有道。隔着圈子相视，尧可非桀，桀亦可非尧。究竟谁是谁非，责任往往不在个人而在他所在的圈子。古人说："与善人交，如入芝兰之室，久而不闻其香；与恶人交，如入鲍鱼之市，久而不闻其臭。"久闻之后，香可以变成寻常，臭也可以变成寻常，而习安之，就不觉其为香为臭。一个人应该谨慎择友，择他所在的圈子，道理就在此。人是善于摹仿的，摹仿品的好坏，全看模型的好坏，有如素丝，染于青则青，染于黄则黄。"告诉我谁是你的朋友，我就知道你是怎样的一种人。"这句西谚确实是经验之谈。《学记》论教育，一则曰："七年视论学取友。"再则曰："相观而善之谓摩。"从孔孟以来，中国士林向奉尊师敬友为立身治学的要道。这都是深有见于朋友的影响重大。师弟向不列于五伦，实包括于朋友一伦里面，师与友是不能分开的。

许叔重《说文解字》谓"同志为友"。就大体说，交友的原则是"同场相应，同气相求"。但是绝对相同在理论与事实都是不可能。"人心不同，各如其面"。这不同亦正有它的作用。朋友的乐趣在相同中容易见出；朋友的益处却往往在相异处才能得到。古人尝拿"如切如磋，如琢如磨"来譬喻朋友的交互影响。这譬喻实在是很恰当。玉石有瑕疵棱角，用一种器具来切磋琢磨它，它才能圆融光润，才能"成器"。人的性格也难免有瑕疵棱角，如私心、成见、骄矜、暴躁、愚昧、顽恶之类，要多受切磋琢磨，才能洗刷净尽，达到玉润珠圆的境界。朋友便是切磋琢磨的利器，与自己愈不同，摩擦愈多，切磋琢磨的影响也就愈大。这影响在学问思想方面最容易见出。一个人多和异己的朋友讨论，会逐渐发现自己的学说不圆满处，对方的学说有可取处，逼得不得不作进一层的思考，这样地对于学问才能逐渐鞭辟入里。在朋友互相切磋中，一方面被"磨"，一方面也在受滋养。一个人被"磨"的方面愈多，吸收外来的滋养也就愈丰富。孔子论益友，所以特重直谅多闻。一个不能有诤友的人永远是愚而好自用，在道德学问上都不会有很大的成就。

好朋友在我国语文里向来叫作"知心"或"知己"。"知交"也是一个习用的名词，这个语言的习惯颇含有深长的意味。从心理观点看，求见知于人是一种社会本能，有这本能，人与人才可免除隔阂，打成一片，社会才能成立。它是社会生命所借以维持的，犹如食色本能是个人与种族生命所借以维持的，所以它与食色本能同样强烈。古人尝以一死报知己，钟子期死后，伯牙不复鼓琴。这种行为在一般人看似近于过激，其实是由于极强烈的社会本能在驱遣。其次，从伦理哲学观点看，知人是处人的基础，而知人却极不易，因为深刻的了解必基于深刻的同情。深刻的同情只在真挚的朋友中才常发现，对于一个人有深交，你才能真正知道他。了解与同情是互为因果的，你对于一个人愈同情，就愈能了解他；你愈了解他，也就愈同情他。法国人有一句成语说："了解一切，就是宽容一切。"（tout comprendre, c'est tout pardonner）。这句话说来像很容易，却是人生的最高智慧，需要极伟大的胸襟才能做到。古今有这种胸襟的只有几个大宗教家，像释迦牟尼和耶稣，有这种胸襟才能谈到大慈大悲；没有它，任何宗教都没有灵魂。修养这种胸襟的捷径是多与人做真正的好朋友，多与人推心置腹，从对于一部分人得到深刻的了解，做到对于一般人类起深厚的同情。从这方面看，交友的范围宜稍宽泛，各种人都有最好，不必限于自己同行同趣味的。蒙田在他的论文里提出一个很奇怪的主张，以为一个人只能有一个真正的朋友，我对这主张很怀疑。

交友是一件寻常事，人人都有朋友；交友却也不是一件易事，很少人有真正的朋友。势力之交固容易破裂，就是道义之交也有时不免闹意气之争。王安石与司马光、苏轼、程颢诸人在政治和学术上的侵轧便是好例。他们个个都是好人，彼此互有相当的友谊，而结果闹成和世俗人一般的翻云覆雨。交友之难，从此可见。从前人谈交道的话说得很多。例如"朋友有信"，"久而敬之"，"君子之交淡如水"，视朋友须如自己，要急难相助，须知护友之短，像孔子不假盖于悭吝朋友，要劝善规过，但"不可则止，无自辱焉"。这些话都是说起来颇容易，做起来颇难。许多人都懂得这些道理，但是很少人真正会和人做朋友。

孔子尝劝人"无友不如己者"，这话使我很徨徨不安。你不如我，我不和你做朋友，要我和你做朋友，就要你胜似我，这样我才能得益。但是这算盘我会打你也就会打，如果你也这么说，你我之间不就没有做朋友的可能么？柏拉图写过一篇谈友谊的对话，另有一番奇妙议论。依他看，善人无须有朋友，恶人不能有朋友，善恶混杂的人才或许需要善人为友来消除他的恶，恶去了，友的需要也就随之消灭。这话显然与孔子的话有些抵牾。谁是谁非，我至今不能断定，但是我因此想到朋友之中，人我的比较是一个重要问题，而这问题又与善恶问题密切相关。我从前研究美学上的欣赏与创造问题，得到一个和常识不相通的结论，就是：欣赏与创造根本难分，每人所欣赏的世界就是每人所创造的世界，就是他自己的情趣和性格的返照；你在世界中能"取"多少，就看你在你的性灵中能提出多少"与"它，物与我之中有一种生命的交流，深入所见于物者深，浅入所见于物者浅。现在我思索这比较实际的交友问题，觉得它与欣赏艺术自然的道理颇可暗合默契。你自己是什么样的人，就会得到什么样的朋友。人类心灵常交感回流。你拿一分真心待人，人也就拿一分真心待你，你所"取"如何，就看你所"与"如何。"爱人者人恒爱之，敬人者人恒敬之。"人不爱你敬你，就显得你自己有损缺。你不必责人，先须返求诸己。不但在情感方面如此，在性格方面也都是如此。友必同心，所谓"心"是指性灵同在一个水准上。如果你我在性灵上有高低，我高就须感化你，把你提高到同样水准；你高也是如此，否则友谊就难成立。朋友往往是测量自己的一种最精确的尺度。你自己如果不是一个好朋友，就决不能希望得到一个好朋友。要是好朋友，自己须先是一个好人。我很相信柏拉图的"恶人不能有朋友"的那一句话。恶人可以做好朋友时，他在他方面尽管是坏，在能为好朋友一点上就可证明他还有人性，还不是一个绝对的恶人。说来说去，"同声相应，同气相求"那句老话还是对的，何以交友的道理在此，如何交友的方法也在此。交友和一般行为一样，我们应该常牢记在心的是"责己宜严，责人宜宽"。

谈性爱问题

这问题的重要性是无可否认的。圣人说的好："饮食男女，人之大欲存焉。"许多人的活动和企图，仔细分析起来，多少都与这两种基本的生活要求有直接或间接的关系。整个的人类文化动态也大半围着这两个轴心旋转。单提男女关系来说，没有它，世间就要少去许多纠纷，文艺就要少去一个重要的母题，社会必是另样，历史也必是另样。但是许多人对这样重要的问题偏爱板面孔，不肯拿它来郑重地谈、郑重地想。以往少数哲学家如卢梭、康德、斯宾诺莎诸人对这问题所发表的议论，依叔本华看，都很肤浅。至于一般人的观念更不免为迷信、偏见和伪善所混乱。许多负教养之责的父母和师长对这问题简直有些畏惧，讳莫如深，仿佛以为男女关系生来是与淫秽相连的，青年人千万沾染不得，最好把他们蒙蔽住。其实你愈不使他们沾染而他们偏愈爱沾染；对这重要问题你想他们安于愚昧，他们就须得偿付愚昧的代价。

从生物学的观点看，这问题本很简单。有生之伦执着最牢固的是生命，最强烈的本能是叔本华所说的生命意志。首先是个体生命。我们挣扎、营求、竭力劳心，都无非是要个体生命在物质方面得到维持、发展、安全、舒适；在精神方面得到真善美诸价值所给的快慰。一切活动的最终目的都在"谋生"。但是个体生命是不能永久执着的，生的尽头都是死。长生不但是一个不能实现的理想，而且也不是一个好理想。你试想：从开天辟地到世界末日，假如老是一代人在活着，世界不就变成一池死水？一代过去了，就有另一代继着来，生生不息，不主故常，所以变化无端，生发无穷。这是造化的巧妙安排。懂得这巧妙，我们就明白种族不朽何以胜似个体长生，种族生命何以重于个体生命，种族生命意志何以强于个体生命意志。男女相悦，说来说去，只是种族生命意志的表现。种族生命意志就是一般人所谓"性欲"。"爱"是一个较好听的名词，凡是男女间的爱都不免带有性欲成分。你尽管相信你的爱是"纯洁的"、"心灵的"、"精神的"，骨子里都是无数亿万年遗传下来的那一点性的冲动在作祟，你要与你所爱的人配合，你要传种。你不敢承认这点，因为你的老祖宗除了遗传给你这一点性的冲动以外，还遗传给你一些相反的力量——关于性爱的"特怖"（taboo），你的脑筋里装满着性爱性交是淫秽的、可羞的、不道德的之类观念。其实，你须得知道：假如这一点性的冲动被阉割了，人道就会灭绝。人除着爱上帝以外，没有另一种心灵活动，比男人爱女人或女人爱男人那一点热忱，更值得叫作"神圣"，因为那是对于"不朽"的希求，是要把人人所宝贵的生命继续不断地绵延下去。

　　传种的需求驱遣着两性相爱，这是人与禽兽所共同的。但是有两个因素使性爱问题在人类社会中由简单变为很复杂。

第一个因素是社会的。社会所赖以维持的是伦理、宗教、法律和风俗习惯所酿成的礼法，"男女居室，人之大伦"，没有礼法更不足以维持。关于男女关系的礼法大约起于下列两种：第一是防止争端。性欲是最强烈的本能，而性欲的对象虽有选择，却无限制。一个人可以有许多对象，而许多人也可以有同一个对象。男爱女或不爱，女爱男或不爱。假如一个人让自己的性欲做主，不受任何制裁，"争风"和"逼奸"之类事态就会把社会的秩序弄得天翻地覆。因此每个社会对于男女交接和婚姻都有一套成文和不成文的法典。例如一夫一妻，凭媒嫁娶，尊重贞操，惩处奸淫之类。其次是划清责任。恋爱的正常归宿是婚姻，婚姻的正常归宿是生儿育女，成立家庭。有了家庭就有了家庭的责任。生活要维持，子女要教养。性的冲动是飘忽游离的，常要求新花样与新口胃，而家庭责任却需要夫妻固定拘守，"一与之齐，终身不改"。假如一个人随意杂交，随意生儿育女，欲望满足了，就丢开配偶儿女而别开生面，他所丢下来的责任给谁负担呢？在以家庭为中心的社会，这种不负责任的行为是不能不受裁制的。世界也有人梦想废除家庭的乌托邦，在那里面男女关系有绝对的自由，但这恐怕永远是梦想，男女配合的最终目的原来就在生养子女，不在快一时之意；家庭是种族蔓延所必需的暖室，为了快一时之意而忘了那快意行为的最终目的，破坏达到那目的的最适宜的路径，那是违反自然铁律的。

因为上述两种社会的力量，人类两性配合不能全凭性欲指使，取杂交方式。他一方面须满足自然需要，一方面也要满足社会需要。自然需要倾向于自由发泄，社会需要却倾向于防闲节制。这种防闲节制对于个体有时不免是痛苦，但就全局着想，有健康的社会生命才能保障个体生命与种族生命。性欲要求原来在绵延种族生命，到了它危害到种族生命所借以保障的社会生命时，它就失去了本来作用，于理是应受制止的。这道理本很浅显，许多人却没有认清，感到社会的防闲节制不方便，便骂"礼教吃人"。极端的个人主义常是极端的自私主义，这是一端。同时，我们自然也需要承认社会的防闲节制的方式也有失去它的本来作用的时候。社会常在变迁，甲型社会的礼法不一定适用于乙型社会，一个社会已经由甲型变到乙型时，甲型的礼法往往本着习惯的惰性留存在乙型社会里，有如盲肠，不但无用，甚至发炎生病。原始社会所遗留下来的关于性的"特怖"，如"男女授受不亲"、"女子出门必拥蔽其面"、"望门守节"、孕妇产妇不洁净带来灾星之类，在现代已如盲肠，都很显然。

　　第二个使人类两性问题变复杂的因素是心理的。从个体方面看，异性的寻求、结合、生育都是消耗与牺牲，自私是人类天性，纯粹是消耗牺牲的事是很少有人肯干的。于此造化又有一个很巧妙的安排，使这消耗与牺牲的事带有极大的快感。人们追求异性，骨子里本为传种，而表面上却表现得为自己求欲望的满足。恋爱的人们，像叔本华所说的，常在"错觉"（illusion）里过活。当其未达目的时，仿佛世间没有比这更快意的事，到了种子播出去了，回思虽了无余味，而性欲的驱遣却不因此而灭杀其热力，还是源源涌现，挟着排山倒海的力量东奔西窜。它的遭遇有顺有逆，有常有变，纵横流转中与其他事物发生关系复杂微妙至不可想象，而身当其冲者的心理变迁也随之幻化无端。近代有几个著名学者如韦斯特·马克（West Maik）、埃利斯（H.Ellis）、弗洛伊德（Freud）诸人对性爱心理所发表的著作几至汗牛充栋。在这篇短文里我们无法把许多光怪陆离的现象都描绘出来，只能略举数端，以示梗概。

男女相爱与审美意识有密切关系，这是尽人皆知的。我们在这里所指的倒不在男爱女美、女爱男美那一点，因为那很明显，无用申述。我们所指的是相爱相交那事情本身的艺术化。人为万物之灵，虽处处受自然需要驱遣，却时时要超过自然需要而做自由活动，较高尚的企图如文艺、宗教、哲学之类多起于此。举个浅例来说，盛水用壶是一种自然需要，可是人不以此为足，却费尽心力去求壶的美观。美观非实用所必需，却是心灵自由伸展所不可无。人在男女关系方面也是如此。男女间事，如果止于禽兽的阶层上，那是极平凡而粗浅的。只须看鸡犬，在交合的那一顷刻间它们服从性欲的驱遣，有如奴隶服从主子之恭顺，其不可逃免性有如命运之坚强，它们简直不是自己的主宰，一股冲动过来，就如悬崖纵马，一冲而下，毫不绕弯子，也毫不讲体面。人要把这件自然需要所逼迫的事弄得比较"体面"些，不那样脱皮露骨，于是有许多遮盖，有许多粉饰，有许多作态弄影，旁敲侧击，男女交际间的礼仪和技巧大半是粗俗事情的文雅化，做得太过分了，故不免带着许多虚伪与欺诈；做得恰到好处时，却可以娱目赏心。

实用需要壶盛水，审美意识进一步要求壶的美观，美观与实用在此仍并行不悖。再进一步，壶可以放弃它的实用而成为古董，纯粹的艺术品；如果拿它来盛水，就不免煞风景，男女的爱也有同样的演进。在动物阶层，它只是为生殖传种一个实用目的，继之它成为一种带有艺术性的活动，再进一步它就成为一种纯粹的艺术，徒供赏玩。爱于是与性欲在表面上分为两事，许多人只是"为爱而爱"，就只在爱的本身那一点快乐上流连体会，否认爱还有借肉体结合而传种那一个肮脏的作用。爱于是成为"柏拉图式的"、纯洁的、心灵的、神圣的，至于性欲活动则被视为肉体的、淫秽的、可羞的、尘俗的。这观念的形成始于耶稣教的重灵轻肉，终于十九世纪浪漫派文艺的"恋爱至上"观。这种灵爱与肉爱的分别引起好些人的自尊心，激励成好些思想、文艺和事业上的成就；同时，它也使好些人变成疯狂，养成好些不康健的心理习惯。说得好听一点，它起于性爱的净化或"升华"；说得不好听一点，它是替一件极尘俗的事情挂上了一个极高尚的幌子，"金玉其外，败絮其中"。

从这一点，我们可以看出人心怎样爱绕弯子，爱歪曲自然。近代变态心理学所供给的实例更多。它的起因，像弗洛伊德所说的，是自然与文化、性欲冲动与社会道德习俗的冲突。性欲冲动极力伸展，社会势力极力压抑。这冲突如果得不到正常的调整，性欲冲动就不免由意识域压抑到潜意识域，虽是因禁在那黑狱里，却仍跃跃欲试，冀图破关脱狱。为着要逃避意识的检查，取种种化装。许多寻常行动，如做梦、说笑话、创作文艺、崇拜偶像、虐待弱小，以至于吮指头、露大腿之类，在变态心理学家看，都可以是性欲化装的表现。性欲是一种强大的力量，有如奔流，须有所倾泻，正常的方式是倾泻于异性对象；得不到正常对象倾泻时，它或是决堤而泛滥横流，酿成种种精神病症，或是改道旁驰，起升华作用而致力宗教、文艺、学术或事功。因此，人类活动——无论是个体的或社会的——几乎没有一件不可以在有形无形之中与性爱发生心理上的关联。

这里所说的只是一个极粗浅的梗概，从这种粗浅的梗概中我们已可以见出人类两性关系问题如何复杂。要得到一个健康的性道德观，我们需要近代科学所供给的关于性爱的各方面知识，一种性知识的启蒙运动。我们一不能如道德学家和清教徒一味抹杀人性，对于性的活动施以过分严厉的裁制，原始时代的"特怖"更没有保留的必要；二不能如浪漫派文艺作者满口讴歌"恋爱至上"，把一件寻常事情捧到九霄云外，使一般神经质软弱的人们悬过高的希望，追攀不到，就陷于失望悲观；三不能如苏联共产党人把恋爱婚姻完全看成个人的私行，与社会国家无关，任它绝对自由，绝对放纵。依我个人的主张，男女间事是一件极家常极平凡的事，我们须以写实的态度和生物学的眼光去看它，不必把它看成神奇奥妙，也不必把它看成淫秽邪僻。我们每个人天生有传种的技能、义务与权利。我们寻求异性，是要尽每个人都应尽的责任。一对男女成立恋爱或婚姻的关系时，只要不妨害社会秩序的合理要求，我们就用不着大惊小怪。这句话中的插句极重要：社会不能没有裁制，而社会的裁制也必须合理。社会的合理裁制是指上文所说的防止争端和划清责任。争婚、逼婚、乱伦、患传染病结婚，结婚而放弃结婚的责任，这些便是法律所应禁止的。除了这几项以外，社会如果再多嘴多舌，说这样是伤风，那样是败俗，这样是淫秽，那样是奸邪，那就要在许多人的心理上起不必要的压抑作用，酿成精神的变态，并且也引起许多人阳奉阴违，面子上仁义道德，骨子里男盗女娼。在人生各方面，正常的生活才是健康的生活，在男女关系方面，正常的路径是由恋爱而结婚，由结婚而生儿养女，把前一代的责任移交给后一代，使种族"于万斯年"地绵延下去。传种以外，结婚者的个人幸福也不应一笔勾销。结婚和成立家庭应该是一件快乐的事，人们就应该在里面希冀快乐，且努力产生快乐。到了夫妻实在不能相容而家庭无幸福可言时，在划清责任的条件之下离婚是道德与法律都应该允许而且提倡的。

谈青年与恋爱结婚

在动物阶层，性爱不成问题，因为一切顺着自然倾向，不失时，不反常，所以也就合理。在原始人类社会，性爱不成为严重的问题，因为大体上还是顺自然倾向的，纵有社会裁制，习惯成了自然，大家也就相安无事。在近代开化的社会，性爱的问题变成很严重，因为自然倾向与社会裁制发生激烈的冲突，失时和反常的现象常发生，伦理的、宗教的、法律的、经济的、社会的关系愈复杂，纠纷愈多而解决愈困难。这困难成年人感觉到很迫切，青年人感觉到尤其迫切。性爱在青年期有一个极大的矛盾：一方面性欲在青年期由潜伏而旺盛，力量特别强烈；一方面种种理由使青年人不适宜于性生活的活动。

先说青年人不适宜于性爱的理由：

一、恋爱的正常归宿是结婚，结婚的正常归宿是生儿养女，成立家庭。青年除学习期，在事业上尚无成就，在经济上未能独立，负不起成立家庭教养子女的责任。恋爱固然可以不结婚，但是性的冲动培养到最紧张的程度而没有正常的发泄，那是违反自然的，从医学和心理学观点看，对于身心都有很大的妨害。结婚固然也可以节制生育，但是寻常婚后生活中，子女的爱是夫妻中间一个重要的联系，培养起另一代人原是结婚男女的共同目标与共同兴趣，把这共同目标与共同兴趣用不自然的方法割去了，结婚男女的生活就很干枯，他们的情感也就逐渐冷淡。这对于种族和个人都没有裨益，失去了恋爱与婚姻的本来作用。

二、青年身体发展尚未完全成熟，早婚妨碍健康，尽人皆知；如果生儿养女，下一代人也必定比较羸弱，可以影响到民族的体力，我国已往在这方面吃的亏委实不小。还不仅此，据一般心理学家的观察，性格的成熟常晚于体格的成熟，青年在体格方面尽管已成年，在心理方面往往还很幼稚，男子尤其是如此。在二十余岁的光景，他们心中装满着稚气的幻想，没有多方的人生经验，认不清现实，情感游离浮动，理智和意志都很薄弱，性格极易变动，尤其是缺乏审慎周详的抉择力与判断力，今天做的事明天就会懊悔。假如他们钟情一个女子，马上就会陷入沉醉迷狂状态，把爱的实现看得比世间任何事都较重要；达不到目的，世界就显得黑暗，人生就显得无味，觉得非自杀不可；达到目的，结婚就成了"恋爱的坟墓"，从前的仙子就是现在的手镣脚铐。到了这步田地，他们不是牺牲自己的幸福，就是牺牲别人的幸福。许多有为青年的前途就这样毁去了，让体格性格都不成熟的青年人去试人生极大的冒险，那简直是一个极大的罪孽。

三、人生可分几个时期，每时期有每时期的正当使命与正当工作。青年期的正当使命是准备做人，正当工作是学习。在准备做人时，在学习时，无论是恋爱或结婚都是一种妨害。人生精力有限，在恋爱和结婚上面消耗了一些，余剩可用于学习的就不够。在大学期间结婚的学生成绩必不会顶好，在中学期间结婚的学生的前途决不会有很大的希望。自己还带乳臭，就腼颜准备做父母，还满口在谈幸福，社会上有这现象，就显得它有些病态。恋爱用不着反对，结婚更用不着反对，只是不能"用违其时"。禽兽性生活的优点就在不失时，一生中有一个正当的时期，一年中有一个正当的季节。在人类，正当的时期是壮年，老年人过时，青年人不及时，青年人恋爱结婚，与老年人恋爱结婚，是同样的反常可笑。

假如我们根据这几条理由，就绝对反对青年谈恋爱，是否可能呢？我自己也是过来人，略知此中甘苦，凭自己的经验和对旁人的观察，我可以大胆地说：在三十岁以前，一个人假如不受爱情的搅扰，对男女间事不发生很大的兴趣，专心致志地去做他的学问，那是再好没有的事，他可以多得些成就，少得些苦恼。我还可以说，像这样天真烂漫地过去青春的人，世间也并非绝对没有，而且如果我们认定三十岁左右为正当的结婚年龄，从生物学观点看，这种人也不能算是不自然或不近人情。不过我们也须得承认，在近代社会中，这种浑厚的青年人确实很少；少的原因是在近代生活对于性爱有许多不健康的暗示与刺激，以及教育方面的欠缺。家庭和学校对男女间事绝对不准谈，仿佛这中间事极神秘或是极不体面，有不可告人处。只这印象对儿童们影响就很坏。他们好奇心特别强，你愈想瞒，他们就愈想知道。他们或是从大人方面窥出一些偷偷摸摸的事，或是从一块儿游戏的顽童听到一些淫秽的话。不久他们的性的冲动逐渐发达了，这些不良的种子就在他们心中发芽生枝，好奇心以外又加上摹仿本能的活动。他们开始看容易刺激性欲的小说或电影，注意窥探性生活的秘密，甚至想自己也跳到那热闹舞台上去表演。他们年纪轻，正当的对象自无法可得，于是演出种种"性的反常"现象，如同性爱、自性爱、手淫之类。如果他们生在都市里，年纪比较大一点，说不定还和不正当的女人来往。如果他们进了大学，读过一些讴歌恋爱的诗文，看过一些甜情蜜意的榜样，就会觉得恋爱是大学生活中应有的一幕，自己少不得也要凑趣应景，否则即是一个缺陷，一宗耻辱。我们可以说，现在一般青年从幼稚园到大学，沿途所学的性生活的影响都是不健康的，无怪他们向不健康的路径走。

自命为"有心人"的看到这种景象，或是嗟叹世风不古，或是诅咒近代教育，想拿古老的教条来钳制近代青年的活动。世风不古是事实，无用嗟叹，在任何时代，世风都不会"古"的。世界既已演变到现在这个阶段，要想回到男女授受不亲那种状态，未免是痴人说梦。我个人的主张是要把科学知识尽量地应用到性爱问题上面来，使一般人一方面明白它在生物学、生理学和心理学上的意义，一方面也认清它所连带的社会、政治、经济各方面的责任。这问题，像一切其他人生问题一样，可以用冷静的头脑去思索，不必把它摆在一种带有宗教性的神秘氛围里。神秘本身就是一种诱惑，暗中摸索都难免跌跤。

就大体说，我赞成用很自然的方法引导青年撇开恋爱和结婚的路。所谓自然的方法有两种。第一是精力有所发挥，精神有所委托。一个人心无二用，却也不能没有所用。青年人精力最弥满，要他闲着无所用，就难免泛滥横流。假如他在工作里发生兴趣，在文艺里发生兴趣，甚至在游戏运动里发生兴趣，这就可以垄断他的心神，不叫它旁迁他涉。我知道很多青年因为心有所用，很自然地没有走上恋爱的路。第二是改善社交生活，使同情心得到滋养。青年人最需要的是同情，最怕的是寂寞，愈寂寞就愈感觉异性需要的迫切。一般青年追求异性，与其说是迫于性的冲动，毋宁说是迫于同情的需要。要满足这需要，社交生活如果丰富也就够了。一个青年如果有亲热的家庭生活，加上温暖的团体生活，不感觉到孤寂，他虽然还有"遇"恋爱的可能，却无"谋"恋爱的必要。

这番话并非反对男女青年的正常交接，反之，我认为男女社交公开是改善社交生活的一端。愈隔绝，神秘观念愈深，把男女关系看成神秘，从任何观点看，都是要不得的。我虽然赞成叔本华的"男女的爱都是性爱"的看法，却不敢同意王尔德的"男女间只有爱情而无友谊"的看法。因为友谊有深有浅，友谊没有深到变为爱情的程度是常见的。据我个人的观察，青年施受同情的需要虽很强烈，而把同情专注在某一个对象上并不是一个很自然的现象。无论在同性中或异性中，一个人很可能地同时有几个好友。交谊愈广泛，发生恋爱的可能性也就愈少。一个青年最危险的遭遇莫过于向来没有和一个女子有较深的接触，一碰见第一个女子就爱上了她。许多在男女社交方面没有经验的青年却往往是如此，而许多悲剧也就如此酿成。

在男女社交公开中,"遇"恋爱自然很可能,但是危险性比较小,双方对于异性都有较清楚的认识。既然"遇"上了恋爱,一个人最好认清这是一件极自然极平凡而亦极严重的事。他不应视为儿戏,却也不应沉醉在诗人的幻想里,他应该用最写实的态度去应付它。如果"恋爱至上",他也要从生物学观点把它看成"至上",与爱神无关,与超验哲学更无关。他就要准备作正常的归宿——结婚、生儿养女和担负家庭的责任。

柏拉图到晚年计划第二"理想国",写成一本书叫作《法律》,里面有一段话颇有意思,现在译来作本文的结束:

我们的公民不应比鸟类和许多其他动物都不如,它们一生育就是一大群,不到生殖的年龄却不结婚,维持着贞洁。但是到了适当的时候,雌雄就配合起来,相欢相爱,终身过着圣洁和天真的生活,牢守着它们的原来的合同:——真的,我们应该向他们(公民们)说,你们须比禽兽高明些。

谈休息

在世界各民族中,我们中国人要算是最能刻苦耐劳的。第一是农人。他们日出而作,日入而息,不分阴晴冷暖,总是硬着头皮,流着血汗,忙个不休。一年之中,他们最多只能在过年过节时歇上三五天,你如果住在乡下,常看他们在炎天烈日下车水拔草,挑重担推重车上高坡,或是拉牵绳拖重载船上急滩,你对他们会起敬心也会起怜悯心,觉得他们虽是人,却在做牛马的工作,过牛马的生活。读书人比较算是有闲阶级,但在未飞黄腾达以前,也要经过一番艰苦的奋斗。从前私塾学生从天亮到半夜,都有规定的课程,休息对于他们是一个稀奇的名词。小学生们只有在先生打瞌睡时偷耍一阵,万一先生不打瞌睡,就只有找借口逃学。从前读书人误会"自强不息"的意思,以为"不息"就是不要休息。十年不下楼、十年不窥园、囊萤刺股、发愤忘食之类的故事在读书人中传为美谈,奉为模范。近代学校教育比从前私塾教育似乎也并不轻松多少。从小学以至大学,功课都太繁重,每日除上六七小时课外还要看课本做练习。世界各国学校上课钟点之多,假期之短少，似没有比得上我们的。

这种刻苦耐劳的精神原可佩服，但是对于身心两方的修养却是极大的危害。最刻苦耐劳的是我们中国人，体格最羸弱而工作最不讲效率的也是我们中国人。这中间似不无密切关系。我们对于休息的重要性太缺乏彻底的认识了，它看来虽似小问题，却为全民族的生命力所关，不能不提出一谈。

自然界事物都有一个节奏。脉搏一起一伏，呼吸一进一出，筋肉一张一弛，以至日夜的更替，寒暑的来往，都有一个劳动和休息的道理在内。草木和虫豸在冬天要枯要眠，土壤耕种了几年之后需休息，连机器输电灯线也不能昼夜不息地工作。世间没有一件事物能在一个状态维持到久远的，生命就是变化，而变化都有一起一伏的节奏。跳高者为着要跳得高，先蹲得很低；演戏者为着造成一个紧张的局面，先来一个轻描淡写；用兵者守如处子，才能出如脱兔；唱歌者为着要拖长一个高音，先需深深地吸一口气。事例是不胜枚举的。世间固然有些事可以违拗自然去勉强，但是勉强也有它的限度。人的力量，无论是属于身或属于心的，到用过了限度时，必定是由疲劳而衰竭，由衰竭而毁灭。譬如弓弦，老是尽量的拉满不放松，结果必然断裂。我们中国人的生活常像满引的弓弦，只图张的速效，不顾弛的蓄力，所以常在身心具惫的状态中。这是政教当局所必须设法改善的。

一般人以为多延长工作的时间就可以多收些效果，比如说，一天能走一百里路，多走一天，就可以多走一百里路，如此天天走着不歇，无论走得多久，都可以维持一百里的速度。凡是走过长路的人都知道这算盘打得不很精确，走久了不歇，必定愈走愈慢，以至完全走不动。我们走路的秘诀，"不怕慢，只怕站"，实在只是片面的真理。永远站着固然不行，永远不站也不一定能走得远，不站就须得慢，慢有时延误事机；而偶尔站站却不至于慢，站后再走是加速度的唯一办法。我们中国人做事的通病就在怕站而不怕慢，慢条斯理地不死不活地往前挨，说不做而做着并没有歇，说做却并没有做出什么名色来。许多事就这样因循耽误了。我们只讲工作而不讲效率，在现代社会中，不讲效率，就要落后。西方各国都把效率看作一个迫切的问题，心理学家对这问题做了无数的实验，所得的结论是以同样时间去做同样工作，有休息的比没有休息的效率大得多。比如说，一长页的算术加法习题，继续不断地去做要费两点钟，如果先做五十分钟，继以二十分钟的休息，再做五十分钟，也还可以做完，时间上无损失而错误却较少。西方新式工厂大半都已应用这个原则去调节工作和休息的时间，结果工人的工作时间虽然少了，雇主的出品质量反而增加了。一般人以为休息是浪费时间，其实不休息的工作才真是浪费时间。此外还有精力的损耗更不经济。拿中国人与西方人相比，可工作的年龄至少有二十年的差别，我们到五六十岁就衰老无能为力，他们那时还正年富力强，事业刚刚开始，这分别有多大！

休息不仅为工作蓄力，而且有时工作必须在休息中酝酿成熟。法国大数学家潘嘉赉研究数学上的难题，苦思不得其解，后来跑到街上闲逛，原来费尽气力不能解决的难题却于无意中就轻轻易易地解决了。据心理学家的解释，有意识作用的工作须得退到潜意识中酝酿一阵，才得着土生根。通常我们在放下一件工作之后，表面上似在休息，而实际上潜意识中那件工作还在进行。詹姆斯有"夏天学溜冰，冬天学泅水"的比喻。溜冰本来是前冬练习的，今夏无冰可溜，自然就想不到溜冰，算是在休息，但是溜冰的肌肉技巧却恰在此时凝固起来。泅水也是如此，一切学习都如此。比如我们学写字，用功甚勤，进步总是显得很慢，有时甚至越写越坏。但是如果停下一些时候再写，就猛然觉得字有进步。进步之后又停顿，停顿之后又进步，如此辗转多次，字才易写得好。习字需要停顿，也是因为要有时间让筋肉技巧在潜意识中酝酿凝固。习字如此，习其他技术也是如此。休息的工夫并不是白费的，它的成就往往比工作的成就更重要。

《佛说四十二章经》里有一段故事，戒人为学不宜操之过急，说得很好：

沙门夜诵迦叶佛教遗经，其声悲紧，思悔欲退。佛问之曰："汝昔在家，曾为何业？"对曰："爱弹琴。"佛言："弦缓如何？"对曰："不鸣矣。""弦急如何？"对曰："声绝矣。""急缓得中如何？"对曰："诸音普矣。"佛言："沙门学道亦然。心若调适，道可得矣。于道若暴，暴即身疲；其身若疲，意即生恼，意若生恼，行即退矣。"

我国先儒如程朱诸子教人为学，亦常力戒急迫，主张"优游涵泳"。这四字含有妙理，它所指的功夫是猛火煎后的慢火煨，紧张工作后的潜意识的酝酿。要"优游涵泳"，非有充分休息不可。大抵治学和治事，第一件要事是清明在躬，从容而灵活，常做得自家的主宰，提得起也放得下。急迫躁进最易误事。我有时写字或作文，在意兴不佳或微感倦怠时，手不应心，心里愈想好，而写出来的愈坏，在此时仍不肯丢下，带着几分气忿的念头勉强写下去，写成要不得就扯去，扯去重写仍是要不得，于是愈写愈烦躁，愈烦躁也就写得愈不像样。假如在发现神志不旺时立即丢开，在乡下散步，吸一口新鲜空气，看看蓝天绿水，陡然间心旷神怡，回头来再伏案做事，便觉精神百倍，本来做得很艰苦而不能成功的事，现在做起来却有手挥目送之乐，轻轻易易就做成了。不但作文写字如此，要想任何事做得好，做时必须精神饱满，工作成为乐事。一有倦怠或烦躁的意思，最好就把它搁下休息一会儿，让精神恢复后再来。

人须有生趣才能有生机。生趣是在生活中所领略得的快乐，生机是生活发扬所需要的力量。诸葛武侯所谓"宁静以致远"就包含生趣和生机两个要素在内，宁静才能有丰富的生趣和生机，而没有充分休息做优游涵泳的工夫的人们决难宁静。世间有许多过于辛苦的人，满身是尘劳，满腔是杂念，时时刻刻都为环境的需要所驱遣，如机械一般流转不息，自己做不得自己的主宰，呆板枯燥，没有一点人生之趣。这种人是环境压迫的牺牲者，没有力量抬起头来驾驭环境或征服环境，在事业和学问上都难有真正的大成就。我认识许多穷苦的农人、孜孜不辍的老学究和一天在办公室坐八小时的公务员，都令我起这种感想。假如一个国家里都充满着这种人，我们很难想象出一个光明世界来。

基督教《圣经》叙述上帝创造世界的经过，于每段工作完成之后都赘上一句说："上帝看看他所做的事，看，每一件都很好！"

到了第七天，上帝把他的工作都完成了，就停下来休息，并且加福于这第七天，因为在这一天他能够休息。这段简单的文字很可耐人寻味。我们不但需要时间工作，尤其需要时间对于我们所做的事回头看一看，看出它很好；并且工作完成了，我们需要一天休息来恢复疲劳的精神，领略成功的快慰。这一天休息的日子是值得"加福的"、"神圣化的"（《圣经》里所用的字是 blessed and sanctified）。在现代紧张的生活中，我们"车如流水马如龙"地向前直滚，曾不留下一点时光做一番静观和回味，以至华严世相都在特别快车的窗子里滑了过去，而我们也只是轮回戏盘中的木人木马，有上帝的榜样在那里而我们不去学，岂不是浪费生命！

我生平最爱陶渊明在自祭文里所说的两句话："勤靡余劳，心有常闲。"上句是尼采所说的狄俄尼索斯的精神，下句即是阿波罗的精神。动中有静，常保存自我主宰。这是修养的极境。人事算尽了，而神仙福分也就在尽人事中享着。现代人的毛病是"勤有余劳，心无偶闲"。这毛病不仅使生活索然寡味，身心俱惫，于事劳而无功，而且使人心地驳杂，缺乏冲和弘毅的气象，日日困于名缰利锁，叫整个世界日趋于干枯黑暗。但丁描写魔鬼在地狱中受酷刑，常特别着重"不停留"或"无间断"的字样。"不停留"、"无间断"自身就是一种惩罚，甘受这种惩罚的人们是甘愿人间成为地狱，上帝的子孙们，让我们跟着他的榜样，加福于我们工作之后休息的时光啊！

谈消遣

身和心的活动都有有节奏的周期,这周期的长短随个人的体质和物质环境而有差异。在周期的限度之内,工作有它的效果,也有它的快慰。过了周期限度,工作就必产生疲劳,不但没有效果,而且成为痛苦。到了疲劳,就必定要休息,才能恢复工作的效果。这道理极浅,无用深谈。休息的方式甚多,最理想而亦最普遍的是睡眠。在睡眠中生理的功能可以循极自然的节奏进行,各种筋肉虽仍在活动,却不需要紧张的注意力,也没有工作情境需要所加的压迫,它的动作是自由的、自然的、不费力的、倾向弛懈的。一个人如果每天在工作疲劳之后能得到充分时间的熟睡,比任何养生家的秘诀都灵验。午睡尤其有效。午睡醒了,午后又变成了清晨,一日之中就有两度的朝气。西方有些中小学里,时间表内有午睡的规定,那是很合理的。我国的理学家和各宗教家于睡眠之外练习静坐。静坐可以使心境空灵,生理功能得到人为的调节,功用有时比睡眠更大。但是初习静坐需要注意力的控制,有几分的不自然,不易成为恒久的习惯,而且在近代生活状况之下,静坐的条件不易具备,所以它不能很普遍。

睡眠与静坐都不能算是完全的休息,因为许多生理的功能照旧在进行。严格地说,生物在未死以前决不能有完全的休息。有生气就必有活动,"活"与"动"是不可分的。劳而不息固然是苦,息而不劳尤其是苦。生机需要休养,也需要发泄。生机旺而不泄,像春天的草木萌芽被砖石压着,或是把压力推开,冲吐出来,或是变成拳曲黄瘦,失去自然的形态。心理学家已经很明白地指示出来:许多心理的毛病都起于生机不得正当的发泄。从一般生物的生活看,精力的发泄往往同时就是精力的蓄养。人当少壮时期,精力最弥漫,需要发泄也就愈强烈,愈发泄,精力也就愈充足。一个生气蓬勃的人必定有多方的兴趣,在每方面的活动都比常人活跃,一个人到了可以索然枯坐而不感觉不安时,他必定是一个行将就木的病夫或老者。如果他们在健康状态中,需要活动而不得活动,他必然感到愁苦抑郁。人生最苦的事是疾病幽囚,因为在疾病幽囚中,他或是失去了精力,或是失去了发泄精力的自由。

精力的发泄有两种途径:一是正当工作,一是普通所谓消遣,包含各种游戏运动和娱乐在内。我们不能用全副精力去工作,因为同样的注意方向和同样的筋肉动作维持到相当的限度,必定产生疲劳,如上所述。人的身心构造是依据分工合作原理的。对于各种工作我们都有相当的一套机器、一种才能和一副精力,比如说,要看有眼,要听有耳,要走有脚,要思想有头脑。我们运用眼的时候,耳可以休息,运用脑的时候,脚可以休息。所以在专用眼之后改着去用耳,或是在专用脑之后改着去用脚,我们虽然仍旧在活动,所用以活动的只是耳或脚,眼或脑就可以得到休息了。这种让一部分精力休息而另一部分精力活动的办法在西文中叫作 diversion，可惜在中文里没有恰当的译名。这也足见我们没有注意到它的重要。它的意义是"转向"，工作方面的"换口味"，精力的侧出旁击。我们已经说过，生物不能有完全的休息，普通所谓休息，除睡眠以外，大半是 diversion，这种"换口味"的办法对于停止的活动是精力的蓄养，对于正在进行的另一活动是精力的发泄。它好比打仗，一部分兵力上前线，另一部分兵力留在后面预备补充。全体的兵力都上了前线，难以为继；全体的兵力都在后方按兵不动，过久也会疲劳无用，仗自然更打不起来。更番瓜代（diversion）仍是精力的最经济最合理的支配，无论是在军事方面或是在普通生活方面。

更番瓜代有种种方式。普通读书人用脑的机会比较多，最好常在用脑之后做一番筋肉活动，如散步、打球、栽花、做手工之类，一方面可以使脑得到休息而缓解疲劳，一方面也可以破除同一工作的单调，不至发生厌闷。卢梭谈教育，主张学生多习手工，这不但因为手工有它的特殊的教育功效，也因为用手对于用脑是一种调节。大哲学家斯宾诺莎于研究哲学之外，操磨镜的职业，这固然是为着生活，实在也很合理，因为两种性质相差很远的工作互相更换，互为上文所说的 diversion，对于心身都有好影响。就生活理想说，劳心与劳力应该具备于一身，劳力的人绝对不劳心固然变成机械，劳心的人绝对不劳力也难免文弱干枯。现在劳心与劳力成为两种相对峙的阶级，这固然是历史与社会环境所造成的事实，但是我们应该不要忘记它并不甚合理。在可能范围之内，我们应该求心与力的活动能调节适中。我个人很羡慕中世纪欧洲僧院的生活，他们一方面诵经、抄书、画画，而且做很精深的哲学研究，一方面种地、砍柴、酿酒、织布。我尝想到我们的学校在这个经济凋瘵之际为什么不想一个自给自足的办法，有系统有计划地采行半工半读制？这不仅是从经济着眼，就从教育着眼，这也是一种当务之急。大部分学生来自田间，将来纵不全数回到田间，也要走进工厂或公务机关；如果在学校里只养成少爷小姐的心习，全不懂民生疾苦，他们绝难担负现时代的艰巨责任。当然，本文所说的劳心与劳力的调剂也是一个重要的理由。

不同性质的工作更番瓜代，固可以收到调剂和休息的效用，可是一个人，不能时时刻刻都在工作，事实上也没有这种需要，而且劳苦过度，工作也变成一种苦事，不能有很大的效率。我们有时须完全放弃工作，做一点无所为而为的活动，享受一点自由人的幸福。工作都有所为而为，带有实用目的；无所为而为，不带实用目的的活动，都可以算作消遣。我们说"消遣"，意谓"混去时光"，含义实在不很好；西方人说"转向"（diversion），意谓"把精力朝另一方面去用"，它和工作同称为occupation，比较可以见出消遣的用处。所谓occupation无恰当中文译词，似包含"占领"和"寄托"二义。在工作和消遣时，都有一件事物"占领"着我们的身心，而我们的身心也就"寄托"在那一件事物里面。身心寄托在哪里，精力也就发泄在哪里。拉丁文有一句成语说："自然厌恶空虚。"这句话近代科学仍奉为至理名言。在物理方面，真空固不易维持，一有空隙，就有物来占领；在心理方面，真空虽是一部分宗教家（如禅宗）的理想，在实际上也是反乎自然而为自然所厌恶。我们都不愿意生活中有空隙,都愿意有事物"占领"着身心,没有事做时须找事做,不愿做事时也不甘心闲着,必须找一点玩意儿来消遣,否则便觉得厌闷苦恼。闲惯了,闷惯了,人就变干枯无生气。

消遣就是娱乐,无可消遣当然就是苦闷。世间欢喜消遣的人,无论他们的嗜好如何不同,都有一个共同点,就是他们必都有强旺的生活力,运动家和艺术家如此,嫖客赌徒乃至于烟鬼也是如此。他们的生活力强旺,发泄的需要也就跟着急迫。他们所不同者只在发泄的方式。这有如大水,可以灌田、发电或推动机器,也可以泛滥横流,淹毙人畜草木。同是强旺的生活力,用在运动可以健身,用在艺术可以怡情养性,用在吃喝嫖赌就可以劳民伤财,为非作歹。"浪子回头金不换",也就是这个道理。所以消遣看来虽似末节,却与民族性格国家风纪都有密切关系。一个民族兴盛时有一种消遣方式,颓废时又有另一种消遣方式。古希腊罗马在强盛时,人民都喜欢运动、看戏、参加集会,到颓废时,才有些骄奢淫逸的玩意儿如玩娈童、看人兽斗之类。近代条顿民族多喜欢户外运动,而拉丁民族则多消磨时光于咖啡馆或跳舞厅。我国古代民族娱乐花样本极多,如音乐、跳舞、驰马、试剑、打猎、钓鱼、斗鸡、走狗等都含有艺术意味或运动意味。后来士大夫阶级偏嗜琴棋书画,虽仍高雅,已微嫌侧重艺术,带有几分"颓废"色彩。近来"民族形式"的消遣似只有打麻将、坐茶馆、吃馆子、逛窑子几种。对于这些玩意儿不感兴趣的人们除着做苦工之外,就只有索然枯坐,不能在生活中领略到一点乐趣。我经过几个大学和中学，看见大部分教员和学生终年没有一点消遣，大家都喊着苦闷，可是大家都不肯出点力把生活略加改善，提倡一些高级趣味的娱乐来排遣闲散时光。从消遣一点看，我们可以窥见民族生命力的降低。这是一个很危险的现象。它的原因在一般人不明了消遣的功用，把它太看轻了。

其实这事并不能看轻。柏拉图计划理想国的政治，主张消遣娱乐都由国法规定。儒家标六艺之教，其中礼、乐、射、御四项都带有消遣娱乐意味，只书、数两项才是工作。孔子谈修养，"居于仁"之后即继以"游于艺"，这足见中西哲人都把消遣娱乐看得很重，梁任公先生有一文讲演消遣，可惜原文不在手边，记得大意是反对消遣浪费时光。他大概有见于近来我国一般消遣方式趣味太低级。但我们不能因噎废食。精力必须发泄，不发泄于有益身心的运动和艺术，便须发泄于有害身心的打牌、抽烟、喝酒、逛窑子。我们要禁绝有害身心的消遣方式，必须先提倡有益于身心的消遣方式。比如水势须决堤泛滥，你不愿它决诸东方，就必须让它决诸西方，这是有心政治与教育的人们所应趁早注意设法的。要复兴民族，固然有许多大事要做，可是改善民众消遣娱乐，也未见得就是小事。

谈体育

理想的教育应以发展全人为鹄的。全人包括身心两方面，修养也应同时顾到这两方面。心的修养包含智育、德育、美育三项，相当于知、情、意三种心理机能。身的修养即通常所谓体育。近来我们的教育对于心的修养多偏重智育，德育与美育多被忽视。这种畸形的发展酿成一般人的道德堕落与趣味低下，已为共见周知的事实。至于体育更是落后。学校虽设有体育这门功课，大半是奉行公事，体育教员一向被轻视，学生不注意体育可不致影响升级和毕业，学校在体育设备上花的费用在整个预算上往往不及百分之一。如果你把身心的重要看作平等，把心的方面知、情、意三种机能的重要也看作平等，再把目前教育状况衡量一下，就可以想到我们的教育的不完善到了什么一个程度。德育和美育至少在理论上还有人在提倡，体育则久已降于不议不论之列了。体育所以落到这种无足轻重的地位，大半因为一般人根本误认体肤没有心灵那么高贵，一部分宗教家和哲学家甚至把体肤看成心灵的迷障，要修养心灵须先鄙弃体肤的需要。我们崇拜甘地，仿佛以为甘地成就他的特殊精神，就与他的身体瘦弱有关，身体不瘦弱，就不能成圣证道。这种错误的观念不破除，我们根本不能谈体育。

生命是有机的，身与心虽可分别却不可割裂；没有身就没有心，身体不健全，心灵就不会健全。这道理可以分几点来说。

第一，身体不健全，聪明智慧不能发展最高度的效能。我们中国民族的聪明智慧并不让西方人，但是在学问事业方面的造就，我们常常赶不上他们。原因固然很多，身体羸弱是最重要的一种。普通欧美人士说："生命从四十岁开始。"他们到了五六十岁时，还是血气方刚，还有二三十年可以在学问事业方面努力。但是普通中国人到了四十岁以后，精力就逐渐衰惫，在西方人正是奋发有为的时候，我们已宣告体力的破产，做告老退休的打算。在普通西方人，头三四十年只是训练和准备的时期，后三四十年才可以谈到成就与收获；在我们中国人，刚过了训练和准备的时期，可用的精力就渐渐耗竭，犹如果子未成熟就萎落，如何能谈到成就与收获呢？无论是读书、写字、做文章、演说、打仗或是办事，必须精力弥满，才可以好。尤其是做比较重大的工作，我们需要持久的努力，要能挣扎到底，维持最后五分钟的奋斗。我们做事，往往开头很起劲，以后越做越觉得精力不济，那最后五分钟最难挨过，以致功亏一篑。这就由于身体羸弱，生活力不够。

其次，身体羸弱可以影响到性情和人生观。我常分析自己，每逢性情暴躁，容易为小事动气时，身体方面总有些毛病，如头痛、牙痛、胃痛之类；每逢心境颓唐，悲观厌世时，大半精疲力竭，所能供给的精力不够应付事物的要求，这在生病或失眠时最易发生。在睡了一夜好觉之后，清晨爬起来，觉得自己生气蓬勃，心里就特别畅快，对人也就特别和善。我仔细观察我所常接触的人，发现体格与心境的密切关系是很普遍的。我没有看见一个真正康健的人为人不和善，处世不乐观；也没有看见一个愁眉苦脸的人在身体方面没有丝毫缺陷。我们中国青年中许多人都悲观厌世、暮气沉沉，我敢说这大半是身体不健康的结果。

第三，德行的亏缺大半也可归原到身体的羸弱。西谚说："健全精神宿于健全身体。"这句话的意味实在深长。我常分析中国社会的病根，觉得它可以归原到一个字——懒。懒，所以萎靡因循，遇应该做的事拿不出一点勇气去做；懒，所以马虎苟且，遇不应该做的事拿不出一点勇气去决定不做；懒，于是对一切事情朝抵抗力最低的路径走，遇事偷安取巧，逐渐走到人格的堕落。懒的原因在哪里呢？懒就是物理学上的惰性，由于动力的缺乏，换言之，由于体力的虚弱。比如机器要产生动力，必须开足马达，要开足马达，必须电力强大。身体好比马达，生活力就是电力，而努力所需要的坚强意志就是动力，生活力不旺——这就是说，体力薄弱——身体那一个马达就开不动，努力所需要的动力就无从产生。所以精神的破产毕竟起于身体的破产。

生命是一种无底止的奋斗。一个士兵作战，一个学者研究学问，或是一个普通公民勇于尽自己的职责，向一切恶的引诱说一个坚决的"不！"字，向一切应做的事说一个坚决的"干！"字，都需要一番斗争的精神，一股蓬勃的生活力。我们多数民众所最缺乏的就是这奋斗所必需的生活力，尤其在这抗建时代，我们必须彻底认识这种缺乏的严重性，极力来弥补它。我们慢些谈学问，慢些谈道德，慢些谈任何事功，第一件要事先把身体这个机器弄得坚强结实。

要补救我们民族体格的羸弱，必先推求羸弱的病因，然后对症下药。一般人都知道一些健身的方法和道理，例如营养适宜、衣食住清洁、生活有规律、运动休息得时之类。我们中国人体格羸弱，大半由于对这些健康的基本条件没有十分注意，这是谁都会承认的。但是我以为这些条件固然重要，却都是后天的培养，最重要的还是先天的基础。比如动植物的繁殖，在同样的后天环境之下，种子好的比种子差的较易于发育茁壮。哈巴狗总不能长成狮子狗，任凭你怎样去饲养。我知道许多人一辈子注意卫生，一辈子仍是不很强壮，就吃亏在先天不足；我也知道许多人一辈子不知道什么叫作卫生，可是身体依然是坚实，他们生来就有一副铜筋铁骨。因此，我想到在体格方面，先天的基础好，比任何谨慎的后天的培养都要强；我们要想改变民族的体质，第一步要务是彻底地研究优生。在身体方面的优生，有三个要点必须注意。一、男女配合必须在发育完成之后，早婚必须绝对禁止。二、选择配偶的标准必须把身体强健放在第一位。我们应特别奖励强壮的男子配强壮的女子。以往男择女要林黛玉那样弱不禁风，工愁善病；女择男要潘安那样白面书生，风度儒雅。这种传统的理想必须打破。三、妇女在妊孕期内必须有极合理的调养，在生产后至少在三年之内须节制妊孕。先天的基础，母亲要奠立一大半，母亲的健康比父亲的更为重要。现在一般母亲在妊孕期劳作过度，营养不充分,而妊孕期的周率又太频繁,一年生产一次几是常事。这一点影响民族体格的健康比其他一切因素都较严重。以上三点体格优生要义我们必须灌注到每一个公民的头脑里去,在必要时,我们最好能用政府的力量帮助人民去切实施行。

至于后天的培养用不着多说,一般人都知道一些卫生常识。第一是营养必须适宜。目前物价昂贵,一般青年们正当发育的年龄,不能得到最低限度的营养,以致危害到健康。这是一个很严重的现象,政教当局必须彻底认识,急图补救。其次是生活必须有规律,起居饮食,劳作休息,都须有一定的时候、一定的分量、一定的节奏。在这一点,我们中国人的习惯很差。迟睡晚起,打牌可以打连宵,平时饮食不够营养的标准,进馆子就得把肚皮胀破,劳作者整天不得休息,游手好闲者整天不做工作,如此等类的毛病都是酿成民族羸弱的因素。单就青年说,目前各学校的功课都太繁重,营养所产生的力量过少,功课担负所要求的力量过多,供不应求,逼成虚耗。这也是一个很严重的现象。要教育合理化,各级学校的课程必须尽量裁汰。第三是心境要宽和冲淡,少动气,少存杂念。我国古代养生家素来特重这一点,所以说:"养生莫善于寡欲。"我们近代人对此点似多认为陈腐,其实这很可惜。近代社会复杂,刺激特多,愈近于文明,愈远于自然,处处都是扰乱心志的事物,就是处处逼我们打消耗战。我们必须淡泊宁静,以逸待劳。这不但可以养生,也可以使学问事业得到较大的成就。

如果做到上面几点,我相信一个人不会不康健。康健的生活是正常的自然的。健康的最大秘诀就在使生活是正常的自然的。

近代人谈体育，多专指运动，其实专就健康而言，运动是体育的下乘节目。运动的要义在使血液流通，筋肉平均发展，脑筋与筋肉互换劳息。这三点在普通劳作方面也可以办到。自然人都很健康，除渔猎耕作及舞蹈以外，别无所谓运动，而身体却大半很强健。不过运动确也有不能用普通劳作代替的地方。第一，它是比较地科学化，顾到全身筋肉脉络的有系统的调摄和锻炼。在近代社会中分工细密，许多人只用一部分筋肉去劳作，有系统的运动实为必要。第二，运动带有团体娱乐的意味，是群育的最好工具。在中国古代，射以观德；近代西方人也说运动可以养成"公平游艺"（fair play），一个公平正直的人有"运动家的风度"（sportsmanship）。要训练合作互助、尊重纪律的精神，最好的场所是运动场。威灵顿说："滑铁卢的胜仗，是在义敦和哈罗两校运动场上打来的。"就是因为这个道理。从这两点说，我们亟须提倡运动。不过以往饲养选手替学校争门面的办法必须废除。运动必须由学校推广到全社会，成为每个人日常生活中的一个节目，如吃饭睡觉一样，它才能于全民族的健康有所补助。

谈价值意识

——"物有本末,事有终始,知所先后,则近道矣。"

我初到英国读书时,一位很爱护我的教师——辛博森先生——写了一封很恳切的长信,给我讲为人治学的道理,其中有一句话说:"大学教育在使人有正确的价值意识,知道权衡轻重。"于今事隔二十余年,我还很清楚地记得这句看来颇似寻常的话。在当时,我看到了有几分诧异,心里想:大学教育的功用就不过如此么?这二三十年的人生经验才逐渐使我明白这句话的分量。我有时虚心检点过去,发现了我每次的过错或失败都恰是当人生歧路,没有能权衡轻重,以致去取失当。比如说,我花去许多工夫读了一些于今看来是值不得读的书,做了一些于今看来是值不得做的文章,尝试了一些于今看来是值不得尝试的事,这样地就把正经事业耽误了。好比行军,没有侦出要塞,或是侦出要塞而不尽力去击破,只在无战争重要性的角落徘徊摸索,到精力消耗完了还没碰着敌人,这岂不是愚蠢?

我自己对于这种愚蠢有切身之痛,每衡量当世人物,也欢喜审察他们是否有没有犯同样的毛病。有许多在学问思想方面极为我所敬佩的人，希望本来很大，他们如果死心塌地做他们的学问，成就必有可观。但是因为他们在社会上名望很高，每个学校都要请他们演讲，每个机关都要请他们担任职务，每个刊物都要请他们做文章，这样一来，他们不能集中力量去做一件事，用非其长，长处不能发展，不久也就荒废了。名位是中国学者的大患。没有名位去挣扎求名位，旁驰博骛，用心不专，是一种浪费；既得名位而社会视为万能，事事都来打搅，惹得人心花意乱，是一种更大的浪费。"古之学者为己，今之学者为人。"在"为人"、"为己"的冲突中，"为人"是很大的诱惑。学者遇到这种诱惑，必须知所轻重，毅然有所取舍，否则随波逐流，不旋踵就有没落之祸。认定方向，立定脚跟，都需要很深厚的修养。

"正其谊不谋其利，明其道不计其功"，是儒家在人生理想上所表现的价值意识。"学也禄在其中"，既学而获禄，原亦未尝不可；为干禄而求学，或得禄而忘学便是颠倒本末。我国历来学子正坐此弊。记得从前有一个学生刚在中学毕业，他的父亲就要他做事谋生，有友人劝阻他说："这等于吃稻种。"这句聪明话可表现一般家长视教育子弟为投资的心理。近来一般社会重视功利，青年学子便以功利自期，入学校只图混资格作敲门砖，对学问没有浓厚的兴趣，至于立身处世的道理更视为迂阔而远于事情。这是价值意识的混乱。教育的根基不坚实，影响到整个社会风气以至于整个文化。轻重倒置，急其所应缓，缓其所应急，这种毛病在每个人的生活上、在政治上、在整个文化动向上都可以看见。近来我看了英人贝尔的《文化论》（Clive Bell: Civilization），其中有一章专论价值意识为文化要素，颇引起我的一些感触。贝尔专从文化观点立论，我联想到"价值意识"在人生许多方面的意义。这问题值得仔细一谈。

自然界事物纷纭错杂，人能不为之迷惑，赖有两种发现，一是条理，一是分寸。条理是联系线索，分寸是本末轻重。有了条理，事物才能分别类居，不相杂乱；有了分寸，事物才能尊卑定位，各适其宜。条理是横面上的秩序，分寸是纵面上的等差。条理在大体上是纯理活动的产品，是偏于客观的；分寸的鉴别则有赖于实用智慧，常为情感意志所左右，带有主观的成分。别条理，审分寸，是人类心灵的两种最大的功能。一般自然科学在大体上都是别条理的事，一般含有规范性的学术如文艺、伦理、政治之类都是审分寸的事。这两种活动有时相依为用，但是别条理易，审分寸难。一个稍有逻辑修养的人大半能别条理，审分寸则有待于一般修养。它不仅是分析，而且是衡量；不仅是知解，而且是抉择。"厩焚，子退朝，曰'伤人乎？'不问马。"这件事本很琐细，但足见孔子心中所存的分寸，这种分寸是他整个人格的表现。

所谓审分寸，就是辨别紧要的与琐屑的，也就是有正确的价值意识。"价值"是一个哲学上的术语，有些哲学家相信世间有绝对价值，永驻常在，不随时空及人事环境为转移，如康德所说的道德责任，黑格尔所说的永恒公理。但是就一般知解说，价值都有对待，高下相形，美丑相彰，而且事物自身本无价值可言，其有价值，是对于人生有效用，效用有大小，价值就有高低。这所谓"效用"自然是指极广义的，包含一切物质的和精神的实益，不单指狭义功利主义所推崇的安富尊荣之类，作为这样的解释，价值意识对于人生委实是重要。人生一切活动，都各追求一个目的，我们必须先估定这目的有无追求的价值。如果根本没有价值而我们去追求，只追求较低的价值，我们就打错了算盘，没有尽量地享受人生最大的好处。有正确的价值意识，我们对于可用的力量才能作最经济的分配，对于人生的丰富意味才能尽量榨取。人投生在这个世界里如入珠宝市，有任意采取的自由，但是货色无穷，担负的力量不过百斤。有人挑去瓦砾，有人挑去钢铁，也有人挑去珠玉，这就看他们的价值意识如何。

价值意识的应用范围极广。凡是出于意志的行为都有所抉择、有所排弃。在各种可能的途径之中择其一而弃其余，都须经过价值意识的审核。小而衣食行止，大而道德学问事功，无一能为例外。

价值通常分为真善美三种。先说真，它是科学的对象，科学的思考在大体上虽偏于别条理，却也须审分寸。它分析事物的属性，必须辨别主要的与次要的；推求事物的成因，必须辨别自然的与偶然的；归纳事例为原则，必须辨别貌似有关的与实际有关的。苹果落地是常事，只有牛顿抓住它的重要性而发明引力定律；蒸汽上腾是常事，只有瓦特抓住它的重要性而发明蒸汽机，就一般学术研究方法说，提纲挈领是一套紧要的功夫，囫囵吞枣必定是食而不化。提纲挈领需要很锐敏的价值意识。

次说美，它是艺术的对象。艺术活动通常分欣赏与创造。欣赏全是价值意识的鉴别，艺术趣味的高低全靠价值意识的强弱。趣味低，不是好坏无鉴别，就是欢喜坏的而不了解好的。趣味高，只有真正好的作品才够味，低劣作品可以使之作呕。艺术方面的爱憎有时更甚于道德方面的爱憎，行为的失检可以原谅，趣味的低劣则无可容恕。至于艺术创造更步步需要谨严的价值意识。在作品酝酿中，许多意象纷呈，许多情致泉涌，当兴高采烈时，它们好像八宝楼台，件件惊心夺目，可是实际上它们不尽经得起推敲，艺术家必能知道割爱，知道剪裁洗炼，才可披沙拣金。这是第一步。已选定的材料需要分配安排，每部分的分量有讲究，各部分的先后位置也有讲究。凡是艺术作品必有头尾和身材，必有浓淡虚实，必有着重点与陪衬点。"譬如北辰，居其所，而众星拱之。"艺术作品的意思安排也是如此。这是第二步。选择安排可以完全是胸中成竹，要把它描绘出来，传达给别人看，必借特殊媒介，如图画用形色，文学用语言。一个意思常有几种说法，都可以说得大致不差，但是只有一种说法，可以说得最恰当妥贴。艺术家对于所用媒介必有特殊敏感，觉得大致不差的说法实在是差以毫厘，谬以千里，并且在没有碰着最恰当的说法以前，心里就安顿不下去，他必肯呕出心肝去推敲。这是第三步。在实际创造时，这三个步骤虽不必分得如此清楚，可是都不可少，而且每步都必有价值意识在鉴别审核。每个大艺术家必同时是他自己的严厉的批评者，一个人在道德方面需要良心，在艺术方面尤其需要良心。良心使艺术家不苟且敷衍，不甘落下乘。艺术上的良心就是谨严的价值意识。

再次说善，它是道德行为的对象。人性本可与为善，可与为恶，世间善人少而不善人多，可知为恶易而为善难。为善所以难者，道德行为虽根于良心，当与私欲相冲突,胜私欲需要极大的意志力。私欲引人朝抵抗力最低的路径走，而道德行为往往朝抵抗力最大的路径走。这本有几分不自然。但是世间终有人为履行道德信条而不惜牺牲一切者，即深切地感觉到善的价值。"朝闻道，夕死可矣。"孔子醇儒，向少作这样侠士气的口吻，而竟说得如此斩截者，即本于道重于生命一个价值意识。古今许多忠臣烈士宁杀身以成仁，也是有见于此。从短见的功利观点看，这种行为有些傻气。但是人之所以为人，就贵在这点傻气。说浅一点，善是一种实益，行善社会才可安宁，人生才有幸福。说深一点，善就是一种美，我们不容行为有瑕疵，犹如不容一件艺术作品有缺陷。求行为的善，即所以维持人格的完美与人性的尊严。善的本身也有价值的等差。"礼与其奢也宁俭，丧与其奢也宁戚"，重在内心不在外表。"男女授受不亲，嫂溺援之以手"，重在权变不在拘守条文。"人尽夫也，父一而已"，重在孝不在爱。忠孝不能两全时，先忠而后孝。以德报怨，即无以报德，所以圣人主以直报怨。"其父攘羊，其子证之"，为国法而伤天伦，所以圣人不取。子夏丧子失明而丧亲民无所闻，所以为曾子所呵责。孔子自己的儿子死只有棺，所以不肯卖车为颜渊买椁。齐人拒嗟来之食，义本可嘉，施者谢罪仍坚持饿死，则为太过。有无相济是正当道理，微生高乞醯以应邻人之求，不得为直。战所以杀敌制胜，宋襄公不鼓不成列，不得为仁。这些事例有极重大的，有极寻常的，都可以说明权衡轻重是道德行为中的紧要功夫。道德行为和艺术一样，都要做得恰到好处。这就是孔子所谓"中"，孟子所谓"义"。中者无过无不及，义者事之宜。要事事得其宜而无过无不及，必须有很正确的价值意识。

真善美三种价值既说明了，我们可以进一步谈人生理想。每个人都不免有一个理想，或为温饱，或为名位，或为学问，或为德行，或为事功，或为醇酒妇人，或为斗鸡走狗，所谓"从其大体者为大人，存其小体者为小人"。这种分别究竟以什么为标准呢？哲学家们都承认：人生最高目的是幸福。什么才是真正的幸福？对于这问题也各有各的见解。积学修德可被看成幸福，饱食暖衣也可被看成幸福。究竟谁是谁非呢？我们从人的观点来说，须认清人的高贵处在哪一点。很显然地，在肉体方面，人比不上许多动物，人之所以高于禽兽者在他的心灵。人如果要充分地表现他的人性，必须充实他的心灵生活。幸福是一种享受。享受者或为肉体，或为心灵。人既有肉体，即不能没有肉体的享受。我们不必如持禁欲主义的清教徒之不近人情，但是我们也须明白：肉体的享受不是人类最上的享受，而是人类与鸡豚狗彘所共有的。人类最上的享受是心灵的享受。哪些才是心灵的享受呢？就是上文所述的真善美三种价值。学问、艺术、道德几无一不是心灵的活动，人如果在这三方面达到最高的境界，同时也就达到最幸福的境界。一个人的生活是否丰富，这就是说，有无价值，就看他对于心灵或精神生活的努力和成就的大小。如果只顾衣食饱暖而对于真善美漫不感觉兴趣，他就成为一种行尸走肉了，这番道理本无深文奥义，但是说起来好像很迂阔。灵与肉的冲突本来是一个古老而不易化除的冲突。许多人因顾到肉遂忘记灵，相习成风，心灵生活便被视为怪诞无稽的事。尤其是近代人被"物质的舒适"一个观念所迷惑，大家争着去拜财神，财神也就笼罩了一切。"哀莫大于心死"，而心死则由于价值意识的错乱。我们如想改正风气，必须改正教育，想改正教育，必须改正一般人的价值意识。

谈美感教育

世间事物有真、善、美三种不同的价值，人类心理有知、情、意三种不同的活动。这三种心理活动恰和三种事物价值相当：真关于知，善关于意，美关于情。人能知，就有好奇心，就要求知，就要辨别真伪，寻求真理。人能发意志，就要想好，就要趋善避恶，造就人生幸福。人能动情感，就爱美，就欢喜创造艺术，欣赏人生自然中的美妙境界。求知、想好、爱美，三者都是人类天性；人生来就有真、善、美的需要，真、善、美具备，人生才完美。

教育的功用就在顺应人类求知、想好、爱美的天性，使一个人在这三方面得到最大限度的调和的发展，以达到完美的生活。"教育"一词在西文为 education，是从拉丁动词 educare 来的，原义是"抽出"，所谓"抽出"就是"启发"。教育的目的在"启发"人性中所固有的求知、想好、爱美的本能，使它们尽量生展。中国儒家的最高的人生理想是"尽性"。他们说："能尽人之性则能尽物之性，能尽物之性则可以赞天地之化育。"教育的目的可以说就是使人"尽性"，"发挥性之所固有"。

物有真、善、美三面，心有知、情、意三面，教育求在这三方面同时发展，于是有智育、德育、美育三节目。智育叫人研究学问、求知识、寻真理；德育叫人培养善良品格，学做人处世的方法和道理；美育叫人创造艺术，欣赏艺术与自然，在人生世相中寻出丰富的兴趣。三育对于人生本有同等的重要，但是在流行教育中，只有智育被人看重，德育在理论上的重要性也还没有人否认，至于美育则在实施与理论方面都很少有人顾及。二十年前蔡子民先生一度提倡过"美育代宗教"，他的主张似没有发生多大的影响。还有一派人不但忽略美育，而且根本仇视美育。他们仿佛觉得艺术有几分不道德，美育对于德育有妨碍。希腊大哲学家柏拉图就以为诗和艺术是说谎的，逢迎人类卑劣情感的，多受诗和艺术的熏染，人就会失去理智的控制而变成情感的奴隶，所以他对诗人和艺术家说了一番客气话之后，就把他们逐出"理想国"的境外。中世纪耶稣教徒的态度很类似。他们以倡苦行主义求来世的解脱，文艺是现世中一种快乐，所以被看成一种罪孽。近代哲学家卢梭是平等自由说的倡导者，照理应该能看得宽远一点，但是他仍是怀疑文艺，因为他把文艺和文化都看成朴素天真的腐化剂。托尔斯泰对近代西方艺术的攻击更丝毫不留情面，他以为文艺常传染不道德的情感，对于世道人心影响极坏。他在《艺术论》里说："每个有理性有道德的人应该跟着柏拉图以及耶回教师，把这问题重新这样决定：宁可不要艺术，也莫再让现在流行的腐化的虚伪的艺术继续下去。"

这些哲学家和宗教家的根本错误在认定情感是恶的，理性是善的，人要能以理性镇压感情，才达到至善。这种观念何以是错误的呢？人是一种有机体，情感和理性既都是天性固有的，就不容易拆开。造物不浪费，给我们一份家当就有一份的用处。无论情感是否可以用理性压抑下去，纵是压抑下去，也是一种损耗、一种残废。人好比一棵花草，要根、茎、枝、叶、花、实都得到平均的和谐的发展，才长得繁茂有生气。有些园丁不知道尽草木之性，用人工去歪曲自然，使某一部分发达到超出常态，另一部分则受压抑摧残。这种畸形发展是不健康的状态，在草木如此，在人也是如此。理想的教育不是摧残一部分天性而去培养另一部分天性，以致造成畸形的发展，理想的教育是让天性中所有的潜蓄力量都得尽量发挥，所有的本能都得平均调和发展，以造成一个全人。所谓"全人"除体格强壮以外，心理方面真、善、美的需要必都得到满足。只顾求知而不顾其他的人是书虫，只讲道德而不顾其他的人是枯燥迂腐的清教徒，只顾爱美而不顾其他的人是颓废的享乐主义者。这三种人都不是全人而是畸形人，精神方面的驼子、跛子。养成精神方面的驼子、跛子的教育是无可辩护的。

美感教育是一种情感教育。它的重要我们的古代儒家是知道的。儒家教育特重诗，以为它可以兴观群怨；又特重礼乐，以为"礼以制其宜，乐以导其和"。《论语》有一段话总述儒家教育宗旨说："兴于诗，立于礼，成于乐。"诗、礼、乐三项可以说都属于美感教育。诗与乐相关，目的在怡情养性，养成内心的和谐（harmony）；礼重仪节，目的在使行为仪表就规范，养成生活上的秩序（order）。蕴于中的是性情，受诗与乐的陶冶而达到和谐；发于外的是行为仪表，受礼的调节而进到秩序。内具和谐而外具秩序的生活，从伦理观点看，是最善的；从美感观点看，也是最美的。儒家教育出来的人要在伦理和美感观点都可以看得过去。

这是儒家教育思想中最值得注意的一点。他们的着重点无疑地是在道德方面，德育是他们的最后鹄的，这是他们与西方哲学家、宗教家柏拉图和托尔斯泰诸人相同的。不过他们高于柏拉图和托尔斯泰诸人，因为柏拉图和托尔斯泰诸人误认美育可以妨碍德育，而儒家则认定美育为德育的必由之径。道德并非陈腐条文的遵守，而是至性真情的流露。所以德育从根本做起，必须怡情养性。美感教育的功用就在怡情养性，所以是德育的基础功夫。严格地说，善与美不但不相冲突，而且到最高境界根本是一回事，它们的必有条件同是和谐与秩序。从伦理观点看，美是一种善；从美感观点看，善也是一种美。所以在古希腊文与近代德文中，美、善只有一个字，在中文和其他近代语文中，"善"与"美"二字虽分开，仍可互相替用。真正的善人对于生活不苟且，犹如艺术家对于作品不苟且一样。过一世生活好比做一篇文章，文章求惬心贵当，生活也须求惬心贵当。我们嫌恶行为上的卑鄙龌龊，不仅因其不善，也因其丑，我们赞赏行为上的光明磊落，不仅因其善，也因其美。一个真正有美感修养的人必定同时也有道德修养。

美育为德育的基础，英国诗人雪莱在《诗的辩护》里也说得透辟。他说：

道德的大原在仁爱，在脱离小我，去体验我以外的思想行为和体态的美妙。一个人如果真正做善人，必须能深广地想象，必须能设身处地替旁人想，人类的忧喜苦乐变成他的忧喜苦乐。要达到道德上的善，最大的途径是想象；诗从这根本上做功夫，所以能发生道德的影响。

换句话说，道德起于仁爱，仁爱就是同情，同情起于想象。比如你哀怜一个乞丐，你必定先能设身处地想象他的痛苦。诗和艺术对于主观的情境必能"出乎其外"，对于客观的情境必能"入乎其中"，在想象中领略它，玩索它，所以能扩大想象，培养同情。这种看法也与儒家学说暗合。儒家在诸德中特重"仁"，"仁"近于耶稣教的"爱"、佛教的"慈悲"，是一种天性，也是一种修养。"仁"的修养就在诗。儒家有一句很简赅深刻的话："温柔敦厚诗教也。"诗教就是美育，温柔敦厚就是"仁"的表现。

美育不但不妨害德育，而且是德育的基础，如上所述。不过美育的价值还不仅在此。西方人有一句恒言说："艺术是解放的，给人自由的。"（Art is liberative）这句话最能见出艺术的功用，也最能见出美育的功用。现在我们就在这句话的意义上发挥。从哪几方面看，艺术和美育是"解放的，给人自由的"呢？

第一，是本能冲动和情感的解放。人类生来有许多本能冲动和附带的情感，如性欲、生存欲、占有欲、爱、恶、怜、惧之类。本自然倾向，它们都需要活动，需要发泄。但是在实际生活中，它们不但常彼此互相冲突，而且与文明社会的种种约束，如道德、宗教、法律、习俗之类不相容。我们每个人都知道，本能冲动和欲望是无穷的，而实际上有机会实现的却寥寥有数。我们有时察觉到本能冲动和欲望不大体面，不免起羞恶之心，硬把它们压抑下去；有时自己对它们虽不羞恶，而社会的压力过大，不容它们赤裸裸地暴露，也还是被压抑下去。性欲是一个最显著的例。从前哲学家、宗教家大半以为这些本能冲动和情感都是卑劣的、不道德的、危险的，承认压抑是最好的处置。他们的整部道德信条有时只在以理智镇压情欲。我们在上文指出这种看法的不合理，说它违背了平均发展的原则，容易造成畸形发展。其实它的祸害还不仅此。弗洛伊德（Freud）派心理学告诉我们，本能冲动和附带的情感仅可暂时压抑而不可永远消灭，它们理应有自由活动的机会。如果勉强被压抑下去，表面上像是消灭了，实际上在潜意识里凝聚成精神上的疮疖，为种种变态心理和精神病的根源。依弗洛伊德看，我们现代文明社会中人因受道德、宗教、法律、习俗的裁制，本能冲动和情感常难得正常地发泄，大半都有些"被压抑的欲望"所凝成的"情意综"（complexes）。这些"情意综"潜蓄着极强烈的捣乱力，一旦爆发，就成精神上种种病态。但是这种潜力可以借文艺而发泄，因为文艺所给的是想象世界，不受现实世界的束缚和冲突。在这想象世界中，欲望可以用"望梅止渴"的办法得到满足。文艺还把带有野蛮性的本能冲动和情感提到一个较高尚较纯洁的境界去活动，所以有升华作用（sublimation）。有了文艺，本能冲动和情感才得自由发泄，不致凝成疮疖酿成精神病，它的功用有如机器方面的"安全瓣"（safety volve）。弗洛伊德的心理学有时近于怪诞，但实含有一部分真理。文艺和其他美感活动给本能冲动和情感以自由发泄的机会，在日常经验中也可以得到证明。我们每当愁苦无聊时，费一点工夫来欣赏艺术作品或自然风景，满腹的牢骚就马上烟消云散了。读古人痛快淋漓的文章，我们常有"先得我心"的感觉。看过一部戏或是读过一部小说以后，我们觉得曾经紧张了一阵是一件痛快事。这些快感都起于本能冲动和情感在想象世界中的解放。最好的例子是歌德著《少年维特之烦恼》的经过。他少年时爱过一个已经许人的女子，心里痛苦已极，想自杀以了一切。有一天他听到一位朋友失恋自杀的消息，想到这事和他自己的境遇相似，可以写成一部小说。他埋头两礼拜，写成《少年维特之烦恼》，把自己心中怨慕愁苦的情绪一齐倾泻到书里。书成了，他的烦恼便去了，自杀的念头也消了。从这实例看，文艺确有解放情感的功用，而解放情感对于心理健康也确有极大的裨益。我们通常说一个人情感要有所寄托，才不致苦恼烦闷。文艺是大家公认的寄托情感的最好的处所。所谓的"情感有所寄托"，还是说它要有地方可以活动，可得解放。

其次，是眼界的解放。宇宙生命时时刻刻在变动进展中，希腊哲人有"濯足急流，抽足再入，已非前水"的譬喻，所以在这种变动进展的过程中每一时每一境都是个别的、新鲜的、有趣的。美感经验并无深文奥义，它只在人生世相中见出某一时某一境特别新鲜有趣而加以流连玩味，或者把它描写出来。这句话中"见"字最紧要。我们一般人对于本来在那里的新鲜有趣的东西不容易"见"着。这是什么缘故呢？不能"见"，必有所蔽。我们通常把自己囿在习惯所画成的狭小圈套里，让它把眼界"蔽"着，使我们对它以外的世界都视而不见、听而不闻。比如我们如果囿于饮食男女，饮食男女以外的事物就见不着；囿于奔走钻营，奔走钻营以外的事就见不着。有人向海边农夫称赞他的门前海景美，他很羞涩地指着屋后菜园说："海没有什么，屋后的一园菜倒还不差。"一园菜囿住了他，使他不能见到海景美。我们每个人都有所囿、有所蔽，许多东西都不能见，所见到的天地是非常狭小的、陈腐的、枯燥的。诗人和艺术家所以超过我们一般人者就在情感比较真挚、感觉比较锐敏、观察比较深刻、想象比较丰富。我们"见"不着的，他们"见"得着，并且他们"见"得到就说得出，我们本来"见"不着的，他们"见"着说出来了，就使我们也可以"见"着。像一位英国诗人所说的，他们"借他们的眼睛给我们看（They lend their eyes for us to see）"。中国人爱好自然风景的趣味是陶、谢、王、韦诸诗人所传染的。在 Turner 和 Whistler 以前，英国人就没有注意到泰晤士河上有雾。Byron 以前，欧洲人很少赞美威尼斯。前一世纪的人崇拜自然，常咒骂城市生活和工商业文化，但是现代美国、俄国的文学家有时把城市生活和工商业文化写得也很有趣。人生的罪孽灾害通常只引起忿恨，悲剧却教我们于罪孽灾祸中见出伟大庄严；丑陋乖讹通常只引起嫌恶，喜剧却教我们在丑陋乖讹中见出新鲜的趣味。Rembrandt 画过一些疲癃残疾的老人以后，我们见出丑中也还有美。象征诗人出来以后，许多一纵即逝的情调使我们觉得精细微妙，特别值得留恋。文艺逐渐向前伸展，我们的眼界也逐渐放大，人生世相越显得丰富华严。这种眼界的解放给我们不少的生命力量，我们觉得人生有意义、有价值，值得活下去。许多人嫌生活枯燥，烦闷无聊，原因就在缺乏美感修养，见不着人生世相的新鲜有趣。这种人最容易堕落颓废，因为生命对于他们失去意义与价值。"哀莫大于心死"，所谓"心死"就是对于人生世相失去解悟与留恋，就是不能以美感态度去观照事物。美感教育不是替有闲阶级增加一件奢侈，而是使人在丰富华严的世界中随处吸收支持生命和推展生命的活力。朱子有一首诗说："半亩方塘一鉴开，天光云影共徘徊。问渠那得清如许？为有源头活水来。"这诗所写的是一种修养的胜境。美感教育给我们的就是"源头活水"。

第三，是自然限制的解放。这是德国唯心派哲学家康德、席勒、叔本华、尼采诸人所最着重的一点，现在我们用浅近语来说明它。自然世界是有限的，受因果律支配的，其中毫末细故都有它的必然性，因果线索命定它如此，它就丝毫移动不得。社会由历史铸就，人由遗传和环境造成。人的活动寸步离不开物质生存条件的支配，没有翅膀就不能飞，绝饮食就会饿死。由此类推，人在自然中是极不自由的。动植物和非生物一味顺从自然，接受它的限制，没有过分希冀，也就没有失望和痛苦。人却不同，他有心灵，有不可压的欲望，对于无翅不飞、绝食饿死之类事实总觉有些歉然。人可以说是两重奴隶，首先服从自然的限制，其次要受自己的欲望驱使。以无穷欲望处有限自然，人便处处觉得不如意、不自由，烦闷苦恼都由此起。专就物质说，人在自然面前是很渺小的，他的力量抵不住自然的力量，无论你有如何大的成就，到头终不免一死，而且科学告诉我们，人类一切成就到最后都要和诸星球同归于毁灭。在自然圈套中求征服自然是不可能的，好比孙悟空跳来跳去，终跳不出如来佛的掌心。但是在精神方面，人可以跳开自然的圈套而征服自然。他可以在自然世界之外另在想象中造出较能合理慰情的世界。这就是艺术的创造。在艺术创造中，人可以把自然拿在手里来玩弄，剪裁它、锤炼它，重新给以生命与形式。每一部文艺杰作以至于每人在人生自然中所欣赏到的美妙境界都是这样创造出来的。美感活动是人在有限中所挣扎得来的无限，在奴隶中所挣扎得来的自由。在服从自然限制而汲汲于饮食男女的寻求时，人是自然的奴隶；在超脱自然限制而创造欣赏艺术境界时，人是自然的主宰。换句话说，就是上帝。多受些美感教育，就是多学会如何从自然限制中解放出来，由奴隶变成上帝，充分地感觉人的尊严。

爱美是人类天性，凡是天性中所固有的必须趁适当时机去培养，否则像花草不及时下种及时培植一样，就会凋残萎谢。达尔文在自传里懊悔他一生专在科学上做功夫，没有把他年轻时对于诗和音乐的兴趣保持住，到老来他想用诗和音乐来调剂生活的枯燥，就抓不回年轻时那种兴趣，觉得从前所爱好的诗和音乐都索然无味。他自己说这是一部分天性的麻木。这是一个很好的前车之鉴。美育必须从年轻时就下手。年纪愈大，外务愈纷繁，习惯的牢笼愈坚固，感觉愈迟钝，心里愈复杂，欣赏艺术力也就愈薄弱。我时常想，无论学哪一科专门学问，干哪一行职业，每个人都应该会听音乐，不断地读文学作品，偶尔有欣赏图画、雕刻的机会。在西方社会中，这些美感活动是每个受教育者的日常生活中的重要节目。我们中国人除专习文学艺术者以外，一般人对于艺术都漠不关心，这是最可惋惜的事，它多少表示民族生命力的低降与精神的颓靡。从历史看，一个民族在最兴旺的时候，艺术成就必伟大，美育必发达。史诗悲剧时代的希腊、文艺复兴时代的意大利、莎士比亚时代的英国、歌德和贝多芬时代的德国都可以为证。我们中国人，古代对于诗乐舞的嗜好也极普遍。《诗经》、《礼记》、《左传》诸书所记载的歌乐舞的盛况常使人觉得仿佛是置身近代欧洲社会。孔子处周衰之际，特感慨于诗亡乐坏，也是见到美育与民族兴衰的关系密切。现在我们要想复兴民族，必须恢复周以前歌乐舞的盛况，这就是说，必须提倡普及的美感教育。